新时代高质量教师培训研究丛书·第　卷

肖韵竹　张永凯　汤丰林◎主编

教师培训理论研究

汤丰林　等◎著

北京出版集团
北京教育出版社

图书在版编目（CIP）数据

教师培训理论研究 / 汤丰林等著 . -- 北京：北京
教育出版社，2023.10

（新时代高质量教师培训研究 / 肖韵竹，张永凯，
汤丰林主编；第一卷）

ISBN 978-7-5704-5967-4

Ⅰ . ①教… Ⅱ . ①汤… Ⅲ . ①教师培训—理论研究
Ⅳ . ① G451.2

中国国家版本馆 CIP 数据核字（2023）第 203596 号

新时代高质量教师培训研究丛书・第一卷

教师培训理论研究

汤丰林 等 著

出　版　北京出版集团
　　　　北京教育出版社
地　址　北京北三环中路 6 号
邮　编　100120
网　址　www.bph.com.cn
总发行　京版北教文化传媒股份有限公司
经　销　全国各地书店
印　刷　北京九州迅驰传媒文化有限公司
版印次　2023 年 10 月第 1 版第 1 次印刷
开　本　787 毫米 × 1092 毫米　1/16
印　张　14
字　数　270 千字
书　号　ISBN 978-7-5704-5967-4
定　价　52.00 元

如有印装质量问题，由本社负责调换
质量监督电话　（010）58572740　（010）58572393

新时代高质量教师培训研究丛书

编 委 会

主 任： 肖韵竹　张永凯

副 主 任： 桑锦龙　汤丰林　杨建新　张润杰　张林师

编 委： 王远美　王钦忠　李 军　李 雯　吴 珊　邸 磊
　　　　张金秀　胡淑云　谢志东　潘建芬

主 编： 肖韵竹　张永凯　汤丰林

副 主 编： 张金秀　钟亚妮　余 新　王 军　李 军

著 者： 于晓雅　王 丁　王 军　王志明　王希彤　王淑娟
　　　　石双华　白永然　吕 蕾　刘勇霞　许 甜　孙翠松
　　　　李 军　李怀源　李 玮　李爱霞　吴呈苓　何 冲
　　　　余 新　邸 磊　沈彩霞　张庆新　张金秀　金 颖
　　　　孟 彦　胡春梅　胡淑均　柳立涛　钟亚妮　徐 超
　　　　徐慧芳　黄琳妍　常洁云　梁文鑫　靳 伟　谭文明
　　　　潘建芬　薛 野

本卷作者： 汤丰林　王 军　李 军　沈彩霞　徐慧芳　石双华
　　　　　　李爱霞　黄琳妍　吕 蕾　靳 伟　王希彤　吴呈苓
　　　　　　孙翠松

总　序

　　2023 年，北京教育学院迎来七十华诞。作为北京市专门设置的以首都基础教育干部教师继续教育为使命的成人高等师范院校，经过七十年的艰苦奋斗，学院在人才培养、学科建设、科学研究、队伍建设等方面取得了显著成绩，核心竞争力和综合办学实力不断提高，培养了大批优秀干部、教师、学科带头人及教育专家，为首都基础教育干部教师队伍建设做出了应有的贡献，成为深度支撑首都教育现代化发展战略需求、引领和支持京津冀基础教育协同发展的重要基地，在全国基础教育干部教师培训领域发挥了示范表率作用。本套丛书在深入总结学院七十年干部教师培训经验的基础上，以"高质量教师培训"为主题，围绕培训理论、培训课程、培训模式、培训质量评价等干部教师培训的核心问题，既做了必要的理论提升与建构，又针对实践中的一些难题做了必要的回应，希望在新时代推动教育高质量发展的新征程中，能够为干部教师培训的实践者和研究者提供有益的启示。

　　丛书以北京教育学院干部教师培训长期积淀和凝练的宝贵经验为出发点，展开理论与实践的反思、研究与写作。

　　第一，以政治建设为统领，全面加强党的领导。北京教育学院长期以来一贯重视党建和思想政治工作。坚持以马克思列宁主义、毛泽东思想、邓小平理论、"三个代表"重要思想、科学发展观、习近平新时代中国特色社会主义思想为指导，统一全院党员干部思想、意志和行动。坚持和加强党对学院工作的全面领导，坚定落实党委领导下的校长负责制，推动学院党建与主责主业深度融合，为教育事业发展提供坚强的政治保证。学院多年发展的经验告诉我们，只有始终坚持党的全面领导，坚决扛起管党治党、办学治校主体责任，切实发挥党委"把方向、管大局、作决策、抓班子、带队伍、保落实"的作用，才能确保学院事业发展蓬勃向上。七十年来，围绕提高党的建设科学化水平，学院持续加强党的政治建设、思想建设、组织建设、作风建设和纪律建设，不断推进基层党组织全面进步、全面过硬，着力打造忠诚干净担当的干部队伍，深入推进党风廉政建设和反腐败工作。特别是我国发展进入新时代以来，学院坚持以党的政治建设为统领，把政治标准和政治要求贯穿到管党治党与办学治校全过程；坚持不懈用习近

1

平新时代中国特色社会主义思想武装头脑，牢牢掌握党对意识形态工作的领导权；深入落实新时代党的组织路线，大力加强学院领导班子建设，健全完善党委职能部门，优化基层党组织设置，加强党支部标准化、规范化建设，增强党支部战斗堡垒作用；推进全面从严治党向纵深发展，认真落实党委主体责任和纪委监督专责，形成党委纪委同向发力、齐抓共管的工作格局，学院风清气正的政治生态和育人环境得到进一步巩固和提升。坚定的政治方向是我们开展高质量干部教师培训研究的基本遵循。

第二，恪守职责使命，服务首都教育发展。学院只有恪守职责，胸怀教育大局，心系服务对象，通过有效培训架起衔接政府需要与教师需求之间的桥梁，才能凭借优势为首都基础教育发展提供贴心支持。多年来，学院精心设计与组织实施的一系列重大培训项目，得到各级领导与基层学校的充分肯定与好评，也印证了始终坚持服务首都基础教育是学院事业发展基本遵循的宝贵经验。学院从诞生之日起就同首都基础教育改革与发展的大局息息相关，也因此长期坚持了紧跟时代需求的办学理念。学院为大局服务的重要方式就是通过提供专业的培训，建立社会、政府需要与校长、教师自身发展需求有机结合的纽带，保证政府公共教育政策的落实，同时促进培训对象自身的发展。学院广大教职工透彻理解教育公共政策的核心价值目标，准确分析政策实施中的重点难点问题，深入了解培训对象的现状与教育方针政策实施之间的差距，在培训的设计与实施中，努力探寻缩小这一差距的最有效方式，想政府之所想，急基层之所急，解校长、教师之所需。七十年来，学院始终坚持深入基层学校、深入教学一线、深入教师生活的工作作风。早在二十世纪五六十年代，学院教师就形成了"系统进修与中学教学实际相结合"的教学特点。七十年代末之后，"下校听课"以切实了解一线教学状况成为学院的一项常规制度。近些年来，学院精心设计并组织实施的一系列新项目，如"农村中小学教师研修工作站""北京市中小学校本研修与整校推进培训项目""支持通州教师素质提升专项计划""房山北沟美丽乡村教育项目"等，因扎根一线又深度契合学员需求，获得了北京市中小学校和培训学员的一致好评。密切联系学校教育教学实际、深入了解校长教师需求，是学院培训工作质量不断提升的"传家宝"，也是高质量培训研究的重要基础。

第三，坚持守正创新，科学定位学院发展。坚守是发展之魂，创新是发展之源。坚守是为了履行使命，永葆学院特色；创新是为了紧跟时代潮流，与时俱进。在"变"与"不变"的对立统一中，学院只有科学定位，才能保持自身发展的定力与活力，在传承中创新，在创新中传承。七十年来，学院心无旁骛地牢牢坚守为基础教育改革发展服务的信念，专心致志从事干部教师教育培训事业，形成了独特的发展优势，也获得了广阔的发展空间。七十年来，学院深刻领会市委、市政府坚持独立设置北京教育学院的战略意义和教育部的相关精神，不跟风、不浮躁、不摇摆，以"心系首都教育，造就首都教育家；情系学院发展，营造教师发展摇篮"作为全院共同的目标追求，始终坚持造就首都教育家的教育使命，做首都教育事业的"奠基石"决不动摇。在坚守办学方向的同时，学院努力在创新中实现超越。从建院初期的"教什么，学什么；缺什么，补什么"，到之后的教材教法培训和学历补偿教育，再到近年来大规模的干部教师专业培训，无不体现出学院办学的与时俱进，体现了学院对教育改革与发展趋势的准确研判，以及对一线学校和干部教师发展需求的及时把握，确保了培训的前瞻性和引领性。随着学院培训专业建设与内涵发展的深入，新的培训模式不断涌现，如名校长工作室"开放式主题合作研究"模式、骨干教师工作室"主题驱动合作研修"模式、"祥云行动"的现场学习模式、国内访学"研究性访学"模式、"反思性实践"培训模式、"导师带教""带薪脱产"培训模式、线上与线下相结合的混合式培训模式等。此外，学院还成功举办了多元智能国际研讨会、教师培训国际论坛、海峡两岸教育论坛、教师学习与专业发展等影响较大的学术活动。这样的坚守与创新也是我们开展高质量干部教师培训的根本动力。

第四，遵循教育规律，促进培训模式升级和转型。只有遵循规律，潜心钻研探索，塑造精准、专业的品质，学院的干部教师教育培训事业才能实现长足发展，保持领先地位。遵循规律是发展之规，专业品质是发展之果。实践证明，以研促训，研训一体，在丰富的培训实践中开展研究，同时以研究的态度和方法促进培训质量的提升，是学院实现专业化发展的必由之路。其中，最重要的是对校长教师成长规律的研究，对教师培训科学规律的探寻，以及对从根本意义上的学科建设规律的遵循。对规律的遵循也是学院培训工作不断升级转型的前提。七十年来，学院在培训实践中不断深入理解教师作为培训主体、培训是实现教师自身生命成长的内涵，促进了培训方式由教师被动参与培训向构成学习共同体的研修形态转变，推动了学院在教师培训理论上的新发展，不断实现从工作走向学术、从经验走向理论的跃迁。对规律的系统总结与梳理，是我们开展高质量干部教师培训研究的宝贵财富。这些规律主要体现在如下三个方面。

一是校长教师成长规律。在丰富的培训实践中开展校长教师成长规律的研究，是学院的优良传统。学院所倡导的校长教师研究不仅仅是纯学理性的研究，更是将先进理论与教育教学实践有效衔接的实践性、应用性、对策性、操作性的研究。在探寻规律的道路上，学院取得了一系列卓有成效的成果。比如，二十世纪八十年代编著了国内第一部《学校管理》专业教材和第一部《中国教育管理史》，推出了全国第一套较为系统的教师继续教育课程指南，出版了在全国影响广泛的由教师、校长著书立说的《北京教育丛书》，等等。在新世纪课程改革的挑战面前，学院启动了新课程理念转化为优质教学行为的过程研究、教师专业发展的理论与实践研究、借鉴多元智能理论开发学生潜能等实践研究。学院的学科创新团队和学科带头人在这样的研究与实践中成长起来，学院也因此拥有一批又一批实践性、综合性与辐射性较强的研究成果，核心竞争力大大增强。

二是教师培训科学规律。干部教师培训是一种具有专业性的教育实践，有其自身的规律与特点。七十年来，学院未曾改变过校长、教师教育"专门"学院的性质，在丰富的培训实践中认真研究培训。依据成人学习规律努力更新培训内容，创新培训模式，提升专业品质，已经成为全院教师的共识。学院陆续开展了"中小学教师专业标准""中小学教师培训课程指南""中小学教师教学技能测试""中小学校长任职资格培训课程体系建设""中小学校长任职资格培训必修课程标准""中小学校长培训效果追踪""中小学校长教师培训评价体系建设""中小学新任教师培训标准与规范化培训"等领域的研究；在全国率先实行校长岗位任职合格培训制度，创立了中小学校长持证上岗制度；创新并逐步完善了在职教师继续教育与培训制度。从建立标准、建构课程到科学评估，学院对培训开展的专业研究有条不紊地进行并持续开展。学院还特别注重以科研促进培训课程资源建设，先后组织出版了"绿色耕耘"丛书、"校长研修"丛书、"学校诊断"丛书、"学习与思维"教学指导丛书等，在全国干部教师教育培训领域产生了较大影响。

三是学科建设规律。学科建设是学院事业发展的根基。自"十一五"以来，学院通过选聘学科带头人、探索重点学科建设、开展学科创新平台建设等方式，积极推进成人高等教育学校的学科建设，并积累了宝贵的经验。近年来，学院通过推进学科创新平台建设，努力把学术研究、人才培养、队伍建设、实践基地建设和社会服务等有机结合起来，构建了以教师教育为核心的四大学科图谱，特色学科建设模式更加清晰。

学院统筹设置了 33 个非实体性学术研究平台，跨学科、跨专业、跨院系的科研攻关机制更加完善，有组织的科研有了更加强有力的组织保障。

第五，坚持人才强院，造就"师者之师"。学院发展的历史，是几代培训人创业、奉献，在促进学院发展的基础上实现自身发展的历史。只有锤炼队伍，培养顶天立地，教学、科研、管理"三位一体"的人才，学院的事业才能蒸蒸日上、永葆活力。随着时代的发展，人才是立院之本、教师是学院发展的第一资源的理念愈加深入人心。学院坚信，只有始终坚持人才强院，构建"顶天立地"的人才发展格局，为教职工创造发挥潜能、成就事业的体制机制，才能永葆事业发展的活力。作为"师者之师"，一是要有专业情怀，形成对干部教师教育培训事业价值的高度认同。学院始终重视党建和思想政治工作，坚持"师者之师"标准，加强师德师风建设，常态化推进师德培育涵养，举办青年教师启航成长营，建立新教师入职宣誓制度和师德承诺制度。二是要具备深厚的专业理论功底，深谙中小学教育教学实践。学院一方面加强学科带头人队伍建设，发挥他们在学科建设、科学研究和培训工作中的示范引领作用；另一方面，强化"欲为人师先拜师，欲强培训先下校"的人才培养理念，积极促进青年教师的专业发展。学院通过举办青年教师教学比赛、先锋博士论坛等活动，安排新入院教师到一线学校锻炼，持续提升教师教书育人能力水平。学院实施"优教优才发展工程"，深入开展优秀教师与团队选树表彰，引育并举加强教师队伍建设。学院持续性的培训者队伍建设，为开展高质量干部教师培训研究奠定了重要的人才基础。

基于以上经验，本套丛书结合国内外对教师职后教育、在职教师专业发展的最新研究成果，集学院专业力量对如何做好高质量教师培训工作进行了系统研究。"新时代高质量教师培训研究丛书"由四卷构成，分别对培训理论、培训课程、培训模式、培训质量评价进行研究。

第一卷《教师培训理论研究》主要从教师培训哲学、教师培训伦理、教师培训心理、教师培训设计、教师培训机构管理、教师培训文化与教师培训政策七个方面对高质量教师培训进行理论建构。全书以"教师发展"作为逻辑起点，从本体论、认识论和实践论三个层面对高质量教师培训进行哲学探讨，并尝试建构了"教师培训的生命增值理论"，同时，对教师培训中应有的价值伦理、心理场域、设计思维、管理治理及文化与政策等问题进行了阐释。

第二卷《教师培训课程建构》聚焦教师培训课程问题，从社会学、心理学、哲学等学科基础及课程与教学论的视角，基于教师专业标准、教师生涯发展和问题解决等维度建构教师培训课程体系，从教师培训目标确定与主题内容选择、教师培训课程实施与评估、教师培训课程管理、教师培训课程资源建设等方面对培训课程建设的具体流程和环节进行分析，为教师培训课程设计与有效实施提供了理论支撑和实践参考。

第三卷《教师培训模式创新》聚焦教师培训模式创新，基于成人学习、建构主义等理论，对教师培训模式创新的目标、内容、方式、评价的一体化以及模型运行机制进行分析，重点对新手型教师（新教师）、熟练型教师（优秀青年教师）、胜任型教师（区级骨干教师）、成熟型教师（市级骨干教师）、专家型教师（特级教师与正高级教师）以及协同创新型校本教师研修（UDS）等模式进行了创新性探索。

第四卷《教师培训质量评价》基于教师培训质量评价的内涵与要素，分析了培训质量评价体系构建的价值取向与目标体系、原则与结构等基本问题，重点从培训需求分析评价、培训项目设计评价、培训课程资源评价、培训绩效评价、培训组织机构评价等方面建构了系统的教师培训质量评价体系，为实践者与研究者提供了涵盖培训全过程与全要素的丰富案例与评价方法。

新时代是加快建设教育强国的关键时期，也是首都教育全面开启建设高质量教育体系和实现高水平教育现代化的新阶段。面对新的发展形势，我们将站在历史发展的新基点上，继续坚持"献身终身教育，培育育人之师"，全面贯彻党的教育方针，将高质量教师队伍建设作为教育强国建设的基础工程，以更高远的历史站位、更宽广的国际视野、更深邃的战略眼光，持续探索高质量教师培训体系的理论与实践建设新路径。我们期待与全国基础教育干部教师培训的研究者与实践者携手同行，开创更加美好的未来！

肖韵竹　张永凯　汤丰林

2023 年 9 月 10 日

序

深化教师培训研究　健全中国特色教师教育体系

教师培训是中国特色教师教育体系中的重要组成部分，是促进教师从资格走向合格、从合格走向卓越的有效途径，是教师提升素质能力的重要环节和不断实现专业成长的根本需要。新中国成立以来，随着社会经济和教育事业的不断发展，国家在各历史发展阶段持续制定了一系列教师培训政策，各地各校也在工作中积累了经验。进入新时代，踏上新征程，一些培训主体提高站位，适应时代，守正创新，开展了一系列卓有成效的理论研究和实践探索，取得了丰富的研究成果，赋能了广大教师的专业成长，为我国建成国家、省、地市、区县、学校较为完备的五级教师培训体系做出了贡献。

北京教育学院创建于中华人民共和国成立之初的 1953 年。作为北京市专门设置的以基础教育干部教师继续教育为使命的高等师范院校，学院 70 年的发展历程，是中国特色教师教育体制不断健全、教师培训制度不断完善的生动记录和发展缩影。近年来，学院胸怀教育大局，笃信建设教育强国，基础在教师，以构建中国特色教师教育体系为抓手，切实把强师工程作为建设教育强国的战略基础抓实抓好，在全国基础教育干部教师培训领域发挥了示范表率作用，为我国教师教育体系建设和中国特色教师培训体系贡献了首都样本和北京方案，在承担"国培计划"、落实国家脱贫攻坚和乡村振兴教育支援过程中成效卓著，在教师队伍政策研究、教师素养研究、教师专业发展研究方面成果不凡。

"新时代高质量教师培训研究丛书"是学院在教师培训研究领域多年砥砺深耕的代表性成果。在北京教育学院建院 70 周年之际推出的这套丛书，聚焦教师培训领域的核心问题，对教师培训理论、培训课程建构、培训模式创新与培训质量评价等重要议题进行了深入研究，为教师培训高质量发展提出了政策梳理、理论思考、实践策略与未来建议，具有非常重要的时代意义。

"新时代高质量教师培训研究丛书"认为，教师是兴教之本、强教之源。中共中央多次部署，强国兴师势在必行。教师是人类灵魂的工程师，是人类文明的传承者，承载着传播知识、传播思想、传播真理，塑造灵魂、塑造生命、塑造新人的时代重任。进入新时期新征程，党中央将教师工作摆在前所未有的重要地位，教师队伍建设迎来了新的历史机遇和发展契机。作为中华人民共和国成立以来首份关于教师工作层级最高的里程碑式文件，2018年1月20日中共中央、国务院印发的《关于全面深化新时代教师队伍建设改革的意见》，从党和国家事业全局和战略高度，深刻系统回答了新时代教师队伍建设的一系列重大理论和实践问题，明确了新时代教师队伍建设改革的战略方向。2018年9月10日，全国教育大会在北京召开，习近平总书记强调，全党全社会要弘扬尊师重教的社会风尚，努力提高教师政治地位、社会地位、职业地位，让广大教师享有应有的社会声望，在教书育人岗位上为党和人民事业作出新的更大的贡献。2019年3月18日，习近平总书记主持召开学校思想政治理论课教师座谈会，希望思政课教师以及全国广大教师政治要强、情怀要深、思维要新、视野要广、自律要严、人格要正。2021年4月19日，习近平总书记考察清华大学时指出，教师要成为大先生，做学生为学、为事、为人的示范，促进学生成长为全面发展的人。2023年5月29日，习近平总书记在中共中央政治局第五次集体学习时指出：强教必先强师，要把加强教师队伍建设作为建设教育强国最重要的基础工作来抓，健全中国特色教师教育体系；健全中国特色教师教育体系，大力培养造就一支师德高尚、业务精湛、结构合理、充满活力的高素质专业化教师队伍。2023年9月9日在第39个教师节到来之际，习近平总书记为参加优秀教师座谈会的同志们写来贺信，指出教师群体中涌现出一批教育家和优秀教师，他们具有心有大我、至诚报国的理想信念，言为士则、行为世范的道德情操，启智润心、因材施教的育人智慧，勤学笃行、求是创新的躬耕态度，乐教爱生、甘于奉献的仁爱之心，胸怀天下、以文化人的弘道追求，展现了中国特有的教育家精神。上述重要论断，既为全面加强教师队伍建设注入了强劲动力，也为教师培训工作提供了根本指引。有了"尚方宝剑"，有了持之以恒，有了五级体系，教师培训更具中国特色、中国品质，体现独特性。

"新时代高质量教师培训研究丛书"认为，回顾过往，教师培训成绩巨大，问题仍存，亟待突出精准培养，体现提质增效。在过去十年里，中央和地方一度加大培训力度。为主动适应深化基础教育课程改革、全面实施素质教育的需求，教育部于2013年发布《关于深化中小学教师培训模式改革 全面提升培训质量的指导意见》（教师〔2013〕6号），希望教师培训工作由规模发展向质量提升转型。自此，各地以满足教师专业发展个性化需求为工作目标，引领教师专业成长，在培训规划、项目设计、组织实施、质量监控等方面逐步完善，教师培训进一步规范化和专业化。各级培训机构以服务基础教育干部教师终身学习为使命，培养了一批又一批优秀教师、优秀教育管理者和教育专家，用专业力量助力干部教师成长与学校发展，书写了与时代同步伐的教育篇章。然而，在教师培训领域也存在着针对性不强、内容泛化、方式单一、质量监控薄弱等问题。"新时代高质量教师培训研究丛书"聚焦精准培训、落实提质增效，这是培训"专业化、标准化"必须攻坚克难的问题。教育部、财政部印发《关于实施中小学幼儿园教师国家级培训计划（2021—2025 年）的通知》及附件《"国培计划"示范项目指导方案》中，两处强调"精准培训"，一是在目标任务上强调"实行分层分类的精准培训"，二是在重点改革方面提出"完善高质量精准化的培训机构"。针对现实情况，根据中共中央、国务院印发的《关于全面深化新时代教师队伍建设改革的意见》，2022 年教育部等八部门联合出台《新时代基础教育强师计划》。"强师计划"强调了"深化精准培训改革"，因此教师培训必须更加注重内涵发展、全面提质增效。精准培训不仅是教师培训改革的重要抓手，还是深化教师培训改革的行动自觉和内在追求。所以，要以精准培训为抓手推进教师培训改革，让教师培训赋能队伍发展，让受训的每位教师都能受益，体现精准性。

"新时代高质量教师培训研究丛书"发现，教师培训必须胸怀大局，遵循规律，把握教育改革态势，提高教师培训质量。高质量教师教育体系建设是新形势下教师队伍建设的重要任务之一。随着国家教育领域综合改革的持续推进，"双减""双新"等政策对教师专业素养提出新要求。高质量落实教育改革，关键在教师。为了将国家政策有效转化为教师实践策略，亟待发挥培训的专业引领和支撑作用。随着信息技术的飞速发展，人工智能方兴未艾，教育数字化战略行动亦需要切实落实到教师培训中。教师培训需要提质增效再出发，数字化转型背景下教师培训工作需要创新发展，培训实践与理论研究工作任重道远。教师培训要以新科技变革为动能，依据科学研究与实践论证，重视方向引领，突显示范效应。要实现从教育大国到教育强国是系统性跃升和质变，必须以改革创新为动力，让教师培训与时俱进，体现时代性。

"新时代高质量教师培训研究丛书"认为，教师培训应当对照首善标准，勇担强师重任，服务教育强国建设。锚定 2035 年，面向 2050 年，应当发挥专业培训院校的独特优势，加强教师培训机构的协同联动，聚焦培训制度与管理、培训课程与模式、培训质量评价等核心问题开展深化研究，为高质量教师培训体系建设提供有力支撑。要看到，从"四有好老师""四个引路人"和"四个相统一"，到做学生为学、为事、为人的大先生，到弘扬教育家精神，既一脉相承，又层层递进。那么，高质量的教师培训也要按照首善标准，提升培训品质和质量，不断发力，述而有作，实现卓越。在全员培训的同时，组织卓越培训，优化"双名"工程，助力教育家成长。接受高质量培训的教师，不仅要传道授业解惑，给学生指点迷津，而且自身也要努力明道信道，形成大境界、大胸怀、大格局，努力成为大先生。大先生应当形成教育家精神，做教书育人的育人者，学生成长的引领者，改革发展的创新者，至诚报国的奉献者。

总之，我相信"新时代高质量教师培训研究丛书"能够为广大教师培训工作者提供有益参考和借鉴。期望广大教育同仁坚持问题导向，协同研究教育改革与发展和教师队伍建设中出现的新情况、新问题，深入推进需求导向的精准培训，积极探索数字化赋能教师培训的新路径，切实提高培训质量，为加强中国特色教师教育体系建设和加快推进高水平教育现代化做出新的更大贡献，共同为建设高素质专业化创新型教师队伍、推进教育高质量发展贡献实践智慧与专业力量。

是为序。

王定华

2023 年 10 月

（本序作者系国家教师教育咨询专家委员会副主任委员、中国教育学会副会长、北京外国语大学党委书记、博士生导师）

前　言

　　我们长期在教师培训的实践场域中行动，偶有心得，总会欣喜于取得了经验，甚而感觉把握了培训的规律，然而，当我们在不同场合下进行学术对话的时候，却总是被"听众"赞之为"经验丰富"。如果我们在繁忙的培训活动中不做一些"吾日三省吾身"的工作，也就只会冲着那个"经验丰富"的赞扬而沾沾自喜了。好在我们有一支与时俱进的专业团队，大家并未喜形于"经验丰富"，而是在积极开展学术研究，推动教师培训从经验走向学术、从理性走向理论。这是一场重大转型，但这场转型不是简单的量的增加，而是要推动质的飞跃。不过，"从当前的教师培训项目的设计现实来看，理论构建要素是最缺乏的，这就导致了整体上教师培训项目设计的专业性不强的后果；由于没有理论建构，项目设计的内容和课程没有解释力"。①正因如此，在这个转型过程中，我们还需要克服许多困难。

　　第一，要厘清概念。近年来，随着国家和地方的各类政策文件都普遍使用"教师培训"的概念，似乎教师培训已经成为替代其他概念的一个核心概念了。但从学术视角来看，我们很有必要澄清相似概念的内涵。这些概念包括教师终身教育、教师继续教育、教师培训、教师研修、教师学习等。此外，人们还将教师专业发展、教师专业化、教师教育、教师培养等一并使用。我们认为这些概念虽与教师培训有密切关联，但其内涵都有比较明确的指向，与教师培训不能混用，因此，无须做不必要的区分。

　　关于终身教育，学术界比较一致地认为是 1970 年前后法国教育家朗格朗提出了这一概念，其主要思想体现在四个方面："第一，打破教育限定在某个年龄阶段的传统认识。第二，成人教育不再是学校教育的简单延伸，而是立足于成人的特点和专业的需要，是非强制和自由的教育。第三，为学校的教育内容和教学方法的改革提出了新的要求，即在终身教育的条件下，要用方法来武装人们，使他们能在自己的整个求知道路上和文化生涯中得心应手地运用这些方法。第四，从终身教育的角度明确提出教育过程的统一性和连贯性。"②之后，联合国教科文组织将其作为各国制定教育政策的主导思想，使其在世界各国教育理论和实践中得到广泛的应用和发展，成为世界教育发展的主

---

① 朱旭东，宋萑：《论教师培训的核心要素》，载《教师教育研究》，2013（5）。
② 张晓东，李蕊，刘念禹：《国外教师继续教育研究综述》，载《继续教育研究》，2010（8）。

导潮流。①②但今天，随着社会变革与技术进步，终身教育已演化为"以终身教育理念为指导，具有与学校教育相通的内在的一致性和持续性，是促使教育机构及广大学习者学习的新教育体，最终实现各种教育类型和各类教育资源之间的相互衔接，满足全民终身学习需求"③。而继续教育概念的提出则更早，"源于1918年英国的教育法，但当时并未详尽地阐述和具体地实施。直至1944年英国的巴特勒教育法首次对其进行了系统的阐述：继续教育是继初等、中等教育之后的第三个教育阶段，是对超过义务教育年龄者，旨在按他们的需要组织文化训练和再创造性活动而继续进行的全日制、半全日制和业余教育④。"从这样一些历史追溯的情况来看，继续教育的提出要早于终身教育，二者均立足于教师的生涯发展，只是后者的涵盖面更广，包含了前者。简言之，继续教育是特指职后教育，而终身教育则指教师一生的全过程教育，继续教育只是其中的一个阶段。

综上所述，教师终身教育和继续教育是两个关联性很强的概念，且总体都关注的是教师一生发展的时间线。从这个意义上看，教师培训、教师研修、教师学习虽然也都发生在教师的职后教育中，但都无关乎教师的发展阶段，而是教师职后教育的形式。当然，这三个概念也有各自的侧重点，其中教师培训重在以培训者为主导，参训教师重在接受培训，处在相对被动的位置；教师研修强调教师在培训场域中的自主学习与研究，有了更多的自主性和主动性；而教师学习则重在以参训教师为中心，主要强调他们学习的自主、自觉和主动。当然，从今天教师职后教育的用语习惯上来看，教师培训更普遍，其意义与内涵也已经超越了培训的本意，可以泛指教师职后教育的各种形式，但不能代替继续教育或终身教育。正是在这个意义上，本书在泛指的意义上使用教师培训概念。

第二，要找到学科归属。毋庸置疑，教师培训从其学科性质来看，当然可以归属于教育学。但教育学是一个一级学科范畴，其归属的探讨应该在二级学科更有意义。从二级学科来看，教师培训应该可以归属到教师教育学。但教师教育学的历史并不长，在我国起步至今也就十多年时间，其学科体系、概念体系、话语体系尚处在研究建构阶段，并且目前的教师教育学还主要集中于教师职前培养领域。因此，在教师培训蓬勃发展的今天，如果我们将其归属于并未成熟的教师教育学，似乎并不利于其发展。基于这样

① 张妍，张彦通：《终身教育在我国的独特涵义与研究趋势》，载《教育研究》，2016（8）。
② 邵剑耀，毛立伟：《国内外终身教育研究：主题透视、热点识别与趋势研判》，载《开放学习研究》，2021（4）。
③ 张妍，张彦通：《终身教育在我国的独特涵义与研究趋势》，载《教育研究》，2016（8）。
④ 张晓东，李蕊，刘念禹：《国外教师继续教育研究综述》，载《继续教育研究》，2010（8）。

的认识，我们认为推动建立中国特色的教师培训学，应该具有更加重要的现实意义。

从建构教师培训学学科的角度，我们曾经做过一些探索，提出将教师培训学定义为以成人学习理论和教师成长规律为基础，以教师培训活动为研究对象，综合运用多种研究方法，探索教师培训规律的学科。同时，对教师培训学的研究对象、研究方法、知识体系和理论基础进行了探讨，强调教师培训学还是一门应然学科，尚未达到实然学科的标准。但这些探索还是非常初步的，尚未形成系统深入的研究成果，仍需要我们持续努力，有效推进。我们坚信，随着学科体系的建构，教师培训的话语体系也就会逐步形成，相应的学术研究人才和学术组织也会不断涌现。

第三，要持续推动研训一体。无论是教师培训的理论研究，教师培训学的学科建设，还是各级培训政策的落实，乃至各类培训的针对性、有效性的提升，研训一体都是一个行之有效的行动方略。推动研训一体落实、落地，需要有一些强有力的举措：一是加强有组织的科研，要围绕教师培训的重大理论与实践问题，开展跨院校、跨区域、跨领域的科研攻关，以更加专业的要求和标准，不断探索培训理论的建构，不断探索实践模型的研发，并通过科研成果的发布，形成我们的概念体系和话语体系；二是加强成果转化，要促进将基础教育及教师教育领域有影响力的研究成果转化为培训实践的课程与模式，让培训实践建立在科学研究的基础之上，并通过培训活动架起理论与实践之间的桥梁，实现理论与实践的相互促进和有效结合；三是加强培训者队伍培养，要坚定地按照"顶天立地"的目标，要求并支持培训者深入一线学校实习、实践，特别要支持有研究专长的培训者，使人人都有相对稳定的实验学校，人人都有主动追随的一线教师徒弟，以实现科研更接"地气"，成果更易落地，培训更有成效。

基于上述思考，本书着力于在两个层面上进行研究：一是基于多学科视角的理论建构，重点对教师培训进行哲学、伦理学和心理学视角的研究，以便从哲学视角解决教师培训的本体论、认识论与实践论问题，从伦理学视角解决培训的价值与伦理问题，从心理学视角解决培训的心理场域与动力问题。二是基于理论探索的实践反思，重点对培训设计、培训机构、培训文化和培训政策做理论与实践相结合的研究。我们希望通过这样的探讨，能够在教师培训理论建构和实践创新方面取得新的进展，为新时代高质量教师培训贡献我们的力量。

汤丰林
2023 年 9 月

目　录

第一章　教师培训哲学

在人们的直观感觉当中，教师培训几乎是一项纯粹的实践性活动。也许正因为这项活动是纯实践性的，所以，经验就成了理性活动的主要面。但这个理性活动的主要面在哲学家那儿只是"在经验中的思"，还不是"纯粹的思"。"对具体事物的感悟和认识活动，是'在经验中的思'；实际地改变或制作具体事物（包括自然事物和社会事物）的实践活动，若单就其本质的方面而言，其实也是'在经验中的思'。而哲学的认识则是对'经验中的思'再作'思'，即拿思想本身来再作一番'思'，用古希腊哲学家亚里士多德的话说，就是'思想思想'。"①而这个"思想思想"便是"纯粹的思"。我们对教师培训已经在经验中"思"了很久，从更好地指导培训实践而言，如果不做一番"纯粹的思"，要真正实现高质量培训，恐怕还要走很长的路。本章便是要努力从本体论、认识论、实践论三个层面对教师培训做一些"纯粹的思"，即哲学意义上的思考。

第一节　教师培训的本体论问题

教师培训到底应该如何认识？是工作，是学问，还是生意？对于这个问题，学界基于不同角度有着截然不同的论辩：在主管单位看来，教师培训是工作，是一项助力教师成长发展的重要工作；在教师教育院校看来，教师培训是学问，更应该是学术，是教师终身教育的重要组成部分；在市场化培训机构看来，教师培训是生意，因为这个圈子内有巨额的经费投入。为什么对于这样一项貌似特别专业的事情，却有着如此大相径庭的认识？究其原因，还是缺乏培训的专业化提升，缺乏对培训自身的理论建构和学术话语体系的认识。"智慧行动要求准确理解世界，而准确理解世界要求准确诠释经验。"②那么如何准确诠释经验呢？必由之路是将经验上升为理论。正是基于这样的认识，我们从教师培训哲学的角度来探讨培训理论的建构。教师培训哲学应该归属于教育哲学的范畴，因为"教育哲学是关注教育问题的基本前提。教育问题其实隐含着两个基本问题：对知识的理解和对人的理解"③。而我们从哲学的角度来探讨教师培训理论的建构问题，其实就是要对培训场域中的知识和

---

① 王德峰：《哲学导论》，上海，复旦大学出版社，2020。
② [美]詹姆斯·马奇著：《经验的疆界》（丁丹译），北京，东方出版社，2017。
③ 王志军，陈丽：《联通主义："互联网＋教育"的本体论》，载《中国远程教育》，2019（8）。

人进行哲学意义上的理解。这样一个视角的认识与理解，首先需要做本体论的探讨。而从本体论角度的思考，则首先要解决逻辑起点的问题。因为"从教育本体论的意义上说，教育起源问题是要回答人类的教育是如何可能的教育存在问题"[①]。从教师培训理论建构的角度来看，作为历史起点的培训"起源问题"也就是其逻辑起点问题。

本节我们结合教师培训的历史发展，通过历史与现实之间的辩证分析与讨论，探寻教师培训理论的逻辑起点，回应教师培训理论的本源性问题，同时，建立教师培训理论基本结构，提出教师培训理论模型与分析框架，从而推动教师培训突破经验的藩篱，从经验走向理论，进而提升教师培训的专业化水平，以更好地适应新时代教师培训变革的要求。

一、教师培训理论的逻辑起点

探讨教师培训理论的逻辑起点，其实就是要找到这样一种理论得以建立的开端。正如黑格尔在"科学必须以什么作为开端？"的论述中所说的那样："所谓开端是逻辑的，意思是说，它应当起源于一个自由的、自为存在着的思维要素，起源于纯粹知识。"[②]因此，作为教师培训理论开端的这个"思维要素"，"始终是处于它的科学之内，对此我们唯一需要做的事情，就是去考察，或者更确切地说，把人们通常具有的全部反思和全部意谓放在一边，仅仅去接纳当下呈现出来的东西。"[③]因此，我们必须从历史发展的视角，依据教师培训"当下呈现出来的东西"寻找培训理论得以建立的开端，也即逻辑起点。这个"东西"便是教师培训实践。这样的思维逻辑也正与毛泽东同志的实践论思想相吻合：马克思主义哲学辩证唯物论的两个显著特点，其中一个是"它的实践性，强调理论对于实践的依赖关系，理论的基础是实践，又转过来为实践服务……真理的标准只能是社会的实践。判定认识或理论是否是真理，不是依主观上觉得如何而定，而是依客观上社会实践的结果如何而定。真理的标准只能是社会的实践"[④]。教师培训所走过的路，正是一条扎扎实实的实践之路。这条实践之路伴随着我国基础教育从起步、成长到繁荣发展的全过程，直接推动了教师队伍从知识补充、能力提升、学历达标到今天的卓越发展。因此，我们从梳理教师培训的发展历史中，提出了"生存""福利""义务"和"自主"四个阶段，认为这四个阶段都是以教师不同层面上的发展为基本出发点的。正是在这个意义上，我们提出将"教师发展"作为教师培训理论建构的逻辑起点。当然，学界也有研究者提出了同样的认识，认为"促

---

① 唐迅：《教育本体论的嬗变与素质 教育本体论命题的创化》，广州师院学报（社会科学版），1999（10）。
②③ ［德］黑格尔：《逻辑学Ⅰ（先刚译）》，北京，人民出版社，2019。
④ 李达：《〈实践论〉〈矛盾论〉解说》，北京，人民出版社，2019（10）。

进教师发展是教师培训教育学的核心"①。下面我们简要阐述每个阶段对教师发展的关注，以及这样的关注在教师生命价值实现中的意义。

（一）"生存"阶段的教师发展指向教师知识能力补充和学历补偿，重在铸教师生命之"基"

这个阶段大致是中华人民共和国成立到改革开放后的较长一段时间。这个时期的主要任务是"学历补偿和教学能力补偿的双重任务，其中小学教师以教学业务能力补偿教育为主，中学教师以学历教育补偿为主"②。任务的设置直接反映出中华人民共和国成立初期师资数量与能力的不足，亟须通过教师培训进修来补充合格师资，"在1949年至1966年期间，我国中小学教师进修培训法规获得了初步发展，推动了基础教育阶段师资队伍建设的有序发展。在这期间，由于国家政策的引导，法规的推行，中小学教师通过短期培训、函授等方式，其数量和质量都明显提升。"③直到改革开放初期，师资学历不达标问题依然很突出，"1977年年底，教育部出台《关于加强中小学在职教师培训工作的意见》，提出要'力争在三五年内，经过有计划的培训，实现由文化水平较低的初中教师在所教学科方面大多数达到师专毕业程度，高中教师在所教学科方面大多数达到师院毕业程度'。为实现这一目标，国家建立了省、地、县、社和学校的师资培训网，通过函授教育、业余大学(广播讲座、电视大学)、巡回辅导、专题讲座、培训班、以老带新的学校自培等形式开展中小学在职教师的培训。"④简言之，这一阶段要解决的是教师能否胜任教师岗位的问题。而一个教师具备基本的专业知识、基本的教育教学技能和合格的学历要求，是其为师之基础，也是其生命之基本。

（二）"福利"阶段的教师发展指向教师知识更新、能力和学历提高，重在铸教师生命之"真"

这个阶段大致从20世纪末到21世纪初，各级各类教师学历基本达标，教师培训开始发挥对教师的激励作用，因此，业界也普遍认为，"培训是教师最大的福利""优质培训是送给教师最好的福利"⑤。这个阶段的教师培训之所以能产生激励作用，其关键在于全国性的培训经费不足，培训机会稀少，培训总体上是稀缺资源。这正如有的研究者所说："早在2000年《关于实施'中小学教师继续教育工程'的意见》就已经提出中小学教师继续教

① 朱益明：《教师培训的教育学研究》，华东师范大学博士研究生论文，2004（50）。
② 郭飞君，杨清溪：《改革开放以来我国教师培训政策演变的回顾与反思》，载《教育与职业》，2012（21）。
③ 唐宇茹：《新中国六十年中小学教师进修培训法规研究（1949—2009）》，福建师范大学硕士学位论文，2017。
④ 李瑾瑜，杨帆：《教师培训：40年的实践历程及其发展趋势》，载《教师发展研究载》，2018（4）。
⑤ 孙阁河等：《优质培训是送给教师最好的福利》，载《焦作日报》，2008（12）。

育是地方事业,各地应按照'地方负责、分级管理'的原则,采取有效措施,确保投入,积极探索中小学教师继续教育由行政部门、学校和教师共同承担成本的分担机制,多渠道筹措继续教育经费。但事实上直到现在,教师'花钱买发展',为自身发展与成长进行投入的意愿还是比较低的,中小学教师培训成本分担机制建立的滞后已经成为制约我国教师培训经费使用效率提高的瓶颈。"[1]这个阶段虽然受制于各种条件,教师还不能全员全过程接受专业培训,但这时的培训更多立足于高层次培训(当时的高层次培训称之为高级研修),是对合格教师乃至优秀教师的专业赋能。这样的赋能行动有效促进教师提升了专业追求,使其在求真的道路上走得更好。

(三)"义务"阶段的教师发展指向教师常态化专业发展,重在铸教师生命之"善"

这个阶段大致应该从教育部启动"国培计划"开始。早在1999年9月教育部发布的《中小学教师继续教育规定》中就提出"参加继续教育是中小学教师的权利和义务""各级人民政府教育行政部门管理中小学教师继续教育工作,应当采取措施,依法保障中小学教师继续教育工作的实施""中小学教师继续教育原则上每五年为一个培训周期"。[2]2012年9月《国务院关于加强教师队伍建设的意见》进一步明确提出:"建立教师学习培训制度。实行五年一周期不少于360学时的教师全员培训制度,推行教师培训学分制。采取顶岗置换研修、校本研修、远程培训等多种模式,大力开展中小学、幼儿园教师特别是农村教师培训。"[3]应该说,"国培计划"的推出恰逢其时,不仅强有力地推动了全国基础教育教师全员培训的落地,同时也保障了培训经费的充足投入。这对教师培训而言是一个质的飞跃,切实实现了教师每五年接受360学时培训的目标。至此,教师继续教育全员全程全覆盖的目标全面实现。教师接受分层分类分岗的培训完全成为其专业发展的必经之路,也是其通过持续的专业成长落实教育教学综合改革必须尽的义务。在这个过程中,教师的专业发展得到了更大的促进,同时其专业情怀和专业信念也得到了更大的提升,并且在持续性的专业促进行动中,教师有了更加充分的自信来铸牢其生命之善。

(四)"自主"阶段的教师发展指向教师选择性与个性化学习,重在铸教师生命之"美"

这个阶段大致与"义务"阶段同步,更准确地说应该是"义务"阶段的升级,其显著特征表现为教师不仅将日常的培训学习作为自己的责任和义务,同时也在根据新形势新要求不断推动着培训方式的变革。具体表现为:一是教师队伍整体水平与素质的提高,使得教师

---

[1] 崔世泉,黄燕:《教师培训:福利还是投资——浅议中小学教师培训成本分担机制》,载《教育导刊》,2014(12)。

[2] 中华人民共和国教育部:《中小学教师继续教育规定》,http://www.moe.gov.cn/srcsite/A02/s5911/moe_621/199909/t19990913_180474.html。

[3] 中华人民共和国教育部:《国务院关于加强教师队伍建设的意见》,http://www.moe.gov.cn/jyb_xxgk/moe_1777/moe_1778/201209/t20120907_141772.html。

对个性化培训学习的要求越来越明显；二是教育综合改革步伐的加快使得教师对培训的针对性与实效性要求越来越迫切；三是信息技术的高速发展，使得教师对学习方式多元化的要求越来越强烈。这些新的变化概括起来体现为"自主"阶段精准、多元、个性化的培训特点。据教育部发布的数据，到 2022 年年底，我国专任教师总人数为 1880.36 万人；学历达标率方面，幼儿园教师为 99.39%，小学教师为 99.99%，初中教师为 99.94%，高中教师为 99.03%，其中高中教师中研究生学历比例为 13.08%。[①]学历达标意味着教师队伍从知识结构到能力素质均达到了"办好人民满意的教育"对教师队伍的基本要求，同时也意味着教师培训必须要突破基本知识技能提高的目标，转向激发教师自主学习的动力与行动。而推动"自主"的关键不仅在于加强供给侧改革，增加教师对培训学习从内容到方式的可选择性，还在于加大教师个性化学习的分量，通过"一人一案"等形式，让教师的自主学习能够真正实现。也正是基于这样的新形势，有研究者提出了发人深省的问题："作为在职教师素质能力整体提升的大规模专业发展行动，'深化改革'的问题如何会诊分析？'精准培训'的实践如何靶向施策？作为专业先手棋，教师培训的区域布局、项目设计、课程创新、教学提质、资源生成、成果应用等，如何'精准'落实？"[②]而这些问题的有效答案无疑全都指向了提升教师参与培训学习的自主性。教师学习自主性的提升在很大程度上会推动培训的供给侧结构性改革，以增强教师学习资源的丰富性和机会的灵活性，而资源的丰富和机会的灵活又会促进教师学习自主性的增强。这样的过程无疑有助于培训者与被培训者之间理解、支持与互动关系的增强，而这样一种增强的关系也会在很大程度上促进教师展现出更强的专业自信心和专业自豪感。这时全社会尊师重教蔚然成风，教师也自然会绽放出生命之美。

综上所述，教师培训从起步到今天，其核心都指向教师发展，教师发展既包括教师的专业发展，也包括教师综合素质的提升。从这个意义上讲，我们可以把教师发展确定为教师培训的逻辑起点，同时也是教师培训的终极目标。这也符合黑格尔关于逻辑起点的观点，"即推进过程意味着回归根据，回归原初的和真实的东西；那个被当作开端的东西，依赖于这个根据，而且实际上是由此产生出来的"[③]。

二、教师培训的理论建构

如果我们将教师发展作为教师培训的逻辑起点，那么教师培训的理论建构就必须基于

---

① 中华人民共和国教育部：《教育部召开新闻发布会介绍 2022 年全国教育事业发展基本情况》，http://www.moe.gov.cn/fbh/live/2023/55167/。
② 李方：《深化精准培训改革：教师培训提质增效的专业化之路》，载《中国教育学刊》，2022(9)。
③ [德]黑格尔：《逻辑学Ⅰ（先刚译）》，北京，人民出版社，2019。

教师发展的实践展开，并最终促进教师发展。因为"理论的主要功能之一在于整合存在的'事实'，将这些'事实'整合并赋予其意义。理论的第二个功能是为生成新的信息提供框架。理论可以因此被定义为整合现有信息并能生成新信息的陈述系统"①。毋庸置疑，教师培训理论所关注的"事实"只能是促进教师发展的培训实践活动，而这样的实践活动所指向的教师发展则将赋予教师生命以更大的价值。当然，教师的生命价值，一方面体现在教师自身的内在丰盈，另一方面体现在教师以自己生命的价值去赋予学生生命更大的价值。这种生命价值的体现用习近平总书记的思想来阐释，就是教师通过"四有好老师"和"四个引路人"的修炼，成为"经师"与"人师"相统一的"大先生"，成为对他人、对组织、对民族有价值的人，因为"一个人遇到好老师是人生的幸运，一个学校拥有好老师是学校的光荣，一个民族源源不断涌现出一批又一批好老师则是民族的希望"②。基于这样的认识，笔者将以教师发展为逻辑起点建构的教师培训理论称为"教师培训的生命增值理论"（如图 1-1 所示，以下简称"生命增值论"）。

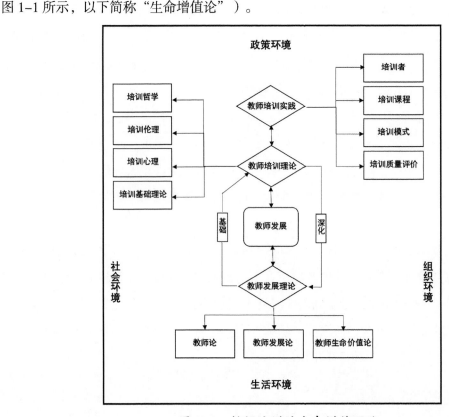

图 1-1　教师培训的生命增值理论

---

① 叶澜：《时代精神与新教育理想的构建——关于我国基础教育改革的跨世纪思考》，载《教育研究》，1994（10）。

② [美]理查德·M.勒纳：《人类发展的概念与理论（第3版）》（张文新主译），北京，北京大学出版社，2011。

根据该理论模型,教师发展既是教师培训的起点,也是其终点。因此,围绕教师发展问题,需要从教师发展理论、教师培训理论与教师培训实践三个方面进行理论探讨。

（一）教师发展理论

这是教师培训理论建构的基础。它要揭示的是与教师培训相关的教师发展问题,重点包括教师论、教师发展论和教师生命价值论等范畴。

1. 教师论：教师专业与精神的双重画像

关于教师论的建构应从教师精准画像入手,既要有更加精准的专业画像,还应该有基于道德、情怀与境界的精神画像,这是对师之为师的灵魂拷问,也是教师区别于其他人的核心特质。

一是师德。师德是一个人能为人师的核心,也是教师精神画像的主色调。因此,我们无论是从教师的职业道德、专业道德、专业伦理进行结构化的学术表达,还是从"学高为师,身正为范"中的"身正"来进行自我修养的表达,师德都是师之首要品质。从精神画像的角度来看,我们期待的有德之师,应该既要有坚定的政治方向,又要有深厚的仁爱之心;既要能担起时代大任,又要能经得起突破底线的世俗诱惑。他们不仅是良师,还应该是"大先生"。

二是情怀。在我们的教育现实中,几乎可以说人人言必提情怀,但梳理学术界的研究,却会发现基本没有形成有共识的定义。正如叶澜教授所说的那样："只有与时代精神一致的教育理想,才能引导一个推动时代向前发展的新教育的构建,而教育理想的构建又是以培养什么样的人这一问题为核心的。"[1]因此笔者认为,教师对教育应该具有理想主义加浪漫主义的情怀,这样才能使教育成为教师一生充满激情与动力的追求。

三是境界。对教师而言,教育境界更是其追求教育理想,为良师、育新人所应该具有的精神境界。循着冯友兰先生指出的路径,一个优秀的老师至少要达到道德境界,并努力追求天地境界。简言之,道德境界是底线,天地境界是理想。因此,一个教师在其为师之路上必须做到守住底线,奔赴理想,让自己的教育人生因境界而永远闪耀精神的光芒。

2. 教师发展论：教师结构性、系统性、延续性的成长与进步

发展是一个永恒的话题,也是学术界始终争论不休的概念之一。国际著名发展心理学家勒纳认为："延续性变化的观点表明,在较迟时间点上观察到的变化至少部分地受到先前发生的变化的影响,且后发生的变化的可能范围会受到先发事件的限制。简言之,从最根本上讲,发展这一概念意味着结构在一段时间之内发生的系统的和延续的变化。"可见,

---

① 叶澜：《让课堂焕发出生命活力——论中小学教学改革的深化》,载《教育研究》,1997（9）。

从最普遍意义上讲，发展意味着变化，但变化又不等于发展，真正能被称为发展性的变化必须具有结构性、系统性、延续性的特点。学术界关于教师的发展虽然也有许多不同的认识，但都倾向于教师发展是一种结构性、系统性、延续性的成长与进步。

教师发展的结构性强调核心素养的提升，具体包括六个方面：一是政治方向，可以用"魂"来表达，要求教师必须具有鲜明的政治方向性，坚定地践行党的教育方针；二是仁爱之心，可以用"爱"来表达，表现在对教育的热爱和对学生的仁爱，并且这样的爱是融入其人格、融入其精神世界的特质；三是文化素养，可以用"厚"来表达，要求教师要有丰富而深厚的文化知识储备，具备做好"四个引路人"的基本素养；四是专业基础，可以用"专"来表达，要求教师必须有扎实的专业基础，能够踏踏实实做好"传播知识、传播思想、传播真理"的工作；五是反思能力，可以用"思"来表达，是教师所有特质与素养得以提升的核心特征，即无论是教育教学水平的提升，还是个人综合素养的提升，都需要进行深入的思维加工，进行及时的反思总结；六是创新能力，可以用"新"来表达，要求教师不仅要坚守教育教学的规律，还要做到与时俱进，根据教育综合改革的要求，对教育教学工作进行不断的创新。

教师发展的系统性关注教师身心两个方面的健康发展，身体健康是教师发展的基础，而"心"的健康发展，则不仅涵盖通常所讲的心理健康，还应该包括师德与人格的健康发展，以及专业素养、精神境界等的提升。从这个意义上看，教师发展的系统性与结构性是紧密相关的。

教师发展的延续性要求我们既要关注教师发展的阶段性，还要关注教师发展的延续性。换言之，教师一生的发展会经历不同的阶段，但无论将教师发展分为几个阶段，阶段之间都不是泾渭分明、截然不同的，而是呈现一种迭代发展的特征，即后一阶段基于前一阶段的成果，并含有前一阶段的特征。

3. 教师生命价值论：教师由内而外的生命观、价值观、职业观

对于教师而言，课堂教学是其职业生活的最基本的构成部分，它的质量，直接影响教师对职业的感受、态度和专业水平的发展、生命价值的体现。总之，课堂教学对于参与者具有个体生命价值。教师生命价值论便是基于教师的生命历程，立足于其职业场景，全面探寻教师的生命价值与意义，具体应聚焦于教师的生命观、价值观和职业观。

教育在本质上应该是对生命的教育，而教师的生命观则直接体现为教育中是否有人、是否尊重人的问题，因为"拥有积极向上生命观的师范生会更加珍视生命、尊重生命，体现在教育中，则是珍视儿童、尊重儿童，从而实现教育'育人为本'的本质要求，提升综

合育人能力"。①因此，教师建立什么样的生命观，直接影响其育人的方向，也决定着其"塑造灵魂、塑造生命、塑造人"的水平。当然，教师的生命观既包括对学生生命的认识，也包括对自己生命的认识。

价值观具有很强的主体性，它直接影响着教师的教育教学行为。教师坚持什么样的价值观，其教育的方向与效果完全不同。因此，教师的生命价值论中，价值观是核心。作为新时代的教师，要培养出能够担当中华民族伟大复兴使命的时代新人，必须以社会主义核心价值观为基础来建构自己育人的价值体系。

职业观是教师如何看待自己职业的基本态度。当下，教师对自己的职业大致有这样一些认识，如从道德层面认为"教师是人类灵魂的工程师"，从技术层面认为教师是一种专业，从人的生存层面认为教师是一种求生的手段。教师的职业观与其价值观、生命观是紧密相关的。总体来讲，教师的职业观受到其价值观和生命观的直接影响。教师有什么样的价值观，就会有什么样的职业观。

（二）教师培训理论

教师培训理论的构建就是要在丰富的培训经验的基础上，通过对经验的解构与重构，建立起支撑培训实践的理论体系。这样的理论体系，需要对本体性问题和逻辑结构问题的深入研究，使培训理论能够建立在自己的逻辑起点上，并形成符合培训自身特点的认识论、方法论，以及合宜的研究方法、知识体系和实践策略。教师培训的理论建构应该是一个多学科融合的研究，需要对培训哲学、培训伦理、培训心理等深层次问题进行研究，同时还要对培训政策、培训设计、培训管理等实践层次的问题进行理论探讨。这些研究应该是建立教师培训的学术话语体系的核心。这两个层面的问题，关键是前者，其中培训哲学要解决教师培训的本体论、认识论、方法论问题，我们需要从历史和现实的视角及理论与实践的视角去研究探寻教师培训的逻辑起点，并以此为原点，建构教师培训的知识体系；培训伦理需要从伦理学的角度来研究培训，其中应该包含价值观、生命观等问题，重点在于建立教师培训的伦理体系，指导培训实践少一些随意和人为，多一些伦理的规范和要求；培训心理需要从社会心理学的视角去建构培训的心理场域，探寻培训者和参训者在特定培训场域中的有效互动，以提高培训实践的心理体验。就后者而言，重点是建立宏观层面实践各要素的理论模型，以提高实践的理论指导水平。

---

① 高雅，余澄，王后雄：《师范生生命观与生命教育现状调查及改进建议》，载《教师教育学报》，2023（2）。

（三）教师培训实践

对实践中的一些关键问题需要进行以理论建构为导向的研究，具体包括：

一是培训者。这是教师培训的核心要素，我们通常称之为"师者之师"。那么我们应该如何为其画像呢？综合学术界的研究成果，至少应该包括精神画像和专业画像两个部分。从精神画像来看，可以按照前述教师的精神画像来描绘，但需要有更高的标准和要求；从专业画像来讲，则需要对其知识结构、能力结构、素养结构等进行深入的研究，建立起"顶天立地、研训一体"的新时代教师培训者的专业形象。

二是培训课程。课程是教师培训的核心。近年来，教师培训课程的探索取得了许多有益的成果，总体来看，基本都是围绕参训者的需求或培训者确定的培训主题来进行设计，并在形式上有许多创新。但从培训理论建构的角度来看，我们还需要基于现行的课程理论，结合培训实践的独特性，重新审视培训课程的理论模型。简言之，我们既需要遵循课程设计的学科逻辑，还需要关照培训的现实需要，从课程标准、课程方案到课程结构进行系统设计，并能够实现按照培训对象、培训需求与培训主题等的要求生成不同的课程"菜单"。

三是培训模式。这个主题下，我们需要探索研究的是：如何建立培训模式生成的基础模型？我们可以借用叶澜教授对教学模式的定义来进一步思考培训模式，她认为："教学模式俗称大方法。它不仅是一种教学手段，而且是从教学原理、教学内容、教学的目标和任务、教学过程直至教学组织形式的整体、系统的操作样式，这种操作样式是加以理论化的。" [1]这个定义比较接近培训模式的意蕴，因为培训模式既不是纯粹的培训理论，又不是简单的培训经验总结，而是理论化了的培训操作样式。

四是培训质量评价。多年来，我们的培训评价大多都是在效果层面，且以满意度评价为主。虽然我们曾在培训评估中尝试运用"柯氏四层次评估模型"，也建构了由满意度、掌握度、提升度、改进度四个层面组成的评估体系，[2]但从具体操作来看，还是有很大的难度，特别是对提升度和改进度的评价难度更大。基于此，笔者认为，培训评价追求的不应该是多么精准的评价，而是更加精准的质量管理。精准的质量管理应该包括对培训的需求、目标、课程、方式、成果及培训者等关键要素和全过程的管理。

综上所述，我们围绕教师发展这个逻辑起点，尝试建构了"教师培训的生命增值理论"，其中教师发展理论是基础，教师培训理论是指导，教师培训实践是策略，三个方面的研究相互支撑，共同促进教师发展，进而促进学生发展，是对师生生命的涵养。

---

① 何克抗，吴娟：《信息技术与课程整合的教学模式研究之一——教学模式的内涵及分类》，载《现代教育技术》，2008（7）。
② 汤丰林：《教师培训：理性与实践的核心关注》，北京，北京师范大学出版社，2018。

第二节　教师培训的认识论问题

教师培训的认识论，即在培训视域下教师应该具有的知识观。首先应该包括在知识和知识获得层面，教师所持有的信念，其次应该包括在知识结构、知识本质和知识来源以及知识判断层面的信念，最后应该包括这些信念在个体知识建构和知识获得过程的调节和影响作用。

教师培训作为一项有意义的人类活动，是以促进教师的发展、社会的发展为目的，以传授知识、经验和文化为手段的培养教师的社会活动。在厘清教师培训的本体论的基础上，有必要对教师培训的认识论问题进行细致澄清。只有对教师培训的认识论问题进行澄清，明确培训背景下教师的定位、分析培训背景下教师应具有的知识结构，才能更好地把握教师培训的概念与范畴，采取合理科学的教师培训的研究方法，以推动教师培训的实践发展。

一、培训背景下的教师及其知识结构

（一）培训背景下的教师定位

中共中央、国务院颁布的《关于全面深化新时代教师队伍建设改革的意见》再次强调了重视教师专业发展的思想，即"到 2035 年，教师综合素质、专业化水平和创新能力大幅提升，培养造就数以百万计的骨干教师、数以十万计的卓越教师、数以万计的教育家型教师"的奋进目标。这表明我国教师培训已经进入提质增效的阶段。在这一培训背景下，教师的理论知识与教学实践能力的提升具有专业化、学习化和社会化的特点。

专业化，指的是培训视角下教师的专业化发展，内容主要包括"专业知识、专业技能、专业能力、专业教育观念四个维度"[①]的专业化。培训视角下教师发展的专业化，从过程层面理解，是教师学习知识，教师学习如何教学，学习如何将知识转化到实践的过程；从结果层面理解，是教师的专业学习与反思的结果。

学习化，指的是培训视角下教师的学习化发展，内容主要包括"职前培训学习、入职培训学习、在职培训学习"三个阶段的学习，既包括各种正式的课程学习，也涵盖了各种工作场所的非正式学习。教师的学习化发展特点，表明了教师的成长发展是一个持续性的过程，不断获得知识和技能、方法与过程，情感与价值的改善和升华，贯穿了教师成长发

[①] 冯晓英，林世员，络舒寒等：《教师培训助力教师专业成长提质增效——基于国培项目的年度比较研究》，载《中国电化教育》，2021（7）。

展的全过程。

社会化，指的是培训视角下教师的社会化发展，内容主要包括"专业知识技能的社会化、课堂教学实施的社会化、发展创新的社会化"这三个方面的社会化。培训视角下教师的社会化发展，指的是教师从个体走向社会公共生活，融入现实社会，具有实践性。教师的社会化发展，强调教师将已有的专业知识技能，进行理论联系实践的有机结合，实现知识的实践转化；强调在课堂上的教育教学活动中，以情境法、体验法、活动法等多种具有实践性的方式方法不断推进课堂教学实施的实践性发展，指向贴近社会的真实情境问题的解决；强调教师在适应社会发展的过程中，进行教育教学的创新发展，不断适应新形势新发展，进行社会化实践创新。

（二）培训背景下教师的知识结构

20世纪70年代，认知心理学开始应用于教师研究，呈现为有关教师知识的研究。初期的一些研究表示，教师的教学活动是一种认知活动。教师知识作为教师认知活动的基础之一，成为研究的重点。有关教师知识的分类有很多种，国内外很多专家、学者提出了不同的分类。目前国内有关教师知识结构的研究者有林崇德、申继亮、范良火等。以林崇德为代表提出的教师知识结构分类主要包括"本体性知识、条件性知识、实践性知识、文化知识"。这种教师知识结构分类方式也是目前被公认和较为接受的。在当前培训背景下，这种知识结构的分类方式仍然具有可行性和价值性。

教师的知识结构是一个整体，其内含的四个方面构成了有机的结构，这四个方面立足于教师发展的专业化、学习化和社会化。本体性知识指的是教师应该具有的特定学科知识；条件性知识指的是教师应该具有的教育学、心理学和数字化信息技术等工具性知识；实践性知识指的是教师应该具有的教学中经验性的知识，是教学经验的积累；文化知识指的是教师应该具有的人文、社会和自然科学、艺术素养等基础性知识，是本体性知识的有益补充。本体性知识主要支撑着教师发展的专业化，文化知识主要支撑着教师发展的学习化，实践性知识主要支撑着教师发展的社会化，条件性知识作为工具性中介性的知识支撑着教师发展的整体过程。实际上这四个方面的知识结构，与培训背景下教师的专业化、学习化和社会化都是不可分割的，形成了推动教师发展的有力结构。

1. 本体性知识

本体性知识，是教师进行教学所应该具有的特定学科知识，是为世人所熟知的教师应具有的教学知识，例如语文学科教师要具备语文学科知识，数学学科教师要具备数学学科知识。实际上，在教师进行特定学科授课的过程中，"语文学科知识""数学学科知识"并不单纯包括这一学科教材所包含的学科知识，因为对于"学科"而言，学科往往是由学科概念和原理、学科方法和学科价值等组成的理论系统。

　　教师一方面要掌握学科系统所包含的概念、原理、方法和价值这一系列学科知识，另一方面要掌握该学科依托的课程知识。课程知识是一位教师对该门课程的理解，例如对于高中思想政治这一门学科而言，教师除了要掌握思想政治作为学科而言所具有的系统性学科概念原理、学科方法和学科价值外，还应该了解其课程性质和理念、课程模块的组成、课程内容的重难点以及课程实施的方式方法。

　　2. 条件性知识

　　条件性知识，是教师进行教学所应该具有的教育学、心理学和数字化信息技术等工具性知识，是教师展开教学所必须具有的条件性、工具性、支撑性知识，例如教师展开教学要了解学情，依据学生具体的心理和认知状态进行有效教学，依托当下数字化信息技术进行高效教学。

　　教育学、心理学等相关条件性知识，包括对教育现象、教育问题、教育规律、教育方法、学生心理状态、学生认知发展规律等内容的基本理论和基本知识，以及教育科学、心理学的基本研究方法和技术。儿童、青少年的心理发展规律是教育实践改革与发展的出发点，是教育以人为本的具体体现。教师掌握了教育学、心理学等相关知识，能够更好地在符合学生认知的基础上，将教学逻辑、生活逻辑和认知逻辑统一起来，以这三个逻辑相统一的方式指导教学活动的展开。因此作为教师，必须具备教育学、心理学等条件性知识，这样才能更好地在教育教学活动中，以学生为主体，展开有效教学。

　　数字化信息技术等相关条件性知识，包括持续利用数字化、网络化、智能化的技术手段来进行教育教学的相关知识，具体应该包括三个方面的知识：技术工具的相关知识（电子课件、多媒体教室、计算机、移动端等多媒体知识）；网络环境的相关知识（互联网、移动互联网支持下的学习管理系统、移动学习工具等网络知识）；数据智能知识（教育数据挖掘、智能化教育服务、信息与课程结合等数据智能知识）。随着数字化技术的发展，数字化在提高教育质量、推进教育发展等方面的作用日渐凸显。数字化学习方式融入社会生活后，学习时间的碎片化、学习方式的灵活性、学习空间的多样性以及知识建构的主动性特征促进着教学方式发生变化，这对教师提出了新的要求，因此教师不仅要掌握教育学、心理学的知识，还要掌握数字化信息技术等相关知识，并将这些知识与教育教学活动进行深度有机融合，实现高效教学。

　　3. 实践性知识

　　实践性知识，是教师进行教学所应该具有的经验性的知识，是教学经验的积累。具体来说，实践性知识应该包括教师进行课堂教学的情境知识。这一实践性知识包含的内容比较广泛，从教学过程的展开维度来看，可以从以下几个方面来把握：（1）了解课程的教学目的；（2）根据教学目的选择合适的教材内容并对教材内容进行分析；（3）选择合适的教学方法进行教学设计；（4）依据教学设计进行课堂讲解，并随机应变，保持师生有效互动；（5）课后评价与课后辅导。

实践性知识具有个性化、细节化的特色。因为受教师不同的个人经历的影响，所以这些实践性知识的表达包含诸多教育的细节，例如教师个性化的教学语言、个性化的教学姿态、个性化的教学突发事件处理方式等。无论是在教学活动展开前的学情调查阶段，还是在教学活动展开中的师生互动探究阶段，抑或是在教学活动结束后的课后评价与课后辅导阶段，在这些具体的教育情境中，教师所采用的知识都来自个人的教育教学实践的经验积累，具有突出的经验性。因此有必要把实践知识与教师的个人特色结合起来，再进行相关的教育教学研究。

党的教育方针中指出，"教育必须与生产劳动和社会实践相结合"，强调新时代的"劳动 +"教育，实践活动不仅仅是综合实践活动课程所承担的单一教学任务，而是在各个学科的教育教学活动中都要贯彻落实的。这一理念，强调学生要从真实的生活和发展需要、从生活情境中发现问题，并利用相关学科知识通过实践的方式解决问题。这对新时代教师的发展提出了更高的要求，对教师所具有的实践性知识有了更高的要求。

4. 文化知识

文化知识，是教师进行教学所应该具有的人文、社会和自然科学、艺术素养等基础性知识，是本体性知识的有益补充，也是实现教育功能的重要支撑。教师广博深厚的文化知识，对于学生的学科学习和全面发展具有重要的意义。一方面，知识渊博的教师，往往能赢得学生的青睐和尊重，而且教师丰富的知识能激发学生的求知欲，扩展学生的精神世界，促进其全面发展。另一方面，教师丰富的文化知识可以帮助其有效开展学科融合的新时代教学。在新时代发展的条件下，信息爆炸式增长，学生的认知需求不断提高，学习方式不断更新，教师只有文化知识丰富，才能在这一过程中立足本学科，融合多方面文化知识，展开有效的教育教学活动。

教师的任务不仅是教书，而且包括"育人"。因此教师在进行教育教学活动时，不仅承担着单一的学科知识教学的任务，而且承担着以学生为本的、指向学生核心素养培养和全面发展的任务，对学生有着更全面的影响。所以教师一方面需要具备本学科的专业的本体性知识，另一方面要具备广博深厚的文化知识，这样才能取得更好的教育效果，指向立德树人的根本任务。

二、教师培训的范畴与要素

（一）从教师教育到教师发展

在教师培训中，从强调教师教育，再到强调教师学习，又到教师发展，反映了以人为本的教育理念的变迁，代表着教育改革与实践创新的价值指向，象征着教师培训主体性的实现。

在教师培训的发展过程中，最初普遍存在着由教师培训者主导、参训教师主体话语缺失的现象，这一阶段教师培训的倾向是"教师教育"。培训形式多为专家主导、集体研修。参训教师作为独立的个体，在整个集中培训过程中其独特的自身经验很少得到体现。参训教师作为教育实践者，他们接触的是真实的教育实践，每个人在教育实践中都有不同的问题以及丰富的经验，但是在集体研修的模式中，其发声机会较少，缺乏学习动力和热情。处于这种被教育被传授的状态，参训教师的主体性被忽视，集体研修的质量成效受影响。

在教师培训的发展过程中，逐渐发展起来多种培训模式，参训教师开始主动参与到培训的活动中，例如观摩、交流和互动等。但是在这多种研修模式之下，教师培训的倾向是缺乏深度思考，形式大于内容的"教师学习"。形式化、任务化的观摩、交流和互动，以及程序化的总结汇报，仍然缺乏对教师的主体性重视。以教师培训不同主题下的学习任务为驱动，并未真正了解教师的实际需求。只有将教师作为教师培训的主体，才能在教师培训中以真正平等、有爱、信任的方式展开对话，指向教师培训的有效性。

教师培训进入新时代，提出了新的要求，以培训为路径而实现教师的自我发展，这一发展是多维立体的，不仅包括教师的专业知识、技能，还包括教师的情感、态度、价值观以及综合素质。教师培训以"教师发展"为目的，要凸显教师的主体性，统筹了解教师的真实需求，授课专家创造和谐活跃的课堂对话氛围，基地学校和教育平台提供优质的示范操作平台，同时要进行高效的跟踪指导反馈。在教师培训的全过程，要建构平等、有爱、信任的培训机制，一切培训要素都要有利于教师主体性的发挥。

（二）教师培训的关键要素

对教师的知识结构的研究为教师培训提供了认知条件。但是对于教师培训而言，这是一个系统的工程，涉及多方面的要素的有机结合。例如，教师需要什么样的知识或技能？如何筛选培训的内容、确定培训的主题？以何种方式呈现所需要培训的内容？如何考查培训效果？这些有关培训的问题，是进行培训所需要研究的重要课题，是培训项目在实践中要慎重选择的重要内容。可以从"培训需求、培训目标、培训内容、培训评价"这四个关键要素来看教师培训的发展。除此之外，还有针对教师培训这一致力于教师发展的教育活动的其他支撑要素，例如培训队伍、培训环境、培训管理、培训服务等。关键要素和支撑要素，构成了教师培训的有机结构体系。

1. 培训需求

按照需求实施培训，是教师培训的基本规律。只有尊重培训规律，才能产生良好的培训效果，要努力做到党和国家的事业需要什么就培训什么，教师发展需要什么就培训什么。协调好社会需求、组织需求和个人需求之间的关系，当个人需求与组织需求、社会需求产生矛盾偏差时，要坚持社会需求、组织需求第一，个人需求第二的基本原则。在满足社会需求和组织需求的前提下，遵从个人需求开展教师培训。教育改革对教师的要求、学校发展对教师的要求、教师个人的发展需要，这些从宏观到微观构成了教师培训的依据。只要社会在变革、组织在发展、个人在进步，培训的需求就会产生。"教师培训需求分析一般从社会需求、组织需求、工作需求和人员需求四个维度开展"。[①]

社会需求，指的是从宏观的社会发展层面分析教师培训需求，包括当下的社会背景是什么，培训的政策依据是什么，培训具有什么社会意义和价值，培训对政治、经济、文化产生什么作用和影响，等等。在这一分析维度下，要明确几个问题：国家发展、社会进步和民族振兴对教师队伍建设提出的具体要求，教师培训如何适应教育改革发展需要、彰显服务社会的价值与意义；国家和地方的教育改革和发展政策对教师队伍建设提出的具体要求，教师培训如何服务于优质均衡教育资源的配备和扩大；新形势下教师队伍建设面临的具体问题和挑战，教师培训如何把握机遇；教师培训能否为高素质、专业化教师队伍建设做出贡献，做出何种贡献。

组织需求，指的是通过对学校发展目标、学校培训资源、学校组织特征、学校组织环境和学校管理者态度等因素进行分析，准确地找出学校组织存在的问题和问题产生的根源，以此来确定教师培训是否能够有效解决这些问题。学校组织层面的需求分析具有很强的针对性和目的性。要了解学校的发展目标。了解学校人力资源的数量、质量和开发潜力，厘清学校可用于培训的各种资源和实施培训的能力，认知学校的运行机制和价值体系，为教师培训目标的制定、培训内容的选择和培训活动的开展等提供客观的依据。可以在具体的培训中设计组织需求任务清单。

工作需求，指的是围绕教师某种特定的教育教学工作或活动，确定保证其有效实施所需要的培训目标。组织层面的需求分析，让我们了解到为了实现组织的发展目标，其组织内部的哪些工作、哪些岗位、哪些部门需要通过培训来提高和改善其效率。而工作层面的需求则是进一步探究这些工作、岗位和部门的性质、特征、职责及其对教师专业发展的要求，

---

① 余新：《教师培训师专业修炼》，北京，教育科学出版社，2012。

以帮助教师明确培训的具体内容。可以从不同的维度来分析工作需求，例如教育教学的专业要求、教育教学的改革创新、教育教学的岗位差异、教育教学任务的特殊性等。

教育教学的专业要求，指的是既要把握学科教学规律，又要超越学科把握教师发展普遍规律，要了解教师教育教学工作的专业化特征、发展阶段及其对教师专业素质结构、专业素养内容的要求，包含其专业知识结构、专业能力特征、专业价值取向等。教育教学的改革创新，指的是要分析教师教育教学工作变化的原因、表现和特征，提高培训工作的前瞻性，不断迎接挑战变化，改革创新教学工作，在科学预测的基础上开发立足当下、面向未来的教师培训项目。教育教学的岗位差异，指的是在学校的具体工作中，存在一些特殊岗位，例如班主任、教研组长、生活辅导员、心理辅导教师等，要根据岗位差异，了解他们的差异性需求，以此开发设计分岗、分层、分类的培训项目。教育教学任务的特殊性，指的是教师培训除了要考虑以上三个层面的需求之外，还要注重教师工作任务的特殊性，例如教师作为承担立德树人根本任务的主要实施者，其师德建设尤为重要，教师培训如何有效促进师德发展？如何对教师的知识和技能能够比较好地展开培训？如何考虑教师的情感需求和价值需求并展开培训？教师培训能否促进教师工作中遇到的特殊问题的解决，例如协调处理教育教学工作中家、校、社三者的关系？

人员需求，指的是在完成以上分析之后，培训需求分析的重点就要转向教师，通常是针对教师的特定岗位、承担特定教育家教学工作任务的特定教师群体或个体，分析教师发展的实然状态和应然状态之间的差距及其产生原因，并依此确定培训目标和内容。通常在人员需求的分析中，要考虑教师的专业发展阶段、基本素质特征、年龄特征、工作经验以及其学习心理等关键因素。

对于教师培训需求的不同维度展开分析，要进行需求排序，认真区分和筛选各种培训需求信息；要进行需求确认，召开由培训管理人员、培训教师、培训专家顾问等组成的会议，必要时邀请培训委托方、参训教师代表参加，协调统整培训需求，达成一致意见；要进行需求偏差纠正，要密切关注新的培训需求，在培训中建立监测机制，对出现的种种偏差及时改进修正。为了保证教师培训的针对性和实效性，培训需求分析工作不仅要贯穿培训活动的始终，而且要在培训活动开展前和结束后加强培训需求评估。培训开展前的培训需求为培训目标和培训内容的确定奠定基础，培训结束后的培训需求评估配合培训评价的绩效考评工作，能够监测培训效果的达成度。

2. 培训目标

培训目标是关于教师培训项目的受训群体在培训后期望达到的总体效果，呈现为在知识、技能、态度、行为等多方面的变化和发展状态。通过培训目标可以观测培训项目具体解决了什么问题，何种程度上达到什么效果。例如参训教师通过培训了解到什么、学习到什么、掌握到什么、产生了哪些改变等。培训目标的确立，要以培训需求为导向，遵循教师培训的基本规律。有效的培训目标，一方面能够满足教师的培训需求，便于其理解和接受，另一方面便于培训项目的实施操作和监测评估。

培训目标要分层分类，培训总目标是宏观且较为抽象的，要在总体目标下面，注明培训的具体目标，要不断分层次细化，使之具有可操作性。在总体目标和具体目标的确定过程中，要时刻关注培训需求的四个维度，以培训需求为导向确立培训目标。

培训目标要可评可测，这要求在培训目标的描述中，注意其描述的格式。一般采用"ABCD"格式进行培训目标的描述，即"行为主体（Audience）在什么样的环境下（Condition）做出什么样的行为（Behavior），可以达到什么样的水平（Degree）"，以此确定不同层级的培训目标中的主体身份、所处环境、行为动作、效果水平。例如，在一项教学技能提升的培训项目中，培训项目描述如下："通过培训，学员（行为主体）能够在课堂教学展示和课前课后教学互动中（所处环境）实施应用何种教学提问模式（行为动作），有效提升评价量表上师生互动和学生思维水平的测评分值（效果水平）。"要注意，在描述培训目标时，切忌抽象、模糊和宽泛，要具体化、可评测。例如针对这一培训目标中的"效果水平"，要有具体的师生互动和学生思维有效提升的观察量表或评测机制。不能随意使用模糊的套话，例如"提升学员的教学能力、提高学员的综合素质"等。培训目标的描述，要符合以下五个特征：具体的（用清晰准确的动词描述培训对象行为变化）、可评估的（尽可能用数字量化表达培训目标与预期成果的一致性）、能实现的（目标易于实现，有计划有步骤）、切合实际（符合教师的认知背景和生活经验，引发其学习内驱力）、限定时间（在规定时间内完成培训，达成效果）。

3. 培训内容

培训内容是教师培训的核心要素，坚持以培训需求为导向，严格确定分层分类的培训目标，在此基础上确定培训的具体内容，可以主要从培训主题和培训课程来看培训内容，而培训方式则在培训课程的具体展开中从实施形式上予以支撑。

培训主题是经过培训团队反复推敲、集体研究而通过的聚焦培训项目（活动）的主要内容和核心领域的凝练表达，一般提炼为一句话，并能通过若干关键词体现出其培训的关键内容。例如"基于学生思维能力提升的教师教学技能培训项目""优秀青年教师情感力提升项目""中小学校长教学研究能力提升项目"等培训主题。同时，需要注意培训主题的系统性和结构性，整体设计一级主题下的二级、三级主题，以避免主题过大而无法聚焦。

培训课程是依据培训需求和培训目标而设计的多样态、多层次的课程，教师培训项目中的培训课程设计，往往具有以下特征：（1）课程结构呈现模块化特征。教师培训强调解决实践问题方法的获得和能力的提高，因此在培训课程设计中呈现由模块、单元或专题组合的结构化特征，不同的模块、单元或专题之间存在有机的逻辑联系，分层分类地针对培训目标的实现。（2）课程内容安排遵循成人学习规律。针对教师作为成人的目的性明确、专注时间短、自我意识强、遗忘速度快等学习规律，进行课程内容的设计安排。（3）课程形态呈现多元化。根据不同的培训需求和培训目标，往往在培训内容的设计上存在多种选择，课程形态因此多元化，培训方式多样化。课程形态的划分依据也有多种，例如依据课程载体的差别，有线上课程、线下课程，线上课程有多种数字化信息技术平台为依托，有多种授课互动方式，线下课程有传统讲授型课程，有体验式互动型课程，有实践性社会课程，等等。依据课程内容的差别，有学科类课程、综合类课程，学科类课程有学科知识、学科技能和学科价值等不同分类的课程，综合类课程有思想政治素质、师德修养、教研能力等不同分类的课程。（4）课程进度安排上灵活机动。根据培训项目的实际时长，课程进度往往具有短、平、快的特点，这也是基于成人学习规律的课程进度安排。例如集中学习和分组学习、个体自主学习相结合；课程内容重难点分散设计，避免集中讲授学习；安排集中答疑和评教等互动环节；课程进度上要预留弹性活动时间；等等。

4. 培训评价

培训评价，即通过评价者（学员、培训者、培训派送单位、培训委托方、培训组织机构等）对教师培训项目的各个方面，根据评价标准进行量化和非量化的测量过程，往往得出一个可靠的并且符合逻辑的评价结论。

从学员角度看，培训评价往往是在培训开展过程中以及培训结束后以多种方式进行，涉及参训教师的出勤、参与度、学习成果、对培训过程的满意度等情况。如果能够调动参训教师参与评估活动，发挥其对培训质量的监督作用，就能够激发教师的学习积极性和参与度，收获更多更大的培训学习效果。

从培训者角度看，培训评价往往成为评价培训者工作的客观依据，具有诊断功能、激励功能和导向功能。依据培训评价，可以测评培训者的水平，督促其进行自我反思和检查，激励其不断学习发展，以进一步提高培训的专业水平。

从培训派送单位看，培训评价可以从整体上促进其工作效率和教育教学质量的提高，有针对性地协调学校组织目标、改善岗位工作标准，提升学校教师队伍建设水平。

从培训委托方看，培训评价促进各级政府在教育资源公平配置和优质资源开发方面进行宏观调控和指导，使得教育改革和发展计划的实施所需的人力资源得到补给和充实。

从培训组织机构看，培训评价可以帮助其向上级主管部门、投资方或委托方展示培训工作绩效，获得更多政策资源支持，也可以借助外部评估机制建立与完善内部机构培训质量监测制度，形成可持续发展的培训文化。

5. 培训队伍、培训环境、培训管理、培训服务

培训队伍，指的是针对不同种类、不同层级、不同主题的教师培训，要有相应匹配的专家培训队伍，培训队伍要具有较高的师德素养和业务水平，队伍组成在年龄结构、专业匹配、职称学历、学段层次等方面有机组合，理论与实践兼具。培训队伍应不断成长发展，具有科学的队伍培养和管理机制。

培训环境，指的是受训教师在参与培训时的环境氛围。良好的培训环境，一方面包括硬件层面具有的设施条件，例如校园或机构的设施、多媒体教室资源、社会实践场所场景；另一方面包括软件层面具有的良好氛围与风气，例如培训政策、经济支持、人文风气等。

培训管理，指的是对培训队伍的管理以及对参训教师的管理两个层面。对培训队伍的管理，需要培训团队在经验的基础之上逐渐形成培训规律，提炼相应培训管理经验以提升教师培训的有效性；对参训教师的管理，需要各项目团队结合自身培训特色，理论联系实际，形成具体可行的管理模式，以推进培训项目的有效开展。

培训服务，指的是帮助教师培训顺利运行，准确执行培训任务所包含的需求研究、内容开发、课程实施、管理等服务的支持工作。这对于良好的教师培训文化的形成，具有重要支撑意义。

教师培训的关键要素和支撑要素如图1-2所示。

图1-2　教师培训的关键要素和支撑要素

三、教师培训的研究方法

教师培训的研究方法，是在进行教师培训的过程中不断总结、提炼出来的研究方法，而不是实施教师培训的实践方式和方法。教师培训的研究方法，指的是在教师培训研究中发现有关教师培训的新现象、新事物，或提出新理论、新观点，揭示教师培训内在规律的工具和手段。这是在教师培训中运用智慧进行科学思维的技巧。目前进行教师培训研究有多种研究方法，比较常用的有文献研究法和实证研究法。下面以这两种方法为例，展开教师培训研究的过程示例。

（一）文献研究法

教师培训中的文献研究法，指的是搜集、鉴别、整理有关教师培训文献资料，以此了解教师培训的起源、过程与发展，并通过对文献的研究形成对教师培训的事实的科学认识的方法。

进行教师培训，进行文献研究，其过程一般包括五个基本环节。

1. 基于培训需求提出教师培训主题或假设

教师培训主题或假设，是指依据现有的教师培训相关理论、教育教学事实和分层分类的培训需求，对有关文献进行分析整理或重新归类研究的构思。

2. 基于培训目标和内容进行研究设计

教师培训的研究设计，首先要围绕教师培训的目标确立研究目标。研究目标是指使用可操作的定义方式，将教师培训主题或假设的内容设计成具体的、可以操作的、可以重复的文献研究活动，它能解决专门的问题和具有一定的意义。

3. 聚焦培训关键因素搜集国内外相关文献

根据文献类别差异，搜索相关教师培训内容的国内外文献，搜集教育科学研究文献的主要渠道有：实体类资料场馆（图书馆、档案馆、博物馆），实体类文化场馆（社会、科学及教育事业单位或机构），实体类会议交流平台（学术会议、文化沙龙）；非实体类网络平台（互联网、移动互联网）。搜集研究文献的方式主要有两种：检索工具查找方式和参考文献查找方式。检索工具查找方式指利用现成（或已有）的检索工具查找文献资料。现成的工具可以分为手工检索工具（目录卡片、目录检索和文摘）和计算机检索工具（数据库检索，例如中国知网、维普、万方）两种。

4. 聚焦培训关键因素整理国内外相关文献

收集整理国内外文献应该全面。教师培训研究者不仅要搜集教师培训主题所涉及的各方面的文献，还应注意搜集由不同人或从不同角度对问题的同一方面做出记载、描述或评价的文献。不仅要搜集相同观点的文献，还应搜集不同观点，甚至相反观点的文献。尤其需要防止研究者自己已有观点或假设对积累指向的影响，不要轻易否定或不自觉地忽视与自己观点相左的材料。

5. 进行文献综述并提炼教师培训核心观点

通过对已有文献的收集整理，对其研究成果进行深入分析，指出其所聚焦的教师培训主题，其已有状态、存在问题和未来发展的可能趋势。有建设性地提出自己的观点、意见和建议。除此之外，要注意教师培训在政策层面和理论层面两者的差异性，依据政策文件和相关理论，指出研究的条件和实际需要。进行文献梳理提炼观点框架的过程，也是为当前培训内容提供研究基础和条件的过程。

进行文献综述，能够以其严密的分析评价和有根据的趋势预测，为教师培训主题和内容的确立提供强有力的支持和论证，在一定程度上，它起着总结教师培训的历史，指导提出教师培训主题和推动教师培训理论与实践新发展的作用。

（二）实证研究法

教师培训中的实证研究法，要求我们在教师培训的过程中客观认识教育教学的新现象、新问题，为教师提供实在、有用、确定、精确的知识。这一方法的应用是将社会现象等同于自然现象来进行分析，通过定量的展现方式来辨析事物之间的内在规律。实证研究法的重点是研究教师培训中发现的教育教学现象或问题本身"是什么"的问题。在这一过程中，依据教师培训的已有理论和实践的需要，通过有目的有步骤的设计、记录，测定与此相伴的教师培训现象与结果的关系，了解教师培训的关键性因素。

进行教师培训，进行实证研究，其过程一般包括4个基本步骤。

1. 确定教师培训研究的对象，分析研究对象的构成因素、相互关系以及影响因素，搜集并分类相关的事实资料

在进行教师培训的过程中，搜集事实资料，往往通过群体访谈、个体访谈、在线调查、问卷调查等多种方式呈现。这一步骤的事实资料和文献研究法中的文献资料，形成了资料上的互补关系，从理论和实践层面有力支撑了教师培训的展开。

2. 设定教师培训的假设条件

假设的条件有一些是不现实的，但没有假设条件则无法进行科学研究。例如"优秀青年教师素质提升项目"这一教师培训项目，假设的条件是"优秀青年教师"的素质可以提升，后续在此基础上提出其素质可以提升的理论假说，即培训的具体内容（素质提升路径）。有关优秀青年教师的内涵、选拔条件，都需要在这一假设过程中进行确定。

3. 提出教师培训相关理论假说

假说是对于发现的教育教学现象进行客观研究所得出的暂时性结论，是经验性概括和总结，也就是未经过证明的结论。例如"优秀青年教师素质提升项目"这一教师培训项目，需要假定通过哪些具体方式或路径达到促进"优秀青年教师素质提升"，假设在师德层面、

教学层面、科研层面、管理层面等有不同的培养路径，才能达到其素质的提升。要注意理论假说本身的逻辑有效性、规范性和可行性，要对这一理论假说做充分分析。理论假说的提出，是教师培训展开的具体逻辑框架。

4. 验证

验证指的是在不同条件和不同时间对假说进行检验，用事实检验其正确与否。这是教师培训的具体实践环节需要重点关注的内容，通过具体的教育教学实践来检验假说的合理性。在这一过程中，多辅以行动研究法等来呈现实践验证过程。这一过程强调实践是理论的支撑和源泉，培训的过程是从实践中发现教育规律，以便解决教育问题，是以实践问题的解决为重要指向。

第三节　教师培训的实践论问题

一、马克思主义实践论指导下的培训理论研究

进行教师培训，不仅仅要在理论层面厘清什么是教师培训、如何进行教师培训、为什么要进行教师培训这一系列相关的教师培训本体论和认识论的关键问题，还要从实践论层面把握教师培训的实践意义。教师培训，是一项有意义的人类活动，一项有意义的人类教育活动，一项有意义的人类教育实践的活动。坚持以马克思主义为指导来展开教师培训的相关研究，则有必要厘清教师培训的实践论问题。在马克思主义实践论的视域下理解教师培训，一方面是要明确马克思主义实践论对于教师培训的重要指导意义，另一方面要在这一理论指导下实现教师培训的实践自觉。

（一）马克思主义实践论的指导意义

马克思把劳动生产实践看作人类全部实践活动的基础，在认识上把感性的物质活动与能动的创造性本质统一起来，建立了科学的实践理论。正是在这一理解之上，我们明确了，实践是人类所特有的本质活动。人的活动与动物的活动有本质的不同，人的活动都具有目的性，会使用一定的工具，采取一定的方法去改造自然对象以满足人类的需要。因此，将实践理解成以一定手段有目的地改造外部世界的能动的物质活动，是马克思主义实践论的科学内涵所在。这对于当下教师培训的实践指导意义尤为重要。从实践论的视角来看教师培训，具有以下特点。

1. 教师培训是具有客观现实性的感性活动

教师培训作为教育实践活动，是在一定目的支配下的有意识的活动，包含着重要的主观性活动（目的性、计划性），但更重要的是教师培训能够把教育理念和培训的方式方法

转化成现实（培训过程的实施）。教师培训这一教育实践活动，能够引起客观世界的变化，即教师的专业化成长与发展、学校组织管理和教师队伍建设的发展、不同层级教育教学的变化与改革等。主观性活动无法超出人脑的存在范围，因此不能直接改变客观现实，而实践活动让感性实体与感性实体真实地发生关系，并以和感性对象相同的方式作用于外部感性对象。因此，教师培训通过前期的座谈、访谈等方式进行的培训需求调研，通过中期的培训内容的实施、培训目标的逐步完成，通过后期的培训评价的操作反馈等具体感性活动的实践，改变着教育教学的客观现实，具有客观现实性。

2. 教师培训是具有创造性的能动活动

动物的活动也具有感性的客观性，但是动物活动不是实践，因为动物活动是在没有思想和目的指导下的本能活动。"人的活动的实践性就在于它是有目的性的活动，活动的目的就是要使客观世界按照人的意志和要求得到改造，从而使自然对象成为满足人的需要的'为我之物'。"[1]要充分理解教师培训作为教育实践活动的创造性、能动性。因此在教师培训的过程中，要不断进行教师培训的理论与实践创新。要基于教育教学的规律不断充分发挥主观能动性，发现新问题，提炼新观点，开创新方法，实现新发展。

3. 教师培训是社会性的历史活动

"实践尽管可以表现为单个人的个体活动，人却总是凭借人类的力量去同自然发生关系，从事实践活动的。"[2]从个体与群体的力量看，个人只有在社会关系中才能与他人结为同一整体，形成超出个体的社会力量；从历史发展的过程看，每一代人都是在继承前人实践成果的基础上开始自己的活动，都把前一代人的实践力量纳入自己的活动中壮大自己的实践能力。这就是实践的社会性和历史性。教师培训作为具有重要意义的教育实践活动，一方面要注重积累已有培训的实践经验，不断反思改进，进行有逻辑有条理的梳理和提炼；另一方面要注意收集多方面多层次的教育培训需求（学员、培训者、培训派送单位、培训委托方、培训组织机构等），注重培训实施过程中多方面多视角的力量支持，充分发挥教师培训的集体力量。

（二）教师培训的实践自觉

通过实践活动，人既改变了外部世界的客观对象，同时也改变了人自身。通过教师培训，培训者改变了参训教师的已有的教育教学理念、教育教学方式方法，帮助其实现了作为教育主体的自身专业化发展，同时，培训者自身也积累了培训经验和新的教师培训的理念与方法，取得了自我的进步与发展，两者形成了双向互动、促进提升的良好循环。教师

---

① ②肖前：《马克思主义哲学原理（上册）》，北京，中国人民大学出版社，1998。

培训既是合规律性的活动，要尊重教育教学和教师培训的规律，同时也是合目的性的活动，要有目的有计划地创造性开展教师培训活动。在马克思主义实践论的指导下，教师培训就是这样一种特殊的物质运动过程，是按照教师培训的客观规律贯彻自己的教育培训的目的，通过创造性的活动去改变培训对象的过程。这一活动的创造性，突出表现为其"实践自觉"。

1. 教师培训的"实践自觉"的内涵

教师培训的实践创新，由以往的理论培训到当下的实践参与，已经获得了长足进步。新时代的教师培训的"实践"也经历着创新变革。从实践自觉的视角理解教师培训，重点在"自觉"。自觉本意包含自我觉察和自己有所觉察醒悟。教师培训的实践自觉，可以理解为教师培训引发和进行的实践，不是实践方式方法、工具技术、环境模式的生搬硬套，而是培养教师的教育教学实践的习惯、态度和反思。只有回归到人的意义层面的实践，关注人的实践，才是教师培训的实践创新的根本之所在。

理解"实践自觉"的基础在于明确实践是人类所特有的本质活动。"人"的本质性特点，在于理解人的生命的特殊性。"实践自觉"的预设，是这一实践主体，是有主动思考和认知的生命，这一生命在实践中，与实践构成了统一整体。在教师培训中，实践离不开教师生命的成长学习经验，不能忽视这一过程中的文化传统与历史传承。在这一过程中，实践与理论、生命与文化不断交互，伴随着教师的教学经验、理论基础、人生经验等方面的提升和发展，教师培训的"实践自觉"动态生成。

2. 教师培训的"实践自觉"的意义

在教师培训中自觉实践生命价值观，指向教师主体性。教师培训中对教师实践能力的发展，要重视实践过程中教师和学生的生命成长，而不是单纯的教育教学方法的践行和技术操作运用的实施。教师作为教师培训的对象，是充满经验和智慧的生命个体，必须要有生命价值观的引领，没有生命实践的过程，教师就难以实现实践自觉。教师要自觉思考实践与生命的交互关系，一切实践活动中所涉及的技术性、工具性操作和方式方法的运用，都是为了生命更好地成长与发展。只有在教师培训中自觉实践生命价值观，才能给教育活动注入活力，真正落实以人为本的教育理念。

在教师培训中自觉投入和反思实践过程。教师培训的过程是充分发展教师潜能的过程。实践自觉的核心，在于教师在培训实践中生命的投入和关注反思。只有技术的运用和操作，只有效率的提升，没有教师和学生的发展，这样的教师培训过程，不利于实践自觉的形成和生长。在平等、友爱、信任的培训实施氛围中给予讲授、示范、展示和互动交流，关注教师和学生的真实发展。在培训结果的测评中，要注意教师自身的生命投入和自觉反思实践的过程情况。"教师生命的投入主要是指身体、心理和思想的沉浸，教师的实践反思又是在沉浸之后有理性地回顾、批判和研究实践的过程。主要的路径是关注实践与理论、生命或文化的联系和自身的成长。"[①]教师培训的实践过程，既要有参训教师熟悉的情境实践，也要进行抽象实践，明确实践是走向教师个体生命发展完善的路径，提升实践与理论、实践与生命深层次交互的思维品质，学会自觉反思实践。

二、指导教师培训实践的理论基础

教师培训作为一项有意义的教育实践活动，一方面要符合教育培训的规律，具有客观性，一方面要实现其创造性、能动性，具有目的性。因此在指导教师培训实践的过程中，一方面要符合认知规律，了解把握认识和知识的基本规律：尊重教师作为成人的认知学习特点，以成人学习规律为指导展开教育教学培训活动；掌握教师培训的知识学的主要内容，以知识学的重要内容搭建教育教学培训活动的内容基础。另一方面要创造性应用成人学习规律，挖掘其认知特点，进行教师培训的创新与发展；能动性应用知识学中有关教师知识的形成、教师知识的表征、教师知识的转化、教师知识的应用、教师知识与行为的关系等理论，理论结合实践，有效推进教师培训的创新发展。

（一）教师培训的教育心理学研究基础

以理论指导实践，理论与实践相结合，才能更好地开展教育教学活动，因此进行教师培训实践，必须有相应的理论基础。成人学习理论是结合了成人教育的指导思想和培训学习理论，以成人的生理心理特征、学习欲望和系统为基础而总结的专门指导成人培训的教育理论。作为成人与认识主体的职后教师，其心理和认知过程，与青少年有明显的不同。因此在教师培训中，要明晰职后教师作为成人的学习心理与特征。

1. 成人学习理论

自 20 世纪中叶开始兴起成人学习理论的研究，时至今日成人学习理论体系的建构仍在推进，其对当下的教师培训有着重要启示，是教师培训理论研究中重要的教育心理学研究基础。成人学习理论由美国成人教育学家马尔科姆·谢泼德·诺尔斯创立，是成人教育学界的重要理论成果。根据这一理论，成人学习者主要在"学习需要、自我概念、学习经验、学习准备、学习倾向和学习动机"这六个方面与青少年存在明显差异。

（1）学习需要明确。成人往往具有较强的主观能动性，是出于自我需要和个人意愿而参加学习，在学习过程中能保持持续的推动力。（2）自我概念明显。成人不容易受他人意

---

① 孔苏：《教师培训由实践模式到实践自觉的转型》，载《教学与管理》，2021（3）。

志影响，能够对自己的生活负责，具有独立自主的特性。（3）学习经验丰富。成人的个体经验是其学习资源，成人学习往往是将新知识与已有经验相结合，因此经验教学应该是成人教学的重点。（4）学习准备充足。成人学习的功利性目标较为突出，要求学习内容与学习目标一致，学习目标指向日常生活问题的解决。（5）学习倾向突出。成人往往将学习提升和继续教育作为职业发展的转折点，是以问题、生活或任务为中心的学习。（6）内源性学习动机。成人的学习动机来自自我发展、角色责任需要或者改善生活质量的意愿等。除此之外，成人学习在专注时间上较短、遗忘速度较快。

在教师培训中，针对参训主体，即成人的职后教师群体，要根据成人的学习特点，设计教师培训中的有效学习方式与路径，有效搭建符合成人认知的体验式、交互式、实践式等凸显教师主体性的、指向实践自觉的教师培训模式。

2. 教师培训教育心理学研究基础的发展

随着教育心理学研究的不断发展，教师培训的课程认知基础，已经从过去的行为主义发展为认知主义以及人本主义，尤其是新近发展起来的新行为主义、认知建构主义和社会建构主义等理论，对教师培训课程的设计与实施产生了重大影响。近年来，围绕教师专业发展的问题，国外悄然兴起了有关教师适应性专长 (Adaptive Expertise) 的研究。这一研究主题首先将教师确立为"适应性专家"，在此基础上，围绕教师应该具备的"适应性专长"及其形成路径来展开研究，它将为教师培训的课程内容和模块设计提供新的理论基础。

除此之外，另一部分专家格外关注教师"胜任特征 (Competency)"的研究，对各级各类教师的岗位胜任特征以及形成路径展开系统研究，这将为教师培训课程设计以及教师培训模式的创新提供另一理论基础。事实上，以教师培训为核心，当前已经形成的教育心理学研究主题包括教师信念研究、教师期望研究、教师责任研究、教师发展研究、教师专长研究以及教师压力研究等。

（二）教师培训的知识学研究基础

进行教师培训，一方面需要关注教师进行认知和学习的教育心理学基础，另一方面则是需要关注教师所学习的对象——知识。在新时代教师培训的发展中，什么知识最有价值？如何学习知识才最有价值？围绕这两个有关知识的元认知问题，涉及教师知识的形成、教师知识的表征、教师知识的转化、教师知识的应用、教师知识与行为的关系等关键性知识学问题。

教师培训的知识学研究，主要包括两大研究方向。一方面，是围绕教师知识的本质与功能展开的本质性研究，包括教师知识的本质、教师知识的特性、教师知识的结构、教师知识的分类，等等。已经有许多专家进行了知识学的理论研究，并提出了有关教师知识的具有代表性的理论观点。以李·舒尔曼（LeeS.Shulman）为代表的一批学者专门研究教师知识的结构及其分类，已经形成了学术派和实践派两个类别。其中，舒尔曼提出，教师的学科知识和教学法不应被视为相互排斥的。他认为，教师应该将这两个知识领域结合起来。为此他引进了学科教学知识（PCK）的概念，包括教学的知识和内容的知识，同时结合信息技术的发展，产生了"TPACK（信息技术与课程整合的一种框架）"等新的研究领域；未来还将结合具体的学科，例如结合数学学科，将数学学科知识(MK)、一般教学法知识(PK)、关于学生的知识(CK) 和关于教育技术的知识(TK) 相融合从而形成"MPCK"等各类教师知识研究主题。

另一方面，是针对教师知识的形成与转化规律等展开的深入研究，包括教师知识的形成、教师知识的表征、教师知识的转化、教师知识的应用、教师知识与行为的关系等。例如，针对教师知识的转化的相关研究表明：知识的获取、加工与运用过程也是主体发展的过程，而主体发展的质量如何与主体知识转化程度相关。教师知识转化不仅指其各种形态的知识间的相互转化，同时指其知识与能力、情感、态度、道德及实践的相互转化。作为以知识为介质促进学生发展的教师，其知识的转化力大小不仅会影响学生的发展质量，同时也会影响教师自身及教育发展质量，因此，教师要提升自身知识转化力。这就需要教师：

（1）理解知识转化的价值与机理；（2）具有在知识获取、加工及运用过程中的强烈的转化意识；（3）引导学生在学习中有意识地进行知识转化；（4）营造知识转化的文化氛围，在课堂、学校中营造知识转化的氛围与环境。

这一系列有关教师知识的形成与转化规律的研究内容和理论成果，是推进教师培训的教育教学模式创新的重要理论基础。

三、教师培训的新形态

北京教育学院教师培训七十年，是在经验积累中不断发展的一段历程，经历了从工作走向学术、从经验走向理论的跃迁，经历了培训者角色和培训方式的转变，也经历了从以培训者为主导的"培训"形态发展到由培训者和被培训者构成学习共同体的"研修"形态，再在教师培训生命增值论的支持下升级到培训者与被培训者众筹学习的"涵养"形态。

教师培训的"涵养"形态并非指一种教师培训的模式或方法，而是以众筹为其核心特征的未来发展形态。我们姑且将教师培训的涵养形态界定为：以特定培训项目为平台，由培训者和受训者共同参与，双方均作为培训的贡献者和推动者，从方案设计、课程设置、组织实施、成果形成、效果评价等全过程形成共研、共生、共建、共享的机制，课程与活动充分体现动态生成和自主管理，成果体现创新与原创，最终培训者和受训者都在涵养中得到成长与发展。以下，我们将重点厘清涵养形态的特征与结构，为更好地适应新时代教师培训变革的要求做好理论准备。

（一）众筹："涵养"形态的时代特征

"众筹"源于经济领域一个基于互联网技术的融资模式，有研究者对这一概念的初始意义进行了梳理，认为"众筹是一种借助互联网进行公开募集资金的方式，通过捐赠、预购商品或享有获得其他回报的权利等方式，对具有特定目的的项目提供资金支持"，并将众筹模式划分为捐赠式众筹、奖励式众筹、债权式众筹和股权式众筹四种方式。①随着这个概念的流行，"众筹"思维慢慢进入到教师培训领域。

在众筹思维的影响下，新的教师培训的"涵养"形态体现出四个方面的转变。一是角色转变。培训角色的实质性转变，一定是与教师队伍的整体素养提升相关的。核心在于双方都是智慧众筹的主体，都需要作为成人学习者，在项目的设计与实施中发挥自己的独立性、经验性、自主性和实践性，简言之，在项目的实施中，双方都是贡献者和推动者。二是行为转变。主要体现在培训者与受训者双方的主动参与、双方的积极分享及双方的自觉总结方面。三是机制转变。主要体现在项目的管理运行与实施方式的转变，双方都是项目的主体。培训者要充分发挥对项目的引导与支撑，推动智慧众筹；受训者则要充分发挥自己在学习与管理中的自主性，积极贡献智慧。四是评价转变。培训者与受训者在形成的内在契约关系中，从四个方面对项目进行评价：其一是参与度，即是否积极主动地参与项目的设计与实施的各个环节，而不是简单地考勤管理；其二是贡献度，即在项目实施全过程中，每位成员做出了什么样的贡献，是否对项目的深化与优化产生了作用；其三是生成度，即课程生成的情况和成果生成的情况，表现在双方是否都按照项目进程提供了课程优化的建议，是否按预定的成果要求产生了相关的过程性和终结性成果；其四是转化度，即双方是否都主动推动学习转化，将所学及成果转化为自己教育教学的内容、技能或方式方法。

（二）生成："涵养"形态的内在特征

生成性是教师培训"涵养"形态的内在特征，也是笔者把涵养称为形态而非模式的主要原因。因为涵养可以在任意模式中得到体现，也可以伴随着任何一种模式而产生作用，体现为教师培训课程与任务的动态性。教师培训的这样一个内在特征主要表现在两个方面。一是教师作为成人学习者，因其学习特点而要求培训具有动态性。因为成人学习的重要特点是其问题导向和实践导向，正如诺尔斯在其成人教育学理论中所阐述的那样。"成人的学习准备度是与他或她自身社会角色的发展任务紧密相关的；随着个体的成熟，个体的时间观会发生一种变化，从知识的未来应用转向立即应用，因此，成人学习更多的是一种问题中心的学习，而不是学科中心的学习。"①在这个意义上讲，教师培训过程中的课程和相关学习研究活动，都会随着问题解决的进程及参训教师的学习转化情况而进行必要的调整。因此，教师培训中的课程不应该完全是事先预定课程，而是需要做出动态调整和优化的。二是教师作为人格成熟并已经具有较系统知识和经验的独立个体，统一的课程不能很好地解决每位教师学习的需要，即便是围绕培训主题并充分调研需求的课程也是如此。教师学习的这种特征在塔夫的自我导向学习中做了较清晰的表述，他认为，自我导向学习是一种学习过程，人们在其中积极主动地计划、实施和评估自身的学习经验。②因此，根据教师在培训过程中所体现出的学习能动性，培训课程同样需要进行动态优化，既要满足受训者的共同需要，更要满足其个性化的需要。

因为这样的生成性特征，教师培训的涵养形态能够更好地体现今天教师学习的特点，也能更好地满足教师在教育综合改革中有效应对基础教育种种变化所提出的新要求。

（三）自主："涵养"形态的动力特征

充分发挥教师在培训中的自主性，是教师培训涵养形态的动力特征。我们在近几年的探索中，重点强化了参训教师三个方面的自主：一是自主学习，重点体现在自主阅读，要求参训教师将三个方面的阅读有机结合起来，包括围绕项目主题确定的必读书和选读书，以及参训者自己需要阅读的专业书籍，通过阅读形成自己的认识、优化自己的知识体系等。二是自主研究，即要求参训教师围绕主题或自己的相关实践问题开展研究，无论有无课题立项，都要学会精准选题，准确确定关键概念，有逻辑地厘清研究思路，最终要形成基于研究的成果，可以是研究报告、研究论文，也可以是案例、课例等。三是自主管理，这跟培训者与被培训者的角色转变直接相关，要求双方在培训过程中不是服务与被服务的关系，而是共同协商管理的关系，培训者发挥引导与条件支持作用，参训者则全程参与管理，对重要活动方案的研讨制定、重要节点上的研讨交流、日常培训活动的组织实施等，都要充分体现双方的自主性，形成有序的协商管理机制。

① 夏恩君，李森，赵轩维：《国外众筹研究综述与展望》，载《技术经济》，2015（10）。
② [美]雪伦·B·梅里安，罗斯玛丽·S·凯弗瑞拉：《成人学习的综合研究与实践指导（第2版）》（黄健，张永，魏光丽译），北京，中国人民大学出版社，2011。

第二章　教师培训伦理

教师培训质量高低取决于诸多因素，其中一个关键因素即教师培训伦理，但我们在培训实践中发现，很多教师培训在伦理方面不尽如人意，例如，部分培训者并未根据培训对象的需求认真备课和授课，敷衍塞责，或培训者本身能力不足；再如，部分学员学习积极性不高，培训期间不停看手机，或在培训中与周围人交头接耳。这些消极现象影响了教师培训质量。同时，在当前教师培训研究中，很少有关于教师培训伦理的研究，而教师培训伦理是教师培训工作的基础，是开展好教师培训工作的关键所在，无论是研究还是实践，都应给予足够重视。本章将重点探讨如下教师培训伦理问题：什么是教师培训伦理？教师培训伦理基本构成是什么？教师培训伦理有何价值？如何提升教师培训伦理？

第一节　教师培训伦理的内涵、构成与价值分析

一、教师培训伦理的内涵

（一）伦理的内涵

伦理与道德一词相通，指道德现象和道德关系，侧重指关于这种现象和关系的道理。

在中国古代文献中，"伦理"一词始见于《礼记·乐记篇》："乐者，通伦理者也。""伦"字的本义是"辈""类"，具有辈分、类别、等级的意思；"理"的本义是"治玉"，具有使之条理清晰、有条有理的意思。"伦"和"理"合用，则有人与人之间不同的关系、不同的类别应该遵循不同的行为规范、道德礼义的含义。在西方，英语中的"伦理（ethic）"或"伦理学（ethics）"源于古希腊语的"伊索思（E θ os）"，具有风俗、品格的意思，某一行为规范为具备该关系的人所普遍执行即成风俗，而某一个体若经常遵循符合他所处关系要求的规范，那么，他就具有某种品格。[1]古希腊哲学家亚里士多德的伦理学，主要是研究个人的德性和善的问题，而他的政治学则进一步论述了国家、民族群体的伦理关系和善。德国哲学家黑格尔把道德与伦理分开，道德专指个体的德性、行为和良心，伦理则是指家庭、社会和国家关系，他认为个体的道德价值只有通过社会、国家才能实现。但他又指出，道德和伦理在通常用语中也有相通性。[2]

---

[1] 徐少锦，温克勤主编：《伦理百科辞典》，北京，中国广播电视出版社，1998。
[2] 宋希仁，陈劳志，赵仁光主编：《伦理学大辞典》，长春，吉林人民出版社，1989。

总的来说，无论是在中国，还是在西方，如果从"伦理"一词的词源含义上看，"伦理"同"道德"一词有区别也有联系，通常都指社会道德现象和道德关系。但近代也有另外一种理解和使用，认为"道德"多指人们之间的实际道德关系和道德行为，"伦理"则多指关于这种关系和行为的道理。

（二）教师培训伦理的内涵

马克思主义伦理学认为，道德是以善恶为标准，依靠社会舆论、传统习惯和内心信念的力量来调整人们之间相互关系的行为原则和行为规范的总和，是社会意识形式之一，包括道德主观和道德客观两个方面。"客观方面，是指一定的社会对社会成员的要求，包括道德关系、道德理想、道德标准、道德原则及道德规范等；主观方面，是指个人的道德实践，包括道德意识、道德判断及道德情感等。"[1]可以看到，客观方面的道德主要指向的是社会层面的道德，主观方面的道德主要指向的是个人道德。"道德类型要素如果以道德主体的不同来划分，可分为两大类：社会道德与个体道德。社会道德是人类社会一种特殊的社会现象，……个体道德是作为道德实践主体的个人在一定社会道德的熏陶和培养下所形成的道德品质、道德行为倾向以及相应的道德准则"[2]。

基于前文关于伦理与道德含义的相关阐述，本研究将教师培训伦理界定为：在教师培训中，教师培训政策制定者、组织与管理者、授课者、学员等应遵循一定的道德规范和原则，这些道德规范和原则既表现为教师培训中一些客观性、社会性的道德要求，也体现为对教师培训各相关主体在教师培训中个人道德意识与道德行为的一些要求。

二、教师培训伦理的构成

教师培训伦理是一个整体的系统，具有一定的内在构成。教师培训伦理包含社会性、规范性的道德要求，也包含个人在社会道德影响下形成的道德意识、判断、情感和行为，不管是社会的道德规范要求，还是个人的道德品质、行为，其背后都蕴含着一定的道德价值取向和观念，因而，教师培训伦理的基础是其价值取向、价值观念；教师培训规范伦理是教师培训工作中应遵循道德原则、规范，是教师培训伦理在社会制度、规范层面的表现，其通常是在一定培训伦理价值取向的影响下形成的；教师培训工作主要的主体是培训者和培训学员，伦理反映的是人与人之间的道德伦理关系，因而，教师培训伦理也包含个体层面的培训者伦理和培训学员伦理，以及二者之间的关系伦理，同时，培训者和培训学员的道德意识、情感、意志、行为等也直接受到其伦理价值取向、伦理观念的影响；最后，不

---

① 郑淑媛主编：《伦理学》，沈阳，东北大学出版社，2006。
② 余亚平，李建强，施索华：《伦理学》，上海，上海交通大学出版社，2002。

论是教师培训规范伦理，还是教师培训者伦理、教师培训学员伦理，最终都要转化为培训实践伦理。

整体而言，教师培训伦理这一系统由培训者伦理、学员伦理、培训价值取向、培训关系伦理、规范伦理和实践伦理这些方面构成。教师培训伦理的基本结构如图 2-1 所示：

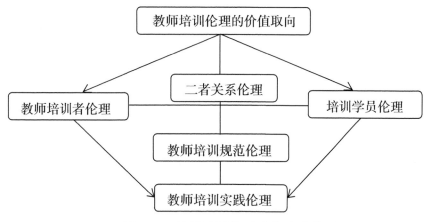

图 2-1　教师培训伦理的基本结构图

对教师培训伦理的基本构成内容进行如下分析：

（一）教师培训伦理的价值取向

价值取向是指在教师培训政策制定、培训方案设计、培训学员对象选择、培训具体实施等的过程中，培训政策制定者、培训组织管理者、培训授课者等相关主体进行教师培训决策、选择、矛盾冲突解决时所体现出的基本价值立场、态度和道德趋向、倾向。教师培训伦理应遵循以下基本的价值取向。

1. 公平与正义

"从根本意义上讲，道德的核心是为什么人服务的问题。"[①]在教师培训过程中，培训伦理涉及培训为哪些教师群体提供学习机会的问题。在这一问题上，公平与正义应是基本价值立场。"所谓公正，根本地和主要地讲，便是社会治理的最重要的道德原则，便是社会制度的最重要的道德原则。"[②]教师培训中的公平与正义一般通过培训制度、培训治理活动来体现，在我国当前的教师培训制度与政策中主要表现如下：首先，我国实施的是教师全员培训制度，所有在职专任教师都要定期参加各项培训活动。伦理学认为，"社会公正，归根结底，乃是社会行为规范的公正，亦即所谓制度公正"[③]。教师全员培训制度是我国教师培训制度公平和正义的基础。其次，根据不同教师群体特点和需求为其提供差异化培训学习机会，如为骨干教师群体、艰苦边远地区教师群体等提供特别的培训项目。美国学者

---

① 《伦理学》编写组编：《伦理学（第 2 版）》，北京，高等教育出版社，2021。
②③ 王海明：《伦理学原理（第 2 版）》，北京，北京大学出版社，2005。

威廉·K·弗兰克纳在《伦理学》一书中指出，"平等待人并不意味着完全没有差别，正义并不是如此简单的。它的要求是：对于他人的善生活作同样相应的贡献（平等的帮助或根据需要的帮助），或要求他人作出同样相应的牺牲（这是根据能力的要求）"[①]。教师培训中的公平、平等、正义并不意味着所有教师应具有同样的培训学习时间或者参加同样的培训学习项目，而是看参加这样的培训是否对教师个体或者整体具有"善"的贡献，不同教师群体的能力、需求及所发挥作用不同，相应地，其培训学习的机会、内容、时长等也应不同，"根据正义的要求，对待他人是否应与他们的需要和能力相称，取决于这样做是否同等地帮助或妨碍了他们获得所能得到的最善的生活"[②]。而正义也要求给予困难群体以格外的关怀，例如，对于艰苦边远地区教师群体来说，当地的教研、师资水平相对薄弱些，更需要去到学术、教研、师资水平更好的地方进行培训学习，这不仅有利于其专业和能力水平的提升，也是对其在边远地区工作进行鼓励、支持与提供福利的一种方式。

2. 责任与义务

责任与义务是教师培训应秉持的关键价值取向，也是教师培训伦理的重要体现。"人们作为一定社会的成员在社会中生活，不论个人是否意识到，客观上都必然要对社会和他人负一定的使命、职责或任务，因而也都有对社会和他人履行义务的道德责任。"[③]在教师培训中，国家、地方各级政府及教育行政部门制定相关教师培训政策，以国家、地方各级政府为主体、多种渠道筹集培训资金，为各类教师培训研修项目提供经费支持，并委托给相应有资质的教师教育机构对教师培训项目予以实施，参与其中的教师培训组织与管理者、教师培训授课者等相关主体对于保障与提升教师培训质量具有义不容辞的责任与义务。在这样的义务与责任要求下，作为培训组织与管理者应认真调研学员特点与需求，精心设计培训课程，选择能力突出且有责任感的培训者进行授课以及组织各类实践性培训活动等，努力提升教师培训质量；作为教师培训授课者应认真备课、上课以及组织培训活动，努力增进教师培训实效性，这些是培训组织与管理者、培训授课者在教师培训工作中应履行的基本义务和道德责任。

3. 自由与幸福

弗兰克纳在《伦理学》中指出："为了判断某一事物在整体上是否善或在任何其他意义上是否善，我们必须首先确定什么是它的内在价值，什么是它的结果的内在价值，或期望的体验的内在价值，以及它对内在的善生活有多少益处。"[④]"善"是伦理学中判断人、事是否具有正当性、应当性，是否有意义、价值的重要标准之一，而判断事物或活动是否"善"

---

① 《伦理学》编写组编：《伦理学（第 2 版）》，北京，高等教育出版社，2021。
②③④ 王海明：《伦理学原理（第 2 版）》，北京，北京大学出版社，2005。

主要在于评估其过程或结果的内在价值。自由与幸福是一切人类活动所追求的内在价值，自然也成为教师培训中的一个重要伦理价值取向。不管哪类教师培训项目，其目的都是让参加培训学习的教师能够获得成长与提升，这种成长可能是认知、观念、思维上的改变与提升，也可能是方法、策略等方面的启发与获得，也可能是专业情感、专业学习方面的唤醒与激发，还可能是培训中人与人之间友谊、信任伙伴关系的建立，而这些成长与提升将给参加培训学习的教师的事业、工作或生活带来"善"，促使教师对工作或生活有更多新的认识和理解，工作或生活更加游刃有余，在教学中投入更多研究和思考、不断改进工作，使学生更加进步，从而在教学工作中获得更多掌控感、效能感、成就感等。伦理学认为，"人生重大需要、欲望、目的能否实现乃是决定能否产生幸福的心理体验的客观标准；生存和发展是否达到了某种完满则是决定能否产生幸福心理体验的客观实质"[①]。教师参加培训活动获得自我提升与成长，由此带来教育教学工作的更多成就感，这些往往使一名教师的学习需求、愿望得以满足以及内心愈加走向完满，是教师产生幸福心理体验的体现。马克思指出："人类的特性恰恰就是自由的有意识的活动。"[②]"任何人的职责、使命、任务就是全面地发展自己的一切能力。"[③]通过参加培训学习，教师专业能力获得提升，对教育教学工作更加自信和有力量，内心也就更加自由。高质量的中小学教师培训，最终指向的是使参加培训学习的教师更加自由和幸福，也使得他们的学生更加自由和幸福。

（二）教师培训者伦理

马克思、恩格斯在《德意志意识形态》中指出："作为确定的人，现实的人，你就有规定，就有使命，就有任务……这个任务是由于你的需要及其与现存世界的联系而产生的。"[④]规定、使命、任务等是人在所处世界存在关系之中产生的，是人在所从事职业及参与活动中应承担的、具有道德性的义务和责任。"爱岗敬业、诚实守信、办事公道、热情服务、奉献社会是一切从业人员都应该遵守的基本从业原则和一般性职业道德要求。"[⑤]而在教师培训活动中，同样也存在着对专兼职培训组织与管理者、专兼职培训授课者的道德要求，这些道德要求主要有如下方面。

1. 专业伦理

中小学教师培训是一项专业性很强的工作，其培训课程设计、组织与实施等都需要相关领域的专业人员来进行，培训组织与管理者、培训授课者的专业知识、专业能力、专业

---

① 王海明：《伦理学原理（第 2 版）》，北京，北京大学出版社，2005。
② 马克思，恩格斯：《马克思恩格斯选集（第 1 卷）》，北京，人民出版社，1995。
③④ 马克思，恩格斯：《马克思恩格斯全集（第 3 卷）》，北京，人民出版社，1960。
⑤ 《伦理学》编写组编：《伦理学（第 2 版）》，北京，高等教育出版社，2021。

态度和专业精神等的状况是影响教师培训质量高低的关键因素，因而，培训者的专业伦理是教师培训伦理的核心。

教师培训组织与管理者的专业伦理体现在培训对象特征与需求分析、教育政策与理论理解、培训课程方案设计、培训授课者遴选、培训课程实施与评价等方面的胜任能力、负责态度和研究精神。只有当教师培训组织与管理者具备较强的专业能力，能认真设计培训课程与遴选授课者，用心组织与实施培训课程时，才能提升教师培训质量，也才是组织了具有伦理道德性的培训。

教师培训授课者的专业伦理体现在对培训对象特征与需求分析、培训课程内容选择、培训课程具体实施等方面的专业能力、研究精神和责任心。一名具有专业伦理精神的教师培训授课者，通常会认真了解与分析培训对象特征、学习起点与学习需求，有针对性地设计培训课程主题及内容，在备课过程中，大量阅读相关文献，搜集优秀、典型的教学实践素材以及视频网络资料等，结合自身经验反复思考与推敲授课内容，并合理设计培训活动中的互动环节，在培训过程中，积极与学员进行交流互动，组织讨论、研究与展示活动，努力促使自身培训内容转化为学员的认知、观念与方法，促进学员对授课内容的理解、加工与重构，从而真正实现高质量的教师培训。

2. 服务伦理

在教师培训过程中，还包含着很多服务性工作，需要遵循教师培训服务伦理。作为教师培训组织与管理者，需要承担很多组织与管理方面的服务工作，例如，为培训学员提供学习手册、学习资料、饮用水、餐食，适宜的学习环境、学习工具等物质方面的服务以及学习咨询、生活咨询、心理疏导等咨询方面的服务；为培训授课教师提供饮用水、教具、多媒体设备等物质条件方面的服务，以及提供在培训学员与授课者之间沟通与协调的服务。而在进行这些服务工作的过程中，教师培训组织与管理者的用心、细致、态度友好、待人真诚、热情等品质则是服务伦理的重要体现，其关系到身处培训环境中的培训学员是否感受到温暖、善意和便利，也关系到培训课程实施是否能按计划顺利进行及取得预期效果。作为教师培训授课者，也需要力所能及地提供一些与培训课程、教师学习等相关的服务，例如，为培训学员提供一些咨询服务、心理疏导服务、资源支持与分享服务等。当学员对培训者授课内容有困惑、思考并期待与之交流时，授课者应给予积极回应，借助自身专业知识或教学、研究经验与学员耐心互动，为其解答困惑；当学员希望获得与本次培训课程相关或者无关的一些学习资源，如PPT、视频、文档时，在条件许可范围内，授课者应尽可能满足学员需求，为其后续进行研究与学习提供支持，促进其培训后自主学习以及激发学习积极性，这些是培训授课者提供服务的伦理体现。

（三）培训学员伦理

在教师培训工作中，培训学员是核心，培训的最终目标是促使学员获得认知、能力、情感、精神等方面的成长，而要实现这一目标，培训授课者的高质量输出固然重要，但决定性因素在于培训学员的真实有效输入，需要培训学员积极投入、努力付出，这是培训学员在学习过程中应坚持的伦理原则。同时，培训学员参加培训学习的过程也是一个与他人互动交往的过程，这其中也包含了一些伦理方面内容。培训学员伦理主要包括以下两个方面。

1. 学业伦理

学业伦理是培训活动中学员应遵循的基本伦理。作为培训学员，有责任和义务在参加培训学习过程中认真学习、争取最大学习收获。马克思主义伦理学认为："人对自己本身的义务同时也是对社会的义务，或者说是为了履行社会义务而尽到对自己本身的责任。"[①] 教师培训活动的组织与实施，通常需要大量人、财、物的保障与支持，消耗大量社会资源，而作为培训学员，在占有这些社会资源的同时，自然有义务努力学习、学有所获。但更为重要的是，教师参加培训学习最终是为了自我专业提升以更好地履行自己教书育人的职责，通过培训学习，提升与激励自我，获得充实感与意义感，从而更好地完成教师职业责任、使命与义务。经济、社会与科技发展，学生身体、心理变化，国家教育政策、新课程教学改革等向教师不断提出新的挑战、问题，这就要求教师必须不断参加培训学习，不断提升自我专业能力，并在培训学习过程中，踏实认真、积极投入，为后续将所学转化为教学能力、促进学生发展打下好的基础。

培训学员在参加培训学习过程中应遵循的一些基本学业伦理，除了按时出勤、遵守培训课堂纪律这些基本规范外，更为重要的是积极投入到培训学习活动之中，表现为：认真聆听与理解授课者的培训内容，积极思维、结合自身经验理解学习内容；在培训学习过程中积极参与互动，踊跃回答授课者的互动问题；在小组合作学习、讨论以及完成任务、展示汇报过程中，尽可能查阅资料、参与讨论、努力思考，参与思维导图制作、方案设计、汇报 PPT 制作等学习任务，努力将培训学习内容与自身教学工作结合，尝试将所学内容转化为教学设计方案、思路等。

2. 交往伦理

培训学员参加培训学习的过程，也是一个与他人互动交往的过程，包括同培训组织与管理者、授课者和其他学员之间的交往，如果是持续较长时间的培训学习，这种交往所带来的影响将更大一些。人际交往本身即存在着一定的交往伦理，培训学员在与他人交往时

---

① 罗国杰主编：《马克思主义伦理学》，北京，人民出版社，1982。

自然也涉及交往伦理问题。培训学员的交往伦理包括积极参与学习活动，参与对话、讨论、共同研究等学术交往活动，这种积极主动、认真参与、贡献力量的态度既是培训学习中一种重要的交往伦理体现，也包括当遇到分歧、矛盾、冲突时，培训学员能够冷静自制、包容理解，用积极的态度解决培训学习过程中遇到的各种问题，还包括在学业交往基础上学员之间日常有关教育理念、教育思想与方法甚至生活方面的交流。当这些交流真诚、真实，引发思考、触动情感与激发行动愿望时，这样的交流会变得更有意义，它能够促进学员提升认知，使学员受到激励，收获友谊与情感，学员在培训中的交往伦理也同时能够为其学习赋能、增值。

（四）教师培训者与学员关系伦理

道德关系是人们社会关系的一种特殊形式和相对稳定体系。依据道德关系的主体和客体差别将之概括为三类：个人与社会整体之间的关系，个人与个人之间的关系，社会整体与社会整体的关系。[1]在教师培训系统中，也必然包含一定的道德关系，既包括教师培训者与整个培训班之间的关系，也包含教师培训者个人与培训学员个人之间的关系或者培训学员之间的个人关系。这里我们重点对教师培训者与培训学员之间的关系伦理进行探讨。教师培训者与学员之间的关系伦理主要表现在以下几方面。

1. 平等与尊重

伦理学认为："平等包括两种含义，其一是作为社会公正的评价标准，即社会主体的社会地位平等、享有的权益和承担的义务平等；其二是道德平等，即在道德面前人人平等，伦理学更注重后者的研究。"[2]在教师培训过程中，培训者与培训学员之间是一种平等关系，包括地位、权益和义务的平等以及道德层面的平等，培训者与培训学员之间应彼此平等对待，共同遵循一些道德原则，如认真、投入、贡献等。尊重是表示对待他人及其价值的态度的道德概念，"对人的尊重是建立在人人平等基础上的"[3]。在教师培训中，培训者与培训学员之间应互相尊重，在互动中以礼相待、谦逊、诚恳、彬彬有礼，尤其是作为培训授课者，即便自身在学识、能力方面具有一定优势，切不可摆出高高在上的姿态；重视彼此的智慧和才能，作为培训学员一定要用心向授课者学习，作为授课者也同样要重视学员的实践智慧，注重发挥学员在培训活动中的主体性，虚心向学员学习；尊重彼此的劳动与时间付出，认真准备、用心倾听、积极回应、教学相长。

2. 友爱与情感

亚里士多德认为，友爱是维护社会群体的组合和家庭的聚合的高尚而有用的德目，也

① 余亚平，李建强，施索华主编：《伦理学》，上海，上海交通大学出版社，2002。
② 罗国杰主编：《马克思主义伦理学》，北京，人民出版社，1982。
③ 宋希仁，陈劳志，赵仁光主编：《伦理学大辞典》，长春，吉林人民出版社，1989。

是调节社会和家庭中人与人之间关系的行为准则。除了平等、尊重关系之外，在教师培训活动中，培训者与培训学员之间建立友爱关系也很重要，较深层次关系是产生较深层次链接的基础，当培训者与学员之间产生较深层次链接时，更容易激发学员求知的热情，也更容易促使学员投入思维与情感积极参与到学习之中，从而促进学员将所学转化为教学设计方案以及后续教学行动。好的培训首先要有好的关系，友爱关系即培训活动中一种积极正向的人际关系。伦理学认为，情感是"对外界事物所产生的一种表明自己道德立场是肯定或否定的精神反应，如喜、怒、哀、乐、爱、憎、忧、惧等"[1]。友爱关系建立的重要基础是道德情感，当培训学员认可培训者的专业知识、能力和精神，对培训者产生一种认同、肯定甚至崇拜的道德情感时，学员更容易去接受或者认真思考培训者的教育思想、观点和方法，更倾向于去积极建构与培训者的友爱关系，引发更深层次互动，进而迈向深度理解与学习。

3. 共同创造与发展

在教师培训中，培训者与学员之间关系伦理还体现为共同的创造与发展，这也是至关重要的一种关系伦理。培训过程应该是一个互动与对话的过程，培训学员通过培训者的理论讲解或者案例分析获得启发，联系自身教学经验进行反思或者激励、启发自己形成新思考、新设想，培训者通过与学员互动问答、作业及展示过程了解其想法、经验、设想等，给出一些回应、建议或者讨论。在此过程中，培训者与学员可能会共同澄清某些观念与问题，或者生发创造出一些新的理解与设想，或者共同讨论出一些实践模式或者策略，从而获得共同的创造与发展。这一过程无疑是一个善的过程，是教师培训活动中积极的关系伦理产生的积极结果。

（五）教师培训规范伦理

伦理学认为："道德规范是一定社会给人们提出的行为准则，也是社会判断和评价人们行为是否道德的标准。"[2]任何社会、组织、团体、个人及其活动都要遵守一定的道德规范，同样，在教师培训过程中，不论是培训者还是学员，都要遵守与培训活动相关的一些道德规范。

教师培训规范伦理指的是在教师培训中各相关主体应遵循的一些基本的道德规范、原则。培训伦理规范主要包含两类，一类是显性的教师培训伦理规范，一类是隐性的教师培训伦理规范。在显性的教师培训伦理规范方面，目前，一般的教师培训活动都会在培训方案或者培训学员手册中对学员明确提出一些应遵守的规则、规范，其中一些内容会涉及伦

---

① 李水海主编：《世界伦理道德辞典》，西安，陕西人民出版社，1990。
② 《伦理学》编写组编：《伦理学（第 2 版）》，北京，高等教育出版社，2021。

理方面，如认真上课、积极参与课堂活动、主动与他人合作学习等，部分培训方案中会对授课教师的职责、态度等伦理方面进行阐述，很多培训活动中则没有对授课者提出明确的职责或义务要求。隐性的教师培训伦理规范，就是双方在培训过程中所默认的一些道德规则、原则，比如作为培训学员，尊重培训者及其精神性劳动，珍惜学习机会，学习过程中积极思考、参与学习过程，思考探究，主动参与小组合作学习，贡献自身智慧和力量，与其他学员融洽相处、探讨交流，将学习效果最大化；作为培训授课者，尊重学员的时间和学习权利，认真进行授课前准备工作，针对学员特征和需求精心准备授课内容，认真选择典型、优质的教学素材，促使培训内容能够真正解决学员实际问题，用心设计教学方法，开展对话与讨论活动，对授课工作认真负责、兢兢业业，促进培训效益最大化。这些隐性的教师培训伦理规范，是培训过程中各方主体内心所认可的规范，也是对某一培训学习活动进行价值判断时应遵循的一些准则、标准。

道德规范是一种非强制性的规范，"政治法令、法律条文一旦颁布后，就具有强制性，而且还有军队、法庭、监狱等执法机关保证实施。道德规范的实施则不同，它主要是依靠教育的力量、社会舆论、榜样感化和内心信念，使人们对一定的道德准则发自内心去信奉和遵守，其本质是一种非强制的规范"[①]。教师培训中的伦理道德规范也是如此，其实施与真正发挥作用往往依靠的是培训各方主体内心的信念、自觉性，尤其是对于培训者而言，除了受培训效果评估的外在约束以及培训者本身专业能力的影响之外，其对培训工作的付出以及对培训效益最大化的努力，更多靠的是其内心的责任感、义务感、使命感，良心机制在其中起到重要作用。

（六）教师培训实践伦理

"道德需要促使人类结成相互满足的价值关系，推动人们改善这种关系，调节人与人的交往协作，完善人的人格，形成人类特有的实践精神。"[②]道德最终目标是要将道德理想、价值、规范、原则等转化为道德实践，教师培训也要遵循一定的实践伦理，在培训实践中实现道德理想和追求。教师培训实践伦理主要表现在以下两个方面。

1. "求真" "求善"

教师培训工作追求"真""善"的伦理实践精神，在培训实践中"求真""求善"。一方面，培训者在责任意识驱使下认真、严谨准备培训内容，促使自身培训内容反映一定科学性、规律性，力求对学员教育教学具有一定指导作用，或者培训者与学员共同进行一些"求真"的对话与讨论，明辨是非，判断真假，达成理解与共识，经历一个"求真"的培训实践过程；

---

① 余亚平，李建强，施索华主编：《伦理学》，上海，上海交通大学出版社，2002。
② 郑淑媛主编：《伦理学》，沈阳，东北大学出版社，2006。

另一方面，培训者带着责任心真正关注学员的需求与发展，心怀善意进行培训活动，将善、理想、幸福等信念传达给学员，让学员感受到培训者的诚心诚意，进行触动学员心灵的培训，激发学员研究与思考的热情，做一名好教师的情怀，教学改变与创新的勇气，等等，总之，通过培训学习促使学员向着更善、更好的方向进行自我提升和改进教学，经历一个"求善"的培训实践过程。

2. "知行合一"

伦理学认为："道德发挥作用不是停留在思想和认识上，而是表现在行动中，讲究和推崇身体力行，在行为中贯彻和彰显精神品质，因此是知行合一的。"[①]在教师培训工作中，道德上的"知行合一"主要体现在两个方面：一方面是培训各方主体在培训过程中的"知行合一"，各主体认识到自身作为培训者或者学员应该遵循的伦理原则，具有正确的道德认知，同时，真正将这种道德认知转化为道德行动，在培训过程中按照培训或学习的理想、信念、责任、义务去行动。这个过程中需要一定的自律、自制以及榜样示范作用、互相敦促等，通过这些来调节与协调认知与行动；另一方面是培训之外、之后，教学实践中道德上的"知行合一"，作为培训者来说，其在培训中的理念、观点、方法等应与其在实践中是一致的，自己讲出来的也应是自己能做到的、思考过的或者经历过的，作为培训学员，应努力将培训所学、进行的教学设想转化为教学实践，实现自身参加培训学习的价值。

三、教师培训伦理的价值分析

教师培训伦理是教师培训工作的重要基础，在教师培训活动中，起到重要的认识、调节和督促功能，总体而言，主要具有以下价值意义。

（一）有利于发掘教师培训中的伦理意义

长期以来，教师培训中的伦理问题是受到忽视的，无论是在培训实践中还是在学术研究中，很少有人明确提出或者系统阐述教师培训伦理问题，使其一直处于一种心里知道但不明说、含糊不清、语焉不详、概念不清的状态，影响了教师培训实践中伦理性的提升以及教师培训伦理学术研究的进展。

伦理道德是人类认识世界的一种特殊方式，"运用善恶、荣辱、义务、良心等道德范畴，反映人类的道德实践活动和道德关系"[②]，伦理道德对一些道德秩序、原则等进行辩护，合理的受到支持，不合理的受到贬斥，为人们的行为选择提供指南，调节人们的言语行为以及社会关系。教师培训伦理同样具有认识、辩护和调节作用，我们需要明确在教师培训中，

---

①② 《伦理学》编写组编：《伦理学（第 2 版）》，北京，高等教育出版社，2021。

重要的伦理范畴有哪些，需要遵循哪些伦理原则和规范，具体的伦理实践要求有哪些，等等，以此提升我们对于教师培训伦理的认识，并为教师培训实践提供行动的指南，调节教师培训中各相关主体的思想、理念、行动及彼此之间的伦理关系。如果能通过学术研究与实践经验建立一套教师培训伦理规范，将有利于实践中促进各相关主体对于教师培训伦理的关注，也有利于教师培训伦理研究的进一步深入。如果能将其纳入教师培训政策话语中，其实践意义则更加凸显。因而，教师培训伦理概念与观点的提出，有利于发掘教师培训中的伦理意义，从而在教师培训实践中对其予以重视和关注，在学术研究层面对其进行系统研究、思考与论述，甚至将其纳入教师培训政策之中。

（二）有利于提升教师培训中的伦理性

美国伦理理论研究者 A. 麦金太尔给美德下了这样一个定义："美德是一种获得性的人类品质，对它的拥有与践行使我们能够获得那些内在于实践的利益，而缺乏这种品质就会严重地妨碍我们获得任何诸如此类的利益。"[1]美德是伦理的重要范畴，美德的拥有和践行能够使人们获得内在的、隐性的益处，教师培训中的美德同样也能使参与其中者获得利益，这种利益是一种向"善"的趋向，如促进教师专业知识、能力、观念与精神的提升。教师培训伦理的提出、研究与实践，能够引发人们对于培训伦理问题的重视，以及进行更多研究与探索，有利于提升教师培训中的伦理性，最终使参与其中的人员获益。

首先，促进提升教师培训中各相关主体个人的伦理道德水平。"道德通过舆论、习惯特别是良心，教育人们、培养人们形成良好的个人道德意识、品质和行为，从而提高人们的精神境界和道德水平。道德评价、道德榜样、道德理想等都是道德教育的方式，它教人懂得什么是善、什么是恶，并树立正确的义务、荣誉、正义和幸福等观念，目标是使受教育者成为道德纯洁、理想高尚的人。"[2]教师培训伦理的提出、建立以及规范化，促进形成有关教师培训伦理的舆论、价值导向，使得教师培训各相关主体进一步明确自身应努力的道德方向，从而在义务、责任、正义、良心、求善等价值观念指引下，不断提升自身培训伦理意识和信念，积极投入时间参与到培训与学习活动之中，在培训伦理实践中获得满足感、幸福感。"从个人作为道德的主体来看，道德的整体功能集中表现为它是个人自我完善的重要精神力量。"[3]实现价值理想、遵循伦理原则基础上的教师培训活动，使得培训参与者个人道德品质不断得到净化与升华，不断自我完善，个人培训伦理道德水平获得提升。

① [美]A. 麦金太尔：《追寻美德：伦理理论研究》（宋继杰译），南京，译林出版社，2003。
② 郑淑媛主编：《伦理学》，沈阳，东北大学出版社，2006。
③ 唐凯麟编著：《伦理学》，北京，高等教育出版社，2001。

其次，促进提升教师培训工作整体的伦理道德水准。伦理是用以协调人与人、人与社会之间道德关系的道理，教师培训伦理观念、原则、规范的建立，将起到导向、约束作用，成为协调教师培训中各类关系的规范、法则。当教师培训伦理内容越来越清晰，在实践中越来越受到认可与重视时，整个教师培训工作的伦理道德水准将获得提升，通过要求、舆论、风尚等方式逐渐由道德要求转化为个体的道德行为，成为教师培训各相关主体的道德信念、准则。

（三）有利于提高教师培训的整体质量

伦理学认为："调节功能是道德最主要、最重要的社会功能。它通过评价、命令、教育、指导、示范、激励、沟通等方式得以实现。它以'应当怎样'为尺度，来衡量和评价人们行为的现状，并力图使'现状'符合于'应当'。"[①]教师培训伦理的提出与规范化，促进教师培训各相关主体更加明确教师培训中应建立的价值理念，以及应遵循的道德原则，也就是"应当怎样"的尺度和标准。在这些理念、原则、标准的要求和指导下，教师培训各相关主体在自身职责履行中采取培训决策、进行培训行动。教师培训伦理的核心是各相关培训主体义务、责任、使命感的唤醒与激发，从而促使其投入更多思考与精力去设计更好的培训方案，准备更好的培训内容，实施更好的培训实践，最终指向的是教师培训质量的提升。同时，道德具有激励功能，"激励功能表现为道德能够为人们的行为提供一种正当性、正义性、应当性的支撑，将其转化为一种激励性的强大精神力量，鼓舞人们敢于冲破各种艰难险阻，去追求理想的目标"[②]。教师培训工作虽然有考核评估、追踪性效果调研等外在督促的方式，但其质量的根本保障与提升主要靠的是参与者内在信念、良心、自觉性等的驱动作用以及文化、风尚、舆论等潜移默化的影响。通过各相关主体培训伦理道德、信念的作用形成强大的精神力量，激发其克服困难、投入精力、思考创新、辨别分析，从而对培训内容探讨更加深入、理解更加透彻，真正促使参与者获得专业成长，也使得培训质量获得提升。

第二节　教师培训伦理的实现

教师培训伦理具有重要的导向、调节和激励作用，有利于教师培训质量的提升。教师培训伦理的实现有以下几条路径。

---

① 郑淑媛主编：《伦理学》，沈阳，东北大学出版社，2006。
② 《伦理学》编写组编：《伦理学（第2版）》，北京，高等教育出版社，2021。

一、明确教师培训的价值定位

（一）教师培训政策的价值定位

教师培训政策要求决定了教师培训对象、内容及形式等，是教师培训工作的起点，因而，其价值定位至关重要。教师培训的价值定位体现在政策要求之中，其决定了谁参加培训，培训哪些内容，采用什么样的方式培训。教师培训价值定位通常受国家经济制度、国家教育政策、地方经济状况及教育政策、教师需求分析等的影响。我国实施的是以社会主义公有制为主体、多种经济形式并存的国家经济制度，这样的经济制度决定了我国教育制度中追求公平、兼顾效率的价值导向，在教师培训政策中也体现了公平正义的价值导向。实施全员培训，同时培训政策适当向薄弱地区倾斜，给予薄弱地区中小学教师更多参加培训学习的机会，促进这些地区教师专业能力提升，进而促进教育均衡发展。伦理学认为："所谓社会公正，说到底，乃是社会领导者的管理活动的公正，是管理行为的公正。"[1]能否实现教师培训中的公正，关键在于教师培训政策制定与决策者管理行为的公正，因而，教师培训政策制定与决策者要严谨调研、认真分析，明确培训价值定位，为广大教师提供公平正义的培训机会。

（二）教师培训组织的价值定位

教师培训项目通常由某一单位或机构进行组织实施与管理，进行培训课程方案设计、专家遴选与聘请、具体培训活动的管理等，其中会涉及很多价值伦理问题，面临很多价值冲突与抉择，例如，经费投入多少、投向哪些培训活动、经费使用的价值导向，培训课程设计是实效与质量导向还是例行公事、图省事省力，培训授课教师遴选是能力与需求本位还是看人情关系，这些都会影响到教师培训质量。在教师培训工作中，培训组织与管理部门应明确自身教师培训价值定位，以培训效益最大化为价值导向，广泛搜集信息、拓展培训资源，以高度负责的态度组织培训工作，提供真正符合教师需求、提升教师专业性、激励教师专业发展的培训课程，聘请道德高尚、专业过硬、尽职尽责的授课者进行培训，在每一个环节都努力提升培训质量水准。

二、注重教师培训者的伦理建设

（一）遴选"经师"与"人师"相统一的授课者

"在荷马史诗中，美德是一种品质，这种品质的显现，使人们能够严格履行其定义明

---

[1] 王海明：《伦理学原理（第 2 版）》，北京，北京大学出版社，2005。

确的社会角色所要求的义务。"①从荷马史诗对于美德的定义出发，教师培训者伦理的含义首先要考虑其作为一名专业培训人员履行其社会角色时所应承担的责任和义务，因而，在教师培训者遴选过程中，培训者的培训专业素养与能力以及培训责任、使命等专业态度、精神是需要认真考量的。具体来说，要严把教师培训授课者遴选关，聘请"经师"与"人师"相统一的培训授课者，要求培训者既要有精深的专业知识与能力，又要有教学艺术，热爱教师培训工作，认真负责，以教师学习、成长和专业提升为自身责任、使命，精心准备课程，并根据学员需求不断调整课程内容，持续精进、努力提升培训质量。

（二）通过文化影响与自我约束提升教师培训者伦理

伦理学认为，道德是一种文化上的确定目标以及指导这些目标实现的准则，"至少在某种程度上，这些目标和准则可以，并且总是'内在化'或'深入人心'的，也就是说，个人把它们当成了自己的东西并用它们来调节自己的行为"②，文化氛围、价值观念、道德准则等外在环境会潜移默化对个体道德产生影响。在教师培训中，努力塑造积极向上、正能量的培训文化氛围，在严谨认真、进取有为、注重学术与研究氛围的影响下，教师培训者建立积极正向的培训价值理念、调整自我培训行为，努力提升教师培训质量。"如果说社会舆论、传统习俗主要是一种他律性的对人们行为的调节，那么内心信念则是一种自律性的自我调节与规约。道德作为一种规范，既是社会对个体的约束和要求，也是主体的自我约束和要求。"③提升教师培训者的培训伦理，除了要靠文化、风俗、舆论环境影响之外，还在于培训者的自我约束和要求，提升自身的教师培训义务、责任与使命感，从良心出发，让高质量教师培训成为培训者内心信念，并运用意志力将这种信念转化为行动。

（三）通过反馈与评价提升教师培训者的培训伦理

1. 外在评价

伦理学认为："道德评价也就是对行为的道德价值的判断、认识、意识。"④道德评价主要是对个体行为表现和结果的评价，个体品德表现于、形成于行为之中，而行为中表现出的善恶、美丑、功过、是非等则是其中道德评价的重点，"每一项特殊的使命、每一项特殊的责任都必须靠其自身的功过来得到评价"⑤。个体的使命、责任等道德内容，需要通

---

① ⑤ [美]A.麦金太尔：《追寻美德：伦理理论研究》（宋继杰译），南京，译林出版社，2003。

② [美]威廉·K·弗兰克纳：《伦理学》（关键译），北京，生活·读书·新知三联书店，1987。

③ 《伦理学》编写组编：《伦理学（第2版）》，北京，高等教育出版社，2021。

④ 王海明：《伦理学原理（第2版）》，北京，北京大学出版社，2005。

过实际的功过结果来评判、判断。教师培训者的培训伦理评价以其培训行为、实际功过、效果为基础，并考查与推测其培训责任心、态度、精神等。通常，在某一或者整体培训课程结束时，培训组织与管理者会对教师培训者的授课情况进行评价，往往以满意度调查、学员撰写听课感受、学员访谈等方式进行。除了评价授课效果、听课者收获、授课者专业能力等内容之外，应重视对于培训授课者专业伦理方面的评价，比如学员从培训活动中是否感受到了授课者的责任心、勤勉态度、敬业精神等，将培训授课者伦理方面作为培训评估的重要内容，以促进培训授课者加强对于自身培训伦理的重视。在这些正式、有意识地评估、测量、考察基础之上，还会形成一些非正式的外在评价，即口碑和声誉，这样的培训伦理评价更具有持久性，影响更大。

2. 自我评价

除了学员对培训者伦理表现的外在评价以外，培训者的自我评价与反思也特别重要。伦理学认为："当一个人有了正确的道德评价的标准，有了崇高的道德行为和责任感的时候，他就可以对自己的每一个行为加以评判和鉴别。对于合乎道德的行为，他能得到一种精神上的满足，从而形成一种力量和信心，并能勇于继续从事这种行为；对于自己的不道德的行为，则能够予以内心的谴责，产生羞愧，从而促进对自己的行为作出负责的自我批评，并努力避免再发生类似的行为。"[1]在教师培训活动中，作为培训者应认真回顾与反思评价自己的培训授课情况，总结其中的成败得失，尤其是反思在培训准备与实施过程中自身的付出、态度与责任心，反思自己是否做到了尽心尽力进行授课准备，是否在授课过程中努力调动学员积极思维、参与互动，是否对学员的互动问题、小组讨论和展示活动给予了认真反馈与中肯建议。培训授课者通过自我反思与评价，对于令自身满意的授课表现产生自我道德满足感，感受到自信心、力量和喜悦，对于令自身不满意的授课表现产生自我道德羞愧感，感受到愧疚和悔根，督促自己下次努力备课和授课，做到让自己的培训活动内心无愧。在这一过程中，良心是重要调节机制，良心是个体自身内部的道德评价，"是自己对自己行为的道德价值的认识、认知、判断、态度、感情、体验、意向、意志、动机等一切心理反应活动"[2]，虽然有外在培训规范、市场机制、利益关系等的约束与激励，但作为教师培训者对培训工作的付出与责任主要还是在于自身的良心，因为很多培训内容、资源、过程是无形的，培训效果也是较难进行准确测查、考量和评估的，因而，教师培训者自身

---

① 罗国杰主编：《马克思主义伦理学》，北京，人民出版社，1982。
② 王海明：《伦理学原理（第 2 版）》，北京，北京大学出版社，2005。

的道德评价至关重要，通过培训过程与效果所产生的良心满足或良心谴责来调整自己的培训行为。

三、建立培训学员的培训伦理

（一）促使学员建立自我专业性提升的责任伦理

学员培训伦理的建立前提是其对于培训及个人专业成长重要性、价值意义的认识。因而，要提升学员的培训伦理，首先要提升其专业发展的意识，从信息化社会背景、当代学生身心发展特征、教师专业成长迫切性等方面，促使中小学教师认识到，时代发展要求教师必须通过各种途径和方式不断提升自身专业性，同时，这也是作为一名教师的责任与义务，而参加培训无疑是教师专业学习与提升的一条重要路径。当然，前提是一定要为教师提供高质量、有实效的培训。"义务是一种职责，是'应该做的'。这种'应该做的'，只有成为一个人的内心要求时，人们才能自觉地去履行义务。"①在教师培训中，应努力提高教师对于培训学习的意义、责任与义务的认识，使其建立自我专业提升、积极投入培训学习的责任伦理。

哲学家康德是责任伦理的坚持者，对于康德而言，"道德是一个严肃的事物，它涉及选择责任而不是需要；动机而非后果是道德行为的核心特征。道德不是关于做自然而然的事，而是抵抗自然而然的事"②。遵从道德原则、履行责任很多时候意味着需要拒绝安逸、舒适，而选择坚持、毅力。因而，在教师培训过程中，在责任伦理基础上，学员需要建立一些培训学习品质，如自律、毅力、勇气等。美国伦理学研究者威廉·贝内特（William J. Bennett）认为："自律是自己给自己制定'纪律'，此时，人成了自己的老师、教练和'训导员'。"③在教师培训过程中，明确了培训学习与自我提升的责任伦理，还需要学员通过自律来约束和督促自己的学习行为，克服思维惰性，拒绝微信聊天、浏览朋友圈、公众号等具有吸引力的事情，集中注意力于授课内容之中，积极参与小组讨论、小组任务等，通过自己对自己定纪律、自我教育与管理来提高学习效率，真正让自己在培训学习中学有所获。"无论是提高自己，还是领导或者鼓舞他人，或者在某些重大事业中作出贡献，毅力都常常是成功的关键。"④培训学习中，小组合作完成任务时可能会遇到各种困难，听课时可能

---

① 罗国杰主编：《马克思主义伦理学》，北京，人民出版社，1982。
② [英]戴维·罗比森：《伦理学》（郭立东译），北京，生活·读书·新知三联书店，2016。
③④ [美]威廉·贝内特：《美德书》（何吉贤主译），北京，中央编译出版社，1999。

经常会心神不定、内心浮躁，而培训学习后，到了实践中又出于惯性和惰性难以去进行研究与改变，这些都需要培训学员运用毅力去克服，让自己坚持下去，通过毅力、韧性让自己去学习、积累和研究，逐渐由量变走向质变，在专业上获得突破和发展。在培训学习中，培训学员还需要具备一些勇气，威廉·贝内特指出：“勇敢是在面临挑战时能够正确认识害怕和信心的一种不变的定性。为了别人而勇敢起来——在挑战面前帮助别人——也是我们自己变得勇敢的机会；这些机会，让我们学会如何衡量自己的信心和恐惧，如何判断正误，如何下定决心去做正确的事。”[①]在培训学习中，当学员遇到问题、困惑、疑难、质疑等时，要敢于向授课者进行提问，勇于提出自己的思考与想法，培训后有勇气在教学实践中去研究与创新，尤其是当意识到培训学习中的某些概念、理念对学生学习将产生重要意义时，这种探索的勇气就更有了坚持的理由，为了学生的成长而勇敢行动，当然这种勇敢需要理智、睿智的引导以及意志力的作用。

（二）激发学员笃学、向上、合作的学业伦理

在教师专业发展责任伦理观念的基础上，在具体的教师培训实践中，培训者要努力激发学员建立笃学、向上、合作的学业伦理。首先，为学员塑造积极向上、笃学思考的学习环境。培训者通过团队建设、学员个人风采展示、学员合作讨论与完成任务等方式营造一种求知、求学的培训学习氛围，通过积极进取的文化环境来激励学员积极主动参与学习过程，进行深度思考和创新实践。其次，提升教师培训课程质量。遴选优秀教师培训授课者进行培训，激发授课者的培训热情，使其积极投入开展教师培训，启迪学员思想，指导学员合作探究，触发学员情感，引发学员共鸣，通过高质量培训课程吸引学员投入到学习之中。最后，给予学员探究、合作与展示的机会。尊重学员的思想和经验，给予学员一定的自主性，充分发挥其创造力，让学员在合作完成任务过程中查阅资料、互动讨论、设计方案、展示成果，在自主完成任务与成果展示的过程中获得自信心和成就感，从而激发笃学、向上、合作的学业伦理。

四、建构教师培训者与学员关系伦理

伦理学指出：“每一种实践都需要有那些参与者之间的某种关系。而现在美德就是那样一些利益，通过参照它们（不论我们是否愿意）我们才确定我们与那些和我们共有着各种实践的目的与标准的其他人的关系。”[②]也就是说，人际关系的建立必须参照美德，即人

---

① [美]威廉·贝内特：《美德书》（何吉贤主译），北京，中央编译出版社，1999。
② [美]A.麦金太尔：《追寻美德：伦理理论研究》（宋继杰译），南京，译林出版社，2003。

际关系应建立在共同追求某种善（利益）的基础之上。同样，在教师培训过程中，教师培训者与学员之间的关系首先应是建立在共同追求"善"的基础上，"善"的含义除了诚实、正义、勇敢等基本品质之外，核心就是培训学习效益的最大化。在培训学习效益最大化这一共同目标导向下，教师培训者与学员二者之间去确立一种关系，即一种合作、共赢、共同发展与创造的关系。荷兰哲学家斯宾诺莎指出："对人们最有利益之事，莫过于使大家的生活方式互相关联，并以最紧密的联系，彼此联合起来，使全体团结一致。一般地讲来，凡做任何足以加强友谊之事，对人都是有益的。"[①]在教师培训活动中，培训者与学员一起朝着共同的"善"的追求，为着学员认知、能力与情感、精神提升的目标，进行有意义的互动、交流、思维碰撞，团结一致，建立紧密关联，甚至是发展友谊关系，这些无疑对于教师培训效益最大化具有莫大的帮助。

20 世纪神学思想家朋霍费尔认为："'伦理的'不是一种使人的各种秩序等同划一、失效、崩溃的原则，而是其本身已经包含着一种特定的、人类社会的结构，包含着特定的、社会学上的权威关系。只有在权威关系内部，'伦理的'才出现，才得到属于其本质的、具体的正当性保证。"[②]从中可以看到，伦理包含着一定的结构、秩序、权威关系等，而现代思想中，我们更多强调的是人与人之间平等、尊重的伦理关系。如果从权威关系角度来理解，那么，在教师培训活动中，更多指向的是作为培训授课者在专业上的相对权威性。这也提示教师培训者，在与学员之间的关系建构中，自身所具备的专业能力、精神至关重要，只有教师培训者在培训主题、内容方面具有较高的专业水平，甚至是较为权威的，才能获得学员的认可、肯定与尊重，也才能使自己与学员之间建立有意义的伦理关系。当然，权威并不意味着自傲、高高在上，道德意义上的尊重、平等仍然是培训者与学员之间应该具有的基本伦理关系。

五、推动建设教师培训的规范伦理

文化氛围是一种软环境，通过潜移默化、隐性方式对道德发生作用，而制度规范则是一种硬环境，通过要求、命令、指令的方式对道德产生作用。为了促进教师培训质量提升，应对培训项目委托方、承接方、组织者、授课者、学习者等各个层面及主体提出适当的培训伦理要求，在此基础上建立教师培训伦理规范、规则。在马克思主义伦理学看来："道德之所以用规范的形式来把握世界、把握人们的社会关系，是源于道德规范的客观源泉，

[①]［荷］斯宾诺莎：《伦理学》（贺麟译），北京，商务印书馆，2017。
[②]［德］朋霍费尔：《伦理学》（胡其鼎译），北京，商务印书馆，2012。

即社会的需要。这种需要是一种秩序的需要、节制的需要、约束的需要，总而言之，是一种对行为的要求，即应该怎样行为或不应该怎样行为，怎样行为是善的，怎样行为是恶的，等等。倘若没有道德规范的这种客观源泉，道德规范的产生将无从谈起。"[①]这也正是教师培训伦理规范建立的重要意义。通过教师培训伦理规范、规则的建立，教师培训工作能够有序开展，对各方主体形成一种约束和敦促，以保障和提升教师培训质量。同时，"道德规范真正发挥作用就必须在人们的心灵中产生共鸣，至少能起到一种'戒律'的作用，以警示人们能做什么和不能做什么，从而规范人们的行为"[②]。因而，在制定教师培训伦理规范、规则过程中，一定要广泛征集各方意见，充分进行调研、研讨和论证，使得教师培训伦理规范受到各相关主体的认可，这样才能增强伦理规范的适用性、实用性，促使教师培训伦理规范成为各方主体自觉的遵循，真正能够将其落到实处。

六、激发教师培训实践伦理

伦理学认为，个体的道德意识和道德实践应是相互统一的，道德意识、认识要转化为道德实践与行为，道德实践与行为是道德的最终旨归。对教师培训而言，各培训相关主体不仅要意识到培训中的伦理问题，知道应该做什么、怎样去做，更重要的是要能够做到应该做的，真正落实教师培训实践伦理。教师培训伦理意识与教师培训伦理实践是互相关联、互相促进的，当个体具有较强的教师培训伦理意识时，有利于推动其培训伦理实践；当教师培训伦理实践带来好的结果，令个体满足时，也有利于促进其培训伦理意识、信念的强化。当然，教师培训伦理意识转化为培训伦理实践，是需要环境支持与个体意志力、自制力的作用的，积极正向的环境氛围有利于伦理意识转化为伦理实践，而通过意志力克服自身惰性、不良行为习惯等则是伦理意识转为伦理实践的关键，"所谓道德意志，是个体在履行道德义务的过程中，通过自觉地确定目的、支配行动、克服困难等表现出来的能动的实践精神"[③]。越是在艰难的情况下，将伦理意识转化为伦理实践越需要意志力的作用。教师培训过程中，不论是培训者还是学员，都需要用意志力来克服困难、坚守初心，开展富有成效与意义的培训行动。此外，道德情感对于道德行为也具有一定动力作用。在教师培训中，培训者与学员对培训学习及教育的理想、情怀、情感能够为其积极投入培训提供精神动力，通过一些活动激发参与者的培训及教育理想、情怀、情感等，对于促进其培训中的积极、有意义行动具有重要作用。

---

①② 余亚平，李建强，施索华主编：《伦理学》，上海，上海交通大学出版社，2002。
③ 唐凯麟编著：《伦理学》，北京，高等教育出版社，2001。

　　总之，教师培训伦理是教师培训工作的基础，在很大程度上影响教师培训质量。教师培训置于一个人与人之间互动交流的空间场域之中，并要求通过这种人际互动建构一种学习情境，达成知识流动、思维碰撞、精神交流，获得意义，建立于这种互动关系基础上的教师培训活动必然存在着伦理探讨的空间，培训伦理影响着情境、结构、关系的意义和互动的价值，对培训效果具有重要影响。教师培训伦理在伦理学一般性主题探讨的范围之内，但又具有很多特殊性、个别性和具体性，本文尝试建构了教师培训伦理的内涵，分析了教师培训伦理的构成，以及探讨了教师培训伦理的价值及实现，在教师培训伦理研究中进行了初步探索，未来，还需要更为深入的研究与探讨。

第三章 教师培训心理

　　培训是一个互动的过程，既有参训者与培训者之间的互动，也有参训者之间的互动，还有参训者和培训者与环境的互动。参训者、培训者和环境之间的交互作用构成了培训的心理场域。高质量的教师培训要为教师创造一个安全的、互相启发的、产生共鸣的心理场域。本章第一节对培训心理场域的概念和内涵进行了探讨，对培训心理场域的理论基础和实践样态进行了阐述。本章第二节围绕参训者心理，从培训的全过程出发，重点对参训者在培训前的参训动机、培训中的学习投入和培训后的学习迁移等关键心理过程进行了阐述和分析。第三节围绕培训者心理，从培训者的能力结构、心理素质和胜任素质三方面对教师培训者的心理特征进行了描摹。

第一节 教师培训的心理场域

　　教师培训作为促进教师专业发展的重要外在支持系统，是教师自主进行终身化专业学习与发展的活动过程[①]。教师培训是发生在特定环境中的教育活动，其中既有培训者与参训者的互动，也有双方与环境的互动[②]。这样的培训场既符合勒温"场"论的思想和逻辑，即参与其中的每个人的行为都是其与环境互动的结果，也蕴含布迪厄场域理论对教育实践的理解和重塑，即个体的实践行动只有放置于关系之中才能获得真正的理解。无论是环境互动，抑或是关系影响，场域，作为一种具有开放性的概念，为我们理解培训中教师的心理感受和变化提供了富有启示的方向。

一、培训心理场域的建构

（一）培训心理场域的内涵

　　"场域"一词，作为客观存在的有形空间或无形空间，人们可能并不陌生。从几何学的视角来看，空间一般是由点线面三种抽象化元素构成的。但从社会学视角来重新理解"场域"，便具有社会意义。因为"场域"，不仅仅是空间上的构念，更重要的是关系上的、

---

① 国建文，郭绒：《教师培训流动空间：内涵、构成和建设路径》，载《教师教育研究》，2023（1）。
② 汤丰林：《教师培训：理性与实践的核心关注》，北京师范大学出版社，2018。

情感上的构念，是对有限的空间及时间在有形边界上的突破。这个空间充满各种力量和能量，它们之间可以相互传递交换、干扰和影响，继而完成对个体心理和行为的影响和塑造。场域内的力量和能量有不同属性，构建心理场域的目的就在于调动趋利避害的机制。在给定的适宜环境空间中，个体内在的自由、自主会转化为深层的、持续的动力，在此过程中，助推个体积极探索，进而促进个体与团队达成共识并发展。

由此，我们尝试界定"培训的心理场域"，即培训所涉及的多元成分、要素之间存在的复杂关系的网络，是有形与无形的整体集合与各种力量的不断重组。培训的心理场域，是指为帮助参训者更好地理解、认同、记忆、应用所学内容，精心设计而促成的心理构念或意义空间。它旨在积极影响参训学员，帮助其更好地理解和应用所学的同时，获得交往性发展。

在教师培训中，心理场域可以通过环境、联结和能量三个要素来构建。环境，是指外部氛围和表现方式等方面，例如，视觉化的呈现可以激发学员好奇心，帮助学员进入沉浸式的学习氛围。联结，是指通过培训者与参训者、参训者之间的互动来建立联系，增强学员对培训主题和内容的理解和记忆。能量，是指通过培训者的语言、肢体语言等来传递信息，激发学员对知识的兴趣和热情。

（二）培训心理场域的特征

培训心理场域，不只限于培训场域中的环境创设和氛围烘托，更应关切教师学习的即时性和共时性，即通过关注和推动"此时此地"培训中的发生（例如，参与、体验、表达、学习和创新等等），激发教师学员的主体性和互动性，进而促进教师以协作联通的方式达到深度学习。要精准实现此目标，则需澄清"培训心理场域"与"培训场域"的显著差异。其一，以关系性思维方式代替实体论思维方式。其二，动力机制和运作逻辑的转变，即"外在结构内在化"和"内在结构外在化"的双向运作过程，从"诉求于外"的被动式发展转向"诉求于内"的主动式发展，从对教育认识论的反思转向对教育实践的创新。其三，建立超越二元对立的综合主义视角。由此，可以将培训心理场域的特征概括为：系统性、互动性和变化性。

系统性，是指应充分关注培训环境（空间）的复杂性、稳定性和资源丰富程度等维度的状态会对参训者产生的深远影响，其中包括其原有的知识系统、意义系统、思维模式和行为方式等。尤其是基于具身认知普遍受到理论和实践领域重视的当下，沉浸于培训场域中的参训者，其心理和行为倾向被扰动往往是"牵一发而动全身"的。

互动性，是指场域的创造是自下而上与自上而下的过程的结合，即处在场域之中的个体（行动者）既是生产者又是消费者。从短期看，行动者创造关系，从长期看，关系创造行动者；从短期看，行动者创造和修正意义，从长期看，意义创造行动者，影响其职业身份和对自我的认同[①]。

变化性，是指场域边界的可变性和灵活性，或者说是柔性边界[②]。在当前的信息时代，我们处于高度联通的社会中，对场域边界的划定必然不能过于武断或者刚性，要留有想象的余地，保持开放和动态发展的余地。

（三）培训心理场域的意义

教师培训的核心目标应该是促进参训教师进行自主学习[③]。培训者最大的作用是点燃学员自主学习的热情，并在学员学习成长道路上适时提供一个必要的专业支点[④]，帮助他们以更大的热情和兴趣投入到工作和生活之中。因此，培训应致力于为教师创造一个安全的空间或"容器"，使其能对以往的教学教育感知、判断和观念进行自发性的追问，进而转化思维方式，使其产生远超从前的新理念和问题解决方案，在不同水平和层次上理解教学教育问题，进而在更多的情境中综合运用培训成果。就这个意义而言，教师职后的学习实践不再只是对外在社会变革的被动性适应或顺应，更是个体"深层心智结构"的变革，是个体主动建构一种基于自身的终身学习和主体性发展的心智习性的实践活动。当培训不再是教师必须接受的一项任务，教师专业发展不再是在外界的强力干预下进行，而成为其自发自控的生命活动，具有强健的内驱力时，激发教师学习的积极性和主动性也就不再是难题。

而构建培训心理场域有助于在以下几个方面为上述议题提供积极价值。其一，帮助参训者获得学习动机，学会不断激发自身的内驱力。在被抱持、受保护和安全的氛围下，较为自主地学习，获得"教师"身份的认同。其二，促进参训者的深度学习，在习得、活用、探究的培训进程中，协同解决问题。通过对话讨论锻炼思维，致力于协同地解决问题的互相链接，形成学习共同体，在互相启发、产生共鸣的氛围中获得社会支持。其三，帮助参训者适应教育教学工作、获得创新能力，提高生涯适应力。从初学者到熟练者，从熟练者到专家。灵活创造的适应性熟练者，能够把已有知识灵活地迁移到新情境中；能直面实践中所遇到的问题情境，不断做出新的尝试，调动元认知的力量，不断地检核、提升自己的专业能力，具有超越现有水准的进取精神，能更富有创造性地工作。

二、培训心理场域的理论基础

从物理学和社会科学使用场域视角来解释研究对象已有相当悠久的历史。这些理论不将研究客体的行为归因于行动者的内在特征，而是归因于其在物理空间或社会空间中的位

---

①② [美]W.理查德·斯科特：《制度与组织：思想观念、利益偏好与身份认同（第4版）》（姚伟等译），北京，中国人民大学出版社，2020。
③④ 汤丰林：《教师培训：理性与实践的核心关注》，北京，北京师范大学出版社，2018。

置。研究客体或行动者会受到与其所处位置相关的各种不同力量或因素、与其他行动者之间的关系，以及这种关系所嵌入的更大的结构的影响[①]。

（一）勒温的场动力理论

社会心理学家库尔特·勒温，在19世纪末格式塔理论的基础上，提出一种社会心理学的场域理论——场动力学说。勒温认为，人类心理、行为的发生都在一个此刻的"场"内，即人的心理活动发生于一个心理场中，或是说心理生活空间。他将这种"生活空间"（life space）界定为，个人以及对于个人而言存在的心理环境。

场动力理论关注群体力量与个体发展之间的关系，从群体心理的角度，关注个体的内在需求、行为如何受到外在环境（尤其是群体）的影响。所谓群体，是指由两个或两个以上的个体基于共同目标而形成的集体。这里的"群体"并不是简单的几个人集合而成，而是所有成员有共同目标，并且成员之间互相合作交流，互相支持帮助，共同发展。在教师培训中，群体的形式可以是正式群体（如学校教研组、区域研修组织等），也可以是非正式群体，即教师自行组织的群体，规模也可大可小。所谓动力，即群体成员的整体力量推动个体与群体的共同进步。群体动力有同伴仰慕、权威关系、利群行为、合作、竞争和共生等关系类别，而正是这些关系因素，使得群体具有凝聚力与驱动力。群体凝聚力主要是指团体所有成员认同团体目标与愿景，并且团体与成员之间关系紧密，即团体对成员有一定的吸引力，成员对团体也有一定的依赖性。群体凝聚力作为一种向心力，是群体得以持续发展的重要因素。群体的驱动力是指创造群体积极氛围、发挥群体效应，促进群体与个体共同前行的力量。

综上所述，勒温场动力理论中的"场域"，是将物理学概念引入社会心理学领域后的产物，其重要特征在于主张围绕个体的各种要素与因素之间形成互相依赖。他所提出的个人生活空间，就是个人对所处社会环境的一种认知图式，具有浓厚的结构主义色彩。

（二）布尔迪厄的场域理论

法国学者皮埃尔·布尔迪厄是欧洲社会学界的三大代表人物之一，他提出的"场域"理论是他研究实践社会学的重要理论，属于社会学范畴的重要理论之一。对于"场域"这一概念，布尔迪厄如此定义："域可以视作一个关系网络或者关系架构，其中的关系客观存在于各种不同的位置，而这些位置也是客观存在的。"他部分地借鉴了马克思主义的历史唯物主义、卡西尔的符号互动论的内容，将"场域"视为一个历史与社会的"双重本体

① [美]W.理查德·斯科特：《制度与组织：思想观念、利益偏好与身份认同（第4版）》（姚伟等译），北京，中国人民大学出版社，2020。

性契合"的概念。布尔迪厄认为所有的社会都表现为社会空间，也是差异的结构。人们只有构建了在客观性中建立这些差异的发生原则，才能真正理解这些差异结构[①]。

布尔迪厄的场域理论作为社会学的研究热点，在近二十年的教育领域备受关注，他从场域、资本和惯习（habitus）三者间的相互关系入手揭示了社会实践活动网络结构中的复杂关系和运作动力。布尔迪厄的场域理论从根本上来说是对其自身社会实践观的回应——行动者在哪里实践、用什么实践以及如何实践等与社会实践相联系的基本问题，即行动者的实践空间、实践工具和实践逻辑。

场域理论作为布尔迪厄社会学理论的中心内容，打破了主客观二元对立的思维，从关系性思维出发并借助一些核心概念，即"场域""惯习""资本"等来阐释该理论。这些概念之间并非独立存在的，它们相互联系共同构成了该理论的精华。在场域中，行动的主体是有感情、有意识、有思想的人。每个场域都有其独特的"性情倾向系统"，这被布尔迪厄称作惯习。场域与惯习之间存在本体论的对应关系。场域是具有惯习的场域，惯习是场域的惯习，场域形塑着惯习，惯习成了某个场域固有的必然属性；惯习也有助于把场域建构成一个"充满意义的世界，一个被赋予感觉和价值，值得你去投入、去尽力的世界"[②]。资本（capital）是处于场域之中可以影响其惯习形成的一种权力，场域并不是一种和谐安宁、固定不变的社会空间，而是充满冲突，在其中的行动者都试图增加自己的利益，获得更多资本。

布尔迪厄的场域理论超越了结构主义和建构主义的二元对立，但他并不关注心理和物理的事实，而是更多立足于社会学，从个体的客观社会关系来建构一种独特的场域（指社会关系的空间构型）理论。因此，行动者是场域中的核心要素，场域中资本的性质决定了场域结构的类型，场域与惯习的再生产决定了场域机制发展。教师专业发展作为一项实践活动在本体论、认识论和方法论上与场域理论高度契合[③]。

（三）米德的社会角色理论

"角色"源于戏剧界，意为戏剧中演员扮演的不同人物。20 世纪 20 年代，西方社会学家把角色这一概念应用于社会学研究领域。美国社会学家乔治·赫伯特·米德最早开始研究"角色"理论。他认为，"角色"是个体在自我反思的基础上，通过学习、模仿符合

---

① [美] 戴维·斯沃茨：《文化与权力：布尔迪厄的社会学》（陶东风译），上海，上海译文出版社，2012。
② [法] 皮埃尔·布尔迪厄，华康德：《实践与反思》（李猛，李康译），北京，中央编译出版社，1998。
③ 赵冬梅：《场域理论下教师专业发展机制研究》，上海师范大学博士论文，2017。

角色的行为而发展起来的，即角色扮演的过程。角色扮演没有设定的剧本，文化只能为角色扮演规定大概的范围。帕森斯对"角色"的定义附着于社会地位之上，并将遵照社会规范和履行相应的社会地位的义务作为社会角色。作为社会关系的总和，每个人都会扮演多个社会角色。每个人都要认清自己的社会角色，学习和了解角色规范，顺应角色的期待，履行角色的责任，成功地扮演好自己的社会角色。

社会角色具有角色多样性、社会期待性、职业独特性三个显著特征。角色多样性即作为社会关系总和的个人会扮演多个社会角色，比如，家庭中身为人子、人父、人夫，工作中又有职业角色等。社会期待性即每个人都是社会关系的总和，并工作、生活于社会关系中，所以，社会在其政治文化环境的独特作用下，对每个人的社会角色都会带有该社会属性的期待。职业独特性即每个人因其职业身份不同，社会角色也有不同。例如，医生的社会角色是救死扶伤，教师的社会角色是教书育人，校长的社会角色是办学治校，等等。

促进教师作为教育者和引导者的角色行为水平有助于其自身发展[1]。在教师培训过程中，社会责任感（包括个人能力的成长指向，得到教师与伙伴的认可的、想回应周围人的期待）而产生的目标的动机作用居多。所谓的社会责任感，是指对社会和集体规范与角色期待的一种取向，是维护社会的规则与对角色的期待[2]。社会责任目标会影响受训者的学习目标和学习动机。

（四）社会建构论

社会建构主义强调知识的社会本质，认为知识是个体在参与社会互动的过程中经由学习共同体的交流和协商而建构的。社会建构主义掀起了学习理论领域中关于情境认知和情境学习的研究热潮，发展了三个核心概念：一是"实践共同体"，是指基于合法的身份或真实的任务而形成的一种文化共同体，成员彼此之间致力于以平等的交流和协商方式来参与社会实践。二是"合法性边缘参与"，是相对于完全参与或充分参与而言的，强调参与的多元化和多样性，即或多或少地参与状态，意味着成员能够从最初的边缘参与者逐渐转变为核心成员。三是"认知学徒制"，即专家和新手一起参与实践，在问题解决的情境脉络中，新手通过观察和模仿来学习专家是如何运用思维来解决问题和完成任务的。

激进建构主义从个人的角度出发，认为知识是个人内在建构的，知识是个体在不断体验"经验世界"的过程中，经由反思性抽象的心智运作在个体的心理内部建构而成的，且这一知识又作为实践的结果被进一步运用于个体今后的经验体验之中。知识评判的依据

---

① 汤丰林：《教师培训：理性与实践的核心关注》，北京，北京师范大学出版社，2018。
② 钟启泉：《教学心理十讲》，上海，华东师范大学出版社，2020。

是这一知识是否适应或"适合"个体生存的环境。激进建构主义是在皮亚杰的发生认识论的基础上衍生出来的，与杜威的"经验学习"有着异曲同工之妙。激进建构主义，认为学习是一种主体为了提升自身的适应力和生存力而在自我内部进行的知识建构。建构主义教学方法的重点在于：其一，基于问题解决的知识建构；其二，通过引导学习者去体验快乐才能培养他们持续学习的有效动机，快乐存在于学习者所遇见和所选择的问题解决中；其三，教师的重点在于帮助学习者调整和改变其概念结构，引起其思维的变化。

社会建构论的核心代表人物肯尼斯·格根认为，语言的意义是两个或更多的人共同努力的结果，即教育的核心是合作或对话；语言中的意义产生于情境脉络之中，即关于语言及其指代物之间的关系的约定总是植根于特定的历史之中；语言主要服务于公共功能，即语言的功能不在于反映世界或表达自我，而是确保人们可以在游戏中活动。基于此，格根在对教学实践进行探索性思考后，提出了四种教学法：一是削弱权威，使教师的角色从单一转向多重，从权威转向平等对话；二是激活师生关系；三是在实践中生成意义；四是打破学科界限。由此可见，社会建构论和社会建构主义的根本区别在于，前者在本质上认为学习是一种社会存在的实践活动，后者则认为学习既是一个个体过程，也是一个社会过程，二者是交织在一起的。对此，玻尔·欧尼斯特曾指出，只有当个人建构的主观意义与社会世界"相适应"时，个体才有可能得到发展，因此，发展的主要媒介是通过交互运作导致的意义的社会协商。

综上所述，社会建构论认为，知识是在人们的互动中建构而来的；意义是在关系的对话中创造和演化的；意义既不属于我，也不属于你，而是在我们关系的投入之间自然浮现。在关系的互动中产生知识和意义，就是社会建构论最为核心的观点。

三、培训心理场域的实践样态

结合现实需求和理论分析，我们尝试描摹培训心理场域的实践样态是对话型的共同体。因为，就结构而言，心理场域的存在，有助于身处其中的培训者和参训者进行知识共享、认知共建、情感共鸣和行动共促，即心理场域促成共同体的形成。就过程而言，心理场域的构建，以培训主体和主题为起点，以目的与原则、参与者及其行为、工具选择、基本的过程与结构等流程性要素为驱动，促成对话和学习。

（一）培训心理场域的结构样态：共同体

教师培训的心理场域有其基本的形式和丰富的内容，但其具体的运行仍然需要各种力量的有效支持，尤其需要"人"作为参与主体积极参与治理，以此才能维系"培训心理场域"的形式稳定与核心要素的流动畅通。有研究者提出，教师培训场域的设计需要准确定位多元主体间的平等关系，在由培训的计划导向向市场导向的转变过程中，构筑多元主体良性互动可持续发展的伙伴关系，以教师发展的专业化培育培训场域的自主性，改变教师的"被培训"的惯习①。因此，我们可以从共同体形成的视角切入，细化教师培训心理场域治理系统的运行规则和机制，充分激发治理体系多元主体参与的积极性，形成政策支持系统良好的生态秩序，更好地发挥教师培训流动空间促进教师专业发展的效能。

共同体形成的视角，是对关系性思维的一种生动实践，是从系统的角度关注培训心理场域的构成要素，即合作共享的多方积极参与和深度投入，通过愿景、知识、工具、实践和思维取向等方面的调动，进行知识共享、认知共建、情感共鸣、行动共促的过程展开。教师培训心理场域在共同体成员的关系协调适应和价值选择过程中凝练而成，即在体验场中，以共同行动形塑惯习、积累资本。个体化与群体化关系和惯习的契合，形成价值相对统一，目标契合，行动共频，在关系中形成价值规范和建构，尊重学员日常工作经验和生命成长。而知识共享等四要素以循环状态呈现，其中任一要素，都可以成为此循环圈的起始。

广阔的视野、和谐的人际关系，以及不断探究的意志——这是成长的教师的主要标识，每一个成长的教师所需要的是能够在复杂性和多样性不断增强的教育变革中，互相理解和协作、彼此接纳和依赖的共同体，这种共同体是教师之间形成相互学习关系的共同体。

（二）培训心理场域的过程样态：对话场

对话是人类学习的一种传统，对话的意义在于，彼此提出不同的见解，相互学习、取长补短，借以求得更好的见解。对话有以下几方面作用：第一，拥有自己的思想并且表达自己的思想；第二，倾听他人的见解，并尝试把握它；第三，拥有柔软地变革自己的思维方式的灵活性。所谓的对话，就是在同自己及多样化的他者与现象进行交流，产生差异，共同创造新的智慧与价值，以及在解决问题的过程中构筑起良好的创造性关系，并通过语言与非语言的方式，使得表达活动得以持续、发展与深化。

教师培训作为培养高素质、创新型教师队伍的主要途径之一，在当前培训项目中，仍存在专家主导、影子研修、后期跟踪等环节的僵化与松散问题，使参训教师和培训者之间的对话陷入困境，阻碍教师主体性的形成，进而影响教师培训效果②。友善积极的培训心理场域应当为参训者提供对话场。从教师培训是一种以育人为目的的文化活动的角度来看，研修共同体场域的资本主要是文化资本、专业资本和心理资本。活动的各个要素以及相互间的关系，都是通过对话实现的。培训中的引导者与参与者，通过组织和讲授知识进行互动；

---

① 金礼久，张乐天：《教师培训场域的关系重塑》，载《教育研究与实验》，2016（1）。
② 李孟红，黄遵红，夏海鹰：《从沉默到参与：教师培训主体性的实现》，载《中国成人教育》，2022（17）。

参与者与他人交往的方式是学习知识；管理者则是在组织、控制和评价知识中与他人进行互动。其中主体与主体、主体与资源等的互动都需要一个多维、立体的空间，这个空间就是一个平等、有效的对话场。

（三）培训心理场域的实践样态：对话型的共同体

从上述阐述中，我们不难发现。共同体形成的过程本身蕴含着丰富的对话元素。或者说，从结构与关系的角度剖析培训心理场域的构成，会发现浓厚的共同体建设的色彩，而从形式与内容的角度来分析，则会发现培训心理场域中时刻有着对话的身影。

日本学者佐藤学提出了对话性学习实践。他把学习当作学习者与对象世界的对话（文化实践）、与他人对话（对他实践）、与自己对话（内省实践），这三种对话"三位一体"的实践可以借鉴到对教师的培训过程中。而勒温的场动力理论则更有启发，教师培训不仅仅是个体意义建构的心理过程，更是一种学习共同体成员身份适应的心理过程。因此，尽管教师培训是临时的学习共同体，但有效的培训就是运用团体动力学等社会心理学原理，迅速构建研修共同体的过程。共同体的本质就是参与、分享、对话、叙述、活动。培训过程中，除了专家、组织者与学员的关系，同时也有学伴、同辈的关系，因此社会性协作有助提高学习的有效性。

多元对话强调从"个体独白式"讲述到"交互对话式"学习的转变，在哲学上体现为从重视"主体"发展到推崇"交互主体"力量。从多元对话的"交互主体性"进行分析，主要折射出下述三层意蕴。其一，与实践对话。将培训中的默会型知识转化为研讨资源智慧，进而嵌入并呈现实践对话价值。其二，与他人对话。一切学习皆指向同他人交互的社会性实践。我们强调个体的主观能动性发挥，也承认与他人对话能加深并建构新的意义理解。其三，与自我对话。学习者积极关注自我学习动态、方法、评估的元认知学习才是最高效的[1]。

对话本身是一种有意义的互动和交流。如果教师长期置身于以自己为中心的"中心"时，教师与教师之间就会彼此疏远、内耗，失去教师应有的教育合力，直接导致教师工作的孤独感、被动感和倦怠感。教师专业发展共同体的学习活动，是典型的社会学习活动。这种社会学习，其目的就是为高校教师搭建对话平台，使其直接与同事、资深教授以及校内外专家展开密切的互动和联系。

对话型共同体的场域建构是一个持续的过程，这个过程也是教师实践知识在对话中生

---

[1] 万美晨、童宏保：《转化学习理论下校长培训迁移的实现路径》，载《教育评论》，2023（1）。

成的过程，既有深度又多维立体。前者是指开展立体动态反馈的深度对话，在共同体构建之初就要有明确的任务目标和预期，在过程中要有资深教授和专家引领，加强每个环节的指导和反馈，使得学习中出现的问题能及时解决，也为进一步开展合作交流修正了目标、方向。后者是指通过构建网络平台开展多维立体的对话。信息技术与网络为教师专业发展提供了崭新的沟通平台和多样化的学习资源。共同体成员可充分利用开放的数字化资源，进行在线互动。从场域理论视角来看，这体现的是在多维立体的空间交流与学习丰富多元的学习内容，可以增强学习的趣味性和实效性。

因此，构建对话型的共同体，既关注成人教师个体经验与问题的群体基础，更关注建设共同体和对话的数量与质量，这种尝试必然使得意义深远的教师培训事半功倍——通过建立共识的社会型互动，最终形成稳定的教育学习的成长型互动，为教师专业成长提供关系和自我改变（成长）的场域，助力其职业潜能开发、生涯发展和人生规划。

第二节　参训者心理

参训教师是教师培训场域中的重要核心。理解参训教师在整个培训过程中的学习心理，对促进教师培训场域中的有效互动、提升培训质量具有重要意义。培训全过程包括培训前、培训中和培训后，培训前的参训动机、培训中的学习投入、培训后的迁移转化是教师"要学""乐学"和"善学"的内在心理机制，是参训者在培训中的关键心理过程。

一、教师参训动机

（一）教师参训动机的内涵

培训心理场域中一个重要的动力作用就是教师的参训动机。教师参与培训的意愿、目的和期待会影响参训教师与培训环境的互动，也会影响整个培训氛围的形成。所谓动机，是指激发、引导、维持，并使行为指向特定目的的一种力量。教师参训动机则是激发、引导和维持教师参加专业培训，进行专业学习，以实现自我更新并改善教育教学实践的力量。方向、持久性和强度是动机的三个重要属性。对于教师参训动机，我们可以从动机的方向、持久性和强度这三个方面加以分析。"方向"是指教师为什么要参加培训，追求什么样的目标。"持久性"是指面对困难时能否坚持，是否能保持持续学习的状态。"强度"是指教师对培训有多渴望，参加和完成培训的决心有多坚定。

动机也可被归为内部动机或外部动机。外部动机是指人们从事某项活动的目的是得到可以与活动本身相分离的某种结果，如为了得到奖励或避免惩罚。内部动机是指人们从事某项活动是为了享受活动过程本身，反映的是兴趣、乐趣和内在的满足。如果教师参加培训只是为了获得继续教育学分，或者因为学校制度规定，不参加学习会有相应惩罚，如丧失评优评先的机会，这种参训动机就属于外部动机。如果教师参加培训是因为非常享受学习的过程，享受思维碰撞的乐趣和学习过程中自我提升的喜悦，那么这种动机就是内部动机。教师参加培训的动机是复杂的，有时并不能简单地划分为内部动机或外部动机，而是二者的结合，例如，某教师参加某项专业培训，既是因为对培训主题感兴趣，也希望能获得继续教育学分。

教师是特定的职业群体，教师培训具有与其他职业相区别的特点。当前不断深化的教育教学改革对教师的要求在不断提高，社会也对教师抱有很高的角色期待。教师需要不断学习新的教育教学理念，并落实到自身的教育教学当中，不断提升育人能力，以适应教育改革的要求。这是教师参加培训的重要驱动力。同时，我国有着完备的教师继续教育系统，要求中小幼教师必须全员参加继续教育，并对教师继续教育的类型、机构、方式、时间、保障、管理等问题有明确的规定。对于我国的广大教师而言，教师参加培训不仅有基于自身成长需要生发出的"我要学"的主动求索，也有在政策规章要求下的"要我学"的必须为之，既有内在驱动，也有外部要求。

总的来说，我国教师参加培训的动机主要涉及：（1）提升教育教学效果；（2）提升专业能力和素养；（3）满足个人求知欲和好奇心；（4）与同行交流；（5）获得职业发展的机会；（6）完成上级安排的培训任务；等等。上述动机既包含内部动机，也包含外部动机。

对教师参训动机的相关研究表明，我国教师参加培训的内部动机总体上高于外部动机。一项对中学教师学习动机的调查研究显示，中学教师学习动机的动力来源依次是"结合目前的情况，我还需要学习""解决教学中遇到的困难，提高教学质量""为了满足学生的发展"等。在"为了完成学校布置的培训任务""为了晋级加薪、评职称或提升就业能力"等外部动力源上的得分排序相对靠后。[1]对小学和幼儿园教师的学习动机的调查得到了类似的结果，小学教师和幼儿园教师有较为强烈的内部动机，希望通过学习不断提升自我，但仍然以完成学校或上级规定的学习任务为主，还没有转化成自主学习的常态。[2][3]

---

[1] 刘瑞：《西安市中学教师学习现状调查研究》，硕士学位论文，陕西师范大学，2014。
[2] 容珍：《幼儿园教师学习现状的调查研究》，硕士学位论文，河北师范大学，2019。
[3] 李杏丽：《小学教师学习动机问题研究——以吉林省为例》，硕士学位论文，东北师范大学，2013 年。

（二）调动教师的参训动机

教师参加培训是教师基于自我专业发展和外部环境的需要，参加专业培训，不断更新自我并改善教学实践的过程。教师是成人学习者，教师学习具有成人学习的一般特点。美国著名成人教育家诺尔斯提出的成人学习理论认为，（1）随着个体的成熟，成人的自我概念逐渐从一个依赖的人转向一个自我导向的人。（2）成人积累了许多经验，它们是学习的丰富资源。（3）成人的学习准备度是与其自身社会角色的发展任务紧密相关的。（4）随着个体的成熟，个体的时间观会发生变化，从知识的未来应用转向立即应用。因此，成人学习更多的就是一种问题中心的学习而不是学科中心的学习。（5）成人更多的是受到内在因素而非外在因素的驱动学习。[1]参加专业培训的教师具有上述五个特点，他们的学习是基于现实需求和自身经验、寻求问题解决、自我导向的学习。教师培训要符合成人学习的特点，才能调动教师的参训动机，使教师带着渴望、热情和期待参加培训，这需要从教师主体、培训设计和组织支持等多个层面共同着手。

在教师主体层面，要增强教师的职业认同感和使命感。教师职业认同是教师对其职业及内化的职业角色的积极认知、体验和行为倾向的综合体现，是教师对教师职业的积极态度和奉献感。当认同教师职业对于社会和个人的意义，热爱教育事业，发自内心地关心学生的成长和发展时，教师就能自觉地将外在要求转化为内生需要，主动追求发展，积极参加专业培训。

在培训设计层面，要在培训的内容和方式上符合成人学习的需要。在培训内容上，要了解教师当前所面临的挑战和困难，根据教师的需要和兴趣，定制培训内容以符合教师的工作需要，满足教师的求知欲和好奇心；要清晰传达培训的价值，说明培训将如何解决他们的问题、提升他们的教学能力、促进他们的职业发展和个人成长。在培训方式上，要提供充分的经验交流与分享的机会，让教师能够与培训者和同行进行互动、分享和碰撞；要提供观摩和实践机会，让教师能亲自体验和见证问题解决的效果。

在组织支持层面，学校要为教师提供培训制度、培训时间、培训机会以及文化氛围等方面的支持。在学习制度方面，学校要建立和完善教师学习制度，立足不同教龄与职务的教师差异，制定梯度化、差异性、可持续的教师学习机制，激励教师保持终身学习。在培训时间方面，工学矛盾是教师参加培训最常见的阻碍之一。在一项对中小学教师的调查中，

---

[1] ［美］雪伦·B·梅里安，罗斯玛丽·S·凯弗瑞拉：《成人学习的综合研究与实践指导（第2版）》（黄健、张永、魏光丽译），北京，中国人民大学出版社，2011。

超过 80% 的教师认为影响自己参加培训的最主要因素是"工作太忙"。该研究显示，参与调查的教师平均每周工作时间远超 40 小时。①减轻教师负担，为教师参加培训提供时间保障，是调动教师参训动机的重要手段。在培训机会上，为教师提供多样化的培训机会和学习资源，让教师可以自主选择。在文化氛围上，建设学习型组织，创设人人都在学、人人都爱学的文化氛围，激发教师参加培训的内在动力。

二、教师学习投入

（一）教师学习投入的内涵

教师学习投入是由"学习投入"的概念引申而来。"学习投入"是指学习者在学习时的身心投入状态。学者们大多从认知、情感、行为这三个维度来定义学习投入。认知投入指学习者在学习时使用的认知策略和心理资源的高度卷入；情感投入是指学习者对学习任务或他人（如教师和同学）的积极情感反应；行为投入是指学习者对学习活动的高度卷入。②还有学者在此基础上增加了第四个维度——社会投入，即学习者与同伴之间与学习内容有关的日常交流③。

我们将教师在培训中的学习投入定义为教师在参加专业培训中的积极态度和积极努力。这种积极的态度努力表现在：（1）积极主动参与。教师积极主动地参与培训活动。他们愿意主动报名参加培训课程，积极参与讨论和互动。他们愿意不断学习和提升自己的专业知识和教育技能，以更好地满足学生的需求和提高自己的教学水平。（2）开放接受新观念和方法。教师展现自信和积极态度的另一种表现是接受新的教育观念和教学方法。他们对新的理论、研究成果和教育趋势持有积极态度，愿意尝试和应用新的教学策略和技术，以提升自己的教学效果和学生的学习体验。（3）敢于冒险和试错。拥有自信和积极态度的教师敢于冒险尝试新的教学方法和活动。他们愿意探索创新教学方式，勇于面对挑战和困难，并从中吸取经验教训，不断改进自己的教学实践。（4）积极表达观点和想法。积极投入的教师会更加自信地表达自己的观点和想法。他们愿意在讨论和交流中积极发言，分享自己的教学经验和见解，并能够清晰、有条理地表达自己的观点，并与其他教师进行积极的讨论。

---

① 汤丰林：《中小学教师学习研究：现状与对策——基于北京市 1066 位教师的调查数据》，载《北京教育学院学报》，2021（5）。

② J. A. Fredricks, P. C. Blemenfeld & A. H. Paris, School Engagement: Potential of Concept, State of the Evidence. Review of Educational Research, 2004（1）.

③ S. E. Rimm-Kaufman, A. E. Baroody & R. A. A. Larsen, et al. To What Extent do Teacher-student Interaction Quality and Student Gender Contribute to Fifth Graders' Engagement in Mathematics Learning? Journal of Educational Psychology, 2015（1）.

在内容维度上，教师学习投入包含四个维度：行为投入、认知投入、情感投入和社会投入。行为投入是教师参加培训的时间精力投入、学习活动中的积极参与以及转化为教育教学实践的行动。认知投入是指教师在进行培训学习时的认知资源的投入，包括：专注、积极思考和认知策略的运用等。情感投入是指教师对培训学习的饱满的热情。社会投入是指教师与同事、领导之间关于培训学习的日常交流。

教师培训的学习投入与参训动机密切相关。当教师出于内部动机学习时，会更加沉浸在学习中，认知、情感、行动和社会投入更深，更享受培训学习的过程，能体验到愉悦感和幸福感。这时，教师的学习不再是为应对外界要求而为之，不再是工具性的，而是与他们的自我融为一体。

（二）促进教师在培训中的学习投入

如何促进教师在参加培训的过程中有更积极的学习投入？自我决定理论为学习投入的促进提供了理论框架。自我决定理论是美国心理学家德西和莱恩提出的综合性的动机理论。该理论提出，人类有三种基本的心理需要：自主的需要、胜任的需要和关系的需要。[①]自主的需要是指人们需要感到自己的行为是自愿的，有选择的，而不是被控制的。如果一个人做某件事是为了获得某种奖励或避免惩罚，那他的行为是被外在的奖励和惩罚所控制的，不是自主的。胜任的需要是指对环境施加影响的效能感的需要。人在与世界交互的过程中，需要感到自己是有能力的，是能够应对世界的交互的。关系的需要主要是指被他人所接纳、与他人相联系的需要，是爱与被爱、关怀与被关怀的需要。自我决定理论认为，人们从事某种活动的动机与活动过程中的基本心理需要的满足密切相关。如果人们在从事活动的过程中，他们的自主、胜任、关系这三种需要都得到了充分满足，他们就会发展出内在的行为动机，他们完全愿意做他们所做的事情，并且带着兴趣和决心沉浸在做事的过程中。教师在参加培训的过程中，如果感到自己是自主的、是能够胜任学习任务的、与团队中的其他人建立了积极的关系，教师就会积极地投入到培训学习当中。

根据自我决定理论，要促进教师在培训中的学习投入，需要在设计和实施教师培训项目时，充分考虑参训教师的基本心理需要，为参训教师的自主、胜任、关系这三种心理需要的满足提供支持性的环境。

1. 支持参训教师的自主需要

作为多年从事教师教育的工作者，我们发现，当询问教师"参加学习是否重要"时，教师基本都能认识到学习的重要价值。但是当实际参加教师学习项目的时候，很多教师又

① E. L. Deci & R. M.Ryan, The "What" and "Why" of Goal Pursuits: Human Need and the Self-Determination of Behavior. Psychological Inquiry, 2000（7）.

是抱着外部动机来的。这是因为教师在学习过程中的基本心理需要，尤其是自主的需要没有被满足。例如，有些教师并不是主动报名参加培训，而是因为学校安排，不得不来学习。这种情况下，教师在学习中的主动性和投入都不够。因此，要先给教师自主选择培训的空间。这同时也意味着教师培训项目的内容设计要密切贴合教师教学工作的现状和需求，使学习内容能够引领和满足教师的发展需要，让教师愿意且主动地参加学习。

可以让参训教师参与到确定学习目标、学习内容和评估方式的过程中来。支持参训教师自主参与目标制定，如此可以制定出参训教师致力于实现的最佳目标，因为他们自己在制定目标和内容的过程中扮演了积极的角色，他们就更能够为自己的学习承担起责任。这将增强他们实现目标的动机。参训教师也可以参与评估自己的学习。没有人比学习者自己更清楚他们学得怎么样。最理想的评估就是人们根据自己设定并致力于达到的标准来评估自己的表现。

2. 支持参训教师的胜任需要

当教师在参加培训的过程中体验到胜任感，就会以更大的热情投入到培训学习当中。支持参训教师的胜任需要，使参训教师体验到成就感和更强的自我效能感，是激发教师内在学习动机的重要途径。

胜任感与任务的挑战性和学习者的技能有关。心流理论认为，当人们的技能低而任务的挑战性高的时候，人们往往会感到焦虑；当人们的技能高而任务的挑战性低的时候，人们往往会感到厌倦或无聊。只有当技能与挑战性匹配得当的时候，人们才会体验到心流，那是一种全身心投入的忘我的状态。[1]因此，要想使教师在培训中体验成就感，学习任务的设计和教师的实践转化就显得非常重要。具有挑战性且具有真实意义的任务能促使学习者投入到任务当中，在完成任务的过程中获得胜任感。

将学习进行实践转化也非常重要。胜任感不仅来自在学习中的所得与所悟，而且来自运用所学解决了实际的问题，感到自己的能力获得了真正的提升。因此，在设计教师学习项目时，要提供教育实践的机会，跟进参训教师的行动转化过程，并给予指导，让参训教师感到通过自己的学习和行动获得了有意义的结果，得到了能力上的提升，收获胜任感。

胜任感还与积极反馈有关，反馈是获得心流体验的重要条件。在教师学习过程中，关注参训教师的点滴成长，给予积极反馈；参训教师之间相互给予积极反馈；让参训教师评估自己的点滴进步，进行自我激励，这些都是提高参训教师胜任感的有效途径。

① M. Csikszentmihalyi & J. Lefevre, Optimal Experience in Work and Leisure. Journal of Personality and Social Psychology, 1989（5）.

3. 支持参训教师的关系需要

培训的学习环境如果能让参训者与他人建立真诚的情感联结,感到自己被尊重、被倾听、被欣赏、被关心,形成对学习共同体的归属感,那么参训教师就更愿意在这个共同体内学习,更享受学习的过程。在培训中营造平等交流、认真倾听、相互尊重、彼此欣赏、互相支持的学习氛围,是对参训教师的关系需要的重要支持。关心参训者的感受,鼓励他们表达,允许他们犯错。当感受到学习的场域是安全的、包容的,参训教师更能够表达内心的真实想法,也更有可能得到他人的情感回应,更能够建立与他人的紧密联结。

自主支持也会影响关系需要的满足。鼓励参训教师为学习共同体内的决策提供建设性的建议,主动贡献想法、资源和服务,能够促进参训者产生对学习共同体的归属感,使其感到更自由、更舒服。

三、教师培训迁移

（一）教师培训迁移的内涵

教师培训是为了提升教师的专业素质和教育教学能力,然而教师对培训中所学的理论、知识和技能的迁移应用不足的现象一直普遍存在。教师培训的迁移是教师培训的目标追求,也是衡量教师培训质量的重要指标。

教师培训迁移是从"学习迁移"的概念而来。学习迁移是一种情境中技能、知识和理解的获得或态度的形成对另一种情境中的技能、知识和理解的获得或态度的形成的影响。[1]基于学习迁移的概念,我们认为,教师培训迁移是在教师将培训中学习到的知识技能进行吸收、重组和整合,促进新旧知识经验的融合概括和系统化,并在教育教学中进行反思性实践,进而转化为教育教学能力的过程。

（二）促进教师培训迁移

促进教师培训迁移是提升教师培训质量的重要切口。转化学习理论为设计教师培训项目、促进教师培训迁移提供了指导框架。转化学习理论由美国成人教育学家麦基罗提出,也被称作质变学习或者嬗变学习。转化学习是成人对预先设定的看法进行重构的过程。它作为一种新的学习方式,是指成人的已有经验与环境发生冲突使个体陷入困境后,首先引发个体自我批判性反思和团体理性对话,然后个体对潜在认知体系中的观念、思维和行为等进行修正和重新整合,最后个体通过具体实践塑造出全新的认知观念和行为方式,促进成人自身进一步发展的过程。麦基罗提出,转化学习包含三个环节:

---

[1] 陈琦、刘儒德:《当代教育心理学（第2版）》,北京,北京师范大学出版社,2007。

对自身假设进行批判性反思、理性交谈以验证通过批判性反思所获见解，最后付诸行动[1]。

根据转化学习理论，教师培训要促进教师的学习转化和迁移，需要引发参训教师的批判性反思、理性交谈和付诸行动。

1. 批判性反思

转化学习理论认为，转化学习的过程扎根于生活经验。所有人都需要理解自身经验，理解各种生活事件。为了理解经验，我们首先运用惯常的思考方式，当惯常的思考方式不奏效时，就为观点的转变和学习的发生提供了可能。个体要对曾经影响经验解释的假设和信念进行批判性的自我反省，这会促使其修正关于自身和他人的一些特定假设，直至这些假设的结构发生质变。这就是麦基罗所说的批判性反思。

为有效激发学习者的批判性反思和理性论述，麦基罗提倡运用多样化的学习方式激发成人的转化学习，这些学习方式包括日记写作、隐喻、生活历史探索、学习契约、小组计划、角色扮演、案例分析以及利用文献来激发临界知觉等。教师培训要创设有利于参训教师反思的情境，激发和引导参训教师在理论指导下对教育教学问题和自身的一些做法进行质疑和批判，帮助教师形成新的认识和理解，发生理念和观点的转变。

2. 理性交谈

批判性反思要通过理性交谈进行检试和验证。理性交谈就是通过人与人之间的交谈，使自己和他人的思想观点发生碰撞，在碰撞的过程中使成人能够更好地区分、辨别、渗透与整合已有的经验，从而形成新的认识和理解，推动和促进观点的升华。理性交谈的目的是促进独立思考，发展自主性思维。教师培训要创设积极交流的学习文化氛围，促进参训教师与培训者之间、参训教师相互之间的理性对话和交流，鼓励参训教师共同研究解决实践中遇到的难题，交流自己的批判性反思，在理性交谈中形成新的理解。通过批判性反思和理性交谈，参训教师能将培训所学的理论与自身的经验进行融合，将零散的、具象的知识经验进行理性的提炼升华，形成概括化的知识和原理。学习迁移的研究发现，原理概括得越好，在新情境中的学习迁移越好。[1]

3. 付诸行动

批判性反思和理性交谈之后就是付诸行动，这是转化学习的不可或缺的环节，也是学习迁移的重要体现。要促进教师培训迁移，教师培训项目设计要强化应用驱动和实践导向，为参训教师提供付诸行动的情境和机会，开展项目式、任务式、体验式培训，并提供持续

---

[1] [美]雪伦·B·梅里安、罗斯玛丽·S·凯弗瑞拉：《成人学习的综合研究与实践指导》（第2版）（黄健、张永、魏光丽译），北京，中国人民大学出版社，2011。

性的行动指导。不仅要关注参训教师在培训期间的行动转化，还要关注参训教师在培训后的实践应用，探索训后跟踪指导的机制。教师培训的行动转化除了受教师自身的迁移动机、知识、能力的影响外，还受到学校文化氛围、资源条件、制度保障等多方面的影响，需要培训单位、学校、政府共同作出努力。

第三节　培训者心理

教师培训者从事的是教师职后的教育教学工作，而职后教育工作与常规教育有很明显的差异。普通在校生主要进行理论知识的学习，注重理解和记忆；而教师培训则是在教师工作中进行的，以解决实际问题为目标。教师培训者需要面对参加培训的教师的现实诉求，满足其对最新教育理论和前沿进展的学习需求，以引领教学改革并提升教学水平。教师培训者承担着多重任务，不仅要进行教学授课，还需要进行培训项目开发、设计、管理、实施和监督，并负责培训绩效评估审核工作。他们兼具教学者、项目设计者、项目管理者和研究者等不同角色，这些角色会随着时间和情境的变化而进行动态转换。由于教师培训工作与传统教学有所不同，同时教师培训者承担着多重任务和角色转换，因此对培训者的心理素质提出了不同要求。本节综合前人的研究，从培训者的心智结构、角色认知与期待以及胜任素质三方面对教师培训者的心理特征进行描摹。

一、培训者的心智结构

教师培训者不但承担着普通教师的教学职能，还需要了解在职教师的工作需要，根据实际情况提供多层次的需要，同时还需要研究最新的教育前沿主题，了解教育的国家政策，走在教学改革的最前沿，引领基础教育的发展。此外，由于教师培训者在实施项目时，要与教师学员打交道，所以应深知成人学习者有其独特的身心特点，并且还要负责培训项目的全过程管理。要顺利地完成这些工作任务，教师培训者的心智结构要有其特点。

（一）前瞻又创新的教育意识

要成为一个好的培训者，需要具备前瞻的教育意识，即对未来的教育趋势有所了解。因为所有的继续教育都是为了在未来创造更好的发展机遇。作为一个培训者，必须具备强烈的未来意识，以便能够提供创造性和新颖性的教育，这是继续教育的本质。此外，培训者还需要具备创新意识，包括创新的教学观念、目标、手段和模式等。总之，培训者的主导教育意识形态应该是前瞻和创新的意识。

（二）专业且综合的教育智能

教师培训的受教育对象是其他的教师和校长，这些人具有高度的智能特点和高层次性质，所以教师培训者必须掌握他们所教授的课程和专题，并成为该领域的专家。此外，在今天课程整合趋势占主导地位的情况下，培训者不仅要精通本专业领域的高度专业化的知识和技能，还要具备与该专业相关的知识和技能，这些基础的智能与专业智能相融合，形成综合性的教育智能，从而提高教育适应能力、教育应变能力和教育创造能力。

（三）乐观和健康的教育心理

研究表明，教师培训者的心理健康水平与教育教学指导态度和人际关系直接相关，并直接影响到教师培训者能否保持最佳状态以及他们对教师学员的影响力。因此，心理健康对教师培训者来说是非常重要的。教师培训有"四高"的特点：培训目标的规格高，课程内容水平高，教学过程要求高，受教育对象智商高。要完成一个高水平的培训项目，对教师培训者的心理健康水平的要求也必然高。一般来说，一名优秀的培训者心理健康水平表现为高度的适应性，包括良好的认知适应、乐观的情绪适应和友好的人际适应。

在认知适应方面，一名心理健康的教师培训者能够正确认知教育环境和教育对象，能够根据客观情况开展适切的培训，同时具有正确的荣辱感、事业感和责任感，能够在培训中正确地传达信息、评价学员，以及辩证地认识各种问题，并采取切实可行的方法处理。在情绪适应方面，一名心理健康的教师培训者能够保持心胸开朗、情绪稳定，由于教师培训的教育内容新颖，教育对象成熟，教学计划实施与教师的工作计划要相协调，因此会遇到不少困难和矛盾。这就需要教师培训者能以稳定的情绪、平和的心态、成熟的方式来妥善处理这些困难和矛盾，保证培训项目的顺利实施。此外，友好的人际适应对于教师培训者来说也非常重要，培训过程是培训师和参训教师广泛人际互动的过程，更需要通过协商和建立良好的人际关系来实施培训。因此，一名心理健康的教师培训者需要正确对待教育中各种人际关系，并和大多数人建立良好的人际关系，才能保证良好的项目运行和培训效果。

（四）独立思考与合作交流的行为倾向

对于教师培训者来说，由于要引领教师发展，提升教学水平，因此，他们需要永远站在学习的最前沿。因此，对于一名培训者来说，乐学、爱学、好学是重要的心理品质，此外还需要在学习之时保持独立思考的思维品质。对于一名教师培训者而言，对其独立思考的要求，在强度、程度、频度和广度方面均超过其他教育类型的教师。

此外，教师培训者还需具备与他人交流协作的能力。由于教师教育是一种教师群体心理整合工程，具有协作性特点，所以交流合作也是培训者的共同行为倾向。培训者需要尊重学员的主体地位，充分调动学员学习的内驱力，建立新型的教学关系，在培训中使得培训各方有充分的机会进行交流合作，通过交流合作达成良好的培训效果。教师培训者的交流合作能力体现在以下几个方面。

第一，和参训学员建立平等的人际关系，包括人格平等、角色平等和心理平等。这样的人际关系是平等的、对话式的、民主的、开放的，使得培训各方在合作交流时有足够安全的心理空间。第二，尽量为培训者和参训学员设置多重的角色。在培训过程中培训者是教师、组织者、促进者、资源库和服务者，而学员则是学习者、设计者、参与者和讲授者。这种多重的角色可以促进教学相长，推动学员个性的充分发展，可以为学员搭建更为宽阔的平台，为交流合作提供更加多维的交流角度。第三，多展开与参训学员的互动。培训者需要不断丰富和更新自己的认知结构，在面对培训问题和教育实践问题时，通过研讨式、体验式和对话式的教学方法与参训学员互动和对话，为交流合作提供更加广泛的交流机会。

一名成熟而优秀的教师培训者需要具有前瞻又创新的教育意识、专业且综合的教育智能、乐观和健康的教育心理、独立思考与合作交流的行为倾向，形成适应培训工作的良好心智结构，才能顺利开展教师培训工作，提高培训实施的效果。

二、培训者的角色认知与期待

（一）角色的内涵

1. 角色理论

"角色"原指演员在舞台上按照剧本规定扮演的特定人物。20世纪20年代，美国社会心理学家乔治·米德将角色一词引入社会心理学，用来解释个体在社会舞台上的身份和行为。一般来说，角色指的是处于特定社会地位的个体，根据社会的客观期望，通过个体自身的主观能力来适应社会并表现出特定的行为模式。[1]这既包括社会和他人对于占有一定社会地位者的行为期待，也包括占有一定社会地位的个体对于自己应有行为的认识。

因此在社会心理学的范畴中，角色理论包含着两层意思：一是指个体对自己社会角色的认知，即角色认知；二是指社会对某个社会角色的期待，即角色期待。

2. 角色认知

角色认知主要指个体对于自己扮演的角色规范和他人扮演的角色规范的认知，以及对于角色扮演是否有适当的判断。有人认为，角色认知还涵盖了个体在特定社会关系中对于自己所扮演的角色的认识、态度和情感的总和。[2]个体是否能够准确地认知角色，决定了他们能否更好地扮演自己所拥有的角色。角色认知包括对于个体自身地位的认识，应履行的角色义务和职责的认识，所扮演的角色行为模式的认识，以及对于个体所扮演的角色应具有的风格等方面的认识。[3]

---

① 周晓虹：《现代社会心理学》，上海，上海人民出版社,1997。
②③ 寇文青：《初中生父母亲父母角色认知情况及其分类特点——以河南濮阳市为例》，曲阜师范大学，2008。

3. 角色期待

角色期待，又称角色期望，是指社会团体中的成员或社会规范对个体获得某种社会角色后应该表现出特定行为的期望。这里的社会成员既包括他人，也包括自己，期待的角色行为包括一系列具体的行为要求或要求个体如何扮演社会角色的心理倾向。[①]个体形成社会角色期待的行为需经历三个阶段，一是形成对社会期望角色的正确认知，二是习得对社会期望角色的行为能力，三是在适宜情境下表现和发展社会期待的角色行为。

（二）教师培训者的角色

教师培训者的角色认知和角色期待也同样影响着教师培训者社会角色扮演行为。社会对一名教师培训者的社会角色所规定的一整套权利、义务和行为模式的期待，以及个体对这一社会角色期待的角色知觉影响着一名教师培训者能否成为一名合格乃至优秀的教师培训者。

教师培训者是教师的教师，他们是现代社会精细分工中发展出的一种社会角色，在现代社会发展中拥有相应的社会角色，发挥着重要的社会职能。在教师培训者履行职责的过程中，社会也会赋予教师培训者这一社会角色相应的权利，规定应承担的义务。而每个教师培训者个体也会根据其自身的知识和经验去理解和领悟社会赋予这一角色的相应的权利、义务和特定行为模式，并进行相应的行为和实践。教师培训者的角色不仅受政府和教育行政部门规定的社会规范的影响，更受到教师培训者个人的素养和能力水平的影响。

社会对教师培训者的角色期待以及教师培训者对自身角色的认知不仅会影响个体在工作岗位上的行为表现，而且会带来教学策略和教学态度的改变，从而在很大程度上对所培训的教师发生影响。这种影响包括，什么样的教师是有能力的教师，什么样的教学观念是科学合理的，什么样的教学行为是育人树人的，这一切都会影响最终的培训效果。

（三）教师培训者的角色特征

现代社会的教师培训者必须适应社会和教育现代化的发展。所有的教育教学实践活动，其最终目标都是促进学生的发展，因此，教师培训者的社会角色也应以学生的发展为导向，以学生发展需求为基础对教师进行培养。随着社会的多元发展，多样化的人才需求不可避免。作为教师培训者，要适应多元社会对多样化人才的需求，其社会角色所规定的权利、义务和行为必然是多重的，融合了不同的角色。在不同的培训情境和面对不同的学员时，他们能够选择最适合的角色，并发挥该角色的作用。

---

① 毛汉忠：《教师角色的自我认知与相关群体对教师角色期望的比较研究——以酒泉市城区小学教师为例》，西北师范大学，2005。

1. 教师培训者是教师专业引领者和教学实践者

教师培训者的工作对象是一线的教师和基层的学校，工作内容是开展提升教师专业发展水平的教师培训，开展有利于提升教学水平的教学研究，而无论是教师培训的实施还是教育科学研究，都离不开丰富多彩的教育生活世界作支撑：培训需求的确立要建立在一线教师教育教学的现实困境之上，培训内容的开发是针对受训教师的教育教学实践需要，培训理念的实施更要体现在教师的教育实践中，培训的成效也需要通过教师的专业发展来验证。要达到这一要求需要教师具有深厚的教育理论根基，高超的教学实践能力，以及将教育理论与教学实践相结合的能力。

因此，一名教师培训者毫无疑问首先应当是教师专业发展的引领者，将培训的本质聚焦于育人，以促进教师个人的专业发展。一名教师专业发展的引领者应具备教育学、教学法的专业理论知识。[①]其一是关于所培训学科基础和前沿的专业理论知识；其二是关于教育对象、教学内容和方法以及教学效果评估的教育学、心理学的专业知识；其三是广博的科学文化知识。教师培训者掌握所培训学科的专业理论知识，是学科培训工作的前提；广博的科学文化知识可以陶冶教师培训者的人文精神、涵养其人文素质，有助于提升教师培训者的综合素质。一名教师培训者具有上述知识，在培训中才能旁征博引、妙趣横生，才能更好地完成培训项目，成为参训教师专业发展的引领者。

此外，教师培训者还应当是一名教学实践者。由于作为一名教师培训者，最重要的培训内容是指导一线教师和基层学校开展教学实践，因此，一名教师培训者还应具有丰富的实践经验。基层学校面临着校本管理、校本培训等诸多难题，都等待着培训者进行现场指导。这就要求培训者身体力行，定期深入基层进行教育教学理论指导和实践指导，帮助基层学校制定校本培训制度，指导其实施校本培训，解除培训过程中存在的疑惑，和学校领导教师共同探讨教育教学问题的解决策略，为基层学校的发展提供专业建议和指导服务。从而也为我国的基础教育质量提升出谋划策，引领教师的专业发展，实现自己的职业价值。

此外，由波斯纳提出的教师成长公式——"发展＝经验＋反思"可以看出，教师专业发展成长的规律，即一个成熟的教师所必备的各种知识技能绝大部分来自工作后的经历。因此，一名教师培训者，除了拥有相关的专业知识之外，还必须是一名践行者，即拥有丰富的一线教学经验，至少要深入基层教学第一线调研，熟悉一线教师的教育教学实际情况，明确一线教师教学的困境和实际学习需求，掌握丰富生动的教学案例。教师培训者还应将自己的理论知识应用于实践层面，在经验中反思，在反思中成长，成为一名理论与实践兼备、

---

① 马艳艳：《教师培训者任职资格标准探究》，河南大学，2011。

能应用理论解决实践问题、引领实践发展、具有丰富实践经验的教学专家。

对于受训教师来说，接受新的教育理念、教育思想并不困难，难的是如何将先进的教育教学理念融入自身的教育教学实践中，促进自身实践智慧的生长，促进自身专业发展。这就需要培训者将先进的教育理念、教育理论和一线教师自身的教育教学实践结合起来，能够给教师提供切实可行的实践指导，帮助受训教师将新理念落实在课堂教学等教育实践之中，才能使培训内容走进受训教师的内心深处，为受训教师所接纳。

2. 教师培训者是项目设计者和培训的实施者

一名教师培训者所实施的是教师培训项目，首先要具备设计教师培训项目的能力，具有设计教师培训项目的相应行为。培训项目的设计行为包括科学合理地安排培训中的各要素，以专业性、针对性和有效性的原则来规范项目设计过程。具体而言，项目设计过程包括：第一，成立项目培训团队，研究讨论并制定培训方案。整个设计过程以课程设计为核心展开。第二，确定培训对象，并根据其知识结构、年龄结构、培训层次和培训类型等因素进行分类分析。第三，确定培训主题，根据培训需求分析的结果来确立鲜明、简要的主题，以满足培训需求，并量身定制给参训学员。第四，设定目标，分层递进地制定具体目标，包括总体目标和具体目标，以便在培训的每个阶段都有参考依据。第五，搭建框架，建立课程整体框架，可以采用模块分割、层次分明的方式，设计选修和必修课程，采用线上和线下的混合式培训模式。第六，设计培训细节，精心体现细节，例如，设计课堂讨论、案例分析、模拟游戏、角色扮演等多种教学方式，调动学习者的各种感官，为学员创设饶有趣味的学习环境，等等。最后，通过总结和反思体验练习的过程，对培训项目进行调整，从而完善培训设计。

一名教师培训者不仅要会设计培训项目，还需要实施培训项目，要对培训项目进行全过程管理，包括培训需求诊断、培训课程、教材开发、组织管理能力、培训效果评估等。教师培训者除了要负责实施培训，还需要对培训课程进行全过程管理，包括培训需求诊断、培训课程、教材开发、组织管理能力、培训效果评估等，因此，教师培训者还需要具备培训管理的能力。

教师培训者需要全程主持和参与"调研—建构—开发—实施"的培训全过程，运用专业知识整合培训需求和培训资源，确定培训内容，开发培训课程，并在实施的过程中不断修改、调整、完善培训课程。因此，教师培训者需要诊断教师需求、制订培训计划、开发培训课程、管理培训过程、协调培训资源、评估培训效果，这需要教师培训者具有现代管理思想和项目管理能力。培训管理流程包括：首先，深入受训教师中，了解教师需求，诊断教师实践痛点，提炼教师的培训需求；然后，根据培训需求，制订培训计划，开发出适合本地区各级各类教师需要的培训课程，例如，适应一线教师迫切需要的、架设于理论与实践之间的桥梁课程，有助于提高中小学教师教育科学研究能力和专业发展能力的研究性课程，现代教育技术培训课程，教师教育的地方性课程和校本课程，等等；此外，在培训过程中，还要对受训教师进行学习监控，及时把握他们的学习动态，掌握不断变化的实际情况，及时调整培训计划，更新培训内容，转变培训模式，创设适宜中小学教师综合发展、自主发展、终身发展的文化环境和学习条件；再次，教师培训者还要善于与学员、同事以及相关教育管理机构进行合作交流，充分利用周边的教育资源，为受训教师提供尽可能多的培训资源，方便他们的学习；最后，教师培训者在培训项目实施结束后，还需要走近受训教师，综合运用访谈和调查以及测试等，评估培训效果，获得培训反馈，为下一步培训改进提供有效信息。

3. 教师培训者是教育研究者和项目评价者

教师培训者是教育教学的研究者，即教师不仅要成为具有高超教学实践能力的培训者，他还需要对教育教学中的相关主题开展研究。结合实际教学所开展的研究是最贴近教学的，也是参训教师最感兴趣的。成人学习的一个重要特点是为了解决实际的问题，教师培训者对这些实践中的问题进行研究，可以有效地澄清教师教学的困惑，解决教师的实际问题，引发教师参与培训的动机，提升培训效果。因此，一名优秀的教师培训者还必须是一名教育研究者。

教师培训者开展教育教学科研，不仅能形成对教学实践问题的认识和寻得解决之道，同时对于教师培训者的专业发展具有重要的助推作用。教师培训者的教育教学科研不仅有助于培训者总结经验、进行理性思考，产生新的、更先进的教育理念和教育思想，更重要的是还能提高培训者的学术水平和技术能力，推动培训改革，促进培训质量的提升和创新。

一名具有教育研究者行为的教师培训者其教学水平才能适应现代社会发展方向，建立在科研基础之上的教学才能更加坚实、底蕴更加丰厚，才能为培训教育注入持续不断的活力，使培训教学更具吸引力。因此，要成为一名合格、优秀的"教学科研型"培训者，既有"教学"素养又有"科研"水平，已经成为教师培训事业的客观要求，也是"研训一体"特征的显著标志。坚持"教学科研型"发展路径，探索成为"研训一体"特征的综合型教师，对于教师培训者来说是必然选择。

作为一名教学研究者，其相应的角色行为包括在教师培训的实践过程中，将遇到的各种教学、培训策划和管理问题进行整理和梳理，并结合最新的理论研究将这些问题提炼成教学研究的课题，经过科学研究得出创新性的成果。此外，教师培训者可以将这些成果应用到新的培训活动中，以提升培训质量。

教师培训者同时还应是一名培训评价者。教师培训者在评价驱动下才会进一步成长，实现社会对一名优秀教师培训者的社会角色期待。首先，他们要评价自己的培训项目，以约束和管理教师培训者自身的发展；其次，他们还要评价参培学员，以确保培训效果。为此，需要建立独立的第三方评价团队，禁止培训者对自己的培训项目进行评价，以保障评价的公平性和公正性。最后，培训评价应贯穿于整个培训过程中，包括培训设计、培训过程和培训效果的全过程评价，这有助于促进培训项目的科学性和合理性，为下一次培训项目的设计奠定科学基础。

4. 教师培训者是终身学习者

对教师培训者来说，未来教育需贯穿人生各个阶段，以应对知识总量急剧增加和科技迅速发展的挑战。21世纪的教师应具备终身学习的执着精神，不断完善知识结构、更新内涵，以最大限度开发生命潜能。

由于培训者需要促进教学水平的提升，引领教师专业的发展，这就需要教师培训者们跟上改革创新和学科领域发展的步伐，不断吸纳新的教育理念、更新知识和教育技术，要求教师培训者是一名终身学习者。

成为一名终身学习者，教师培训者必须不断了解新课程改革的理念，并通过学习、吸收、消化，将其内化为自己的实践知识，以实现培训的前瞻性和有效性。同时，成为一名终身学习者，教师培训者也需要在学习和培训以及研究一线教学实践的过程中，不断进行反思，及时发现自身不足，确定新的专业发展目标，促进自身的可持续发展。此外，成为一名终身学习者，教师培训者还需要不断了解自己专业学科的研究动向，参与科研，掌握最新的教育技术和思潮，为教师培训注入新鲜血液。最后，成为一名终身学习者，教师培训者要使终身学习成为一种自觉，不断了解教育理论的前沿发展，不断更新自己的教育理念，及时学习知识及教育技术，并将这些行为坚持下去，成为一种习惯。

教师培训者只有成为自身职业发展的设计者和实施者，成为终身学习者，才能焕发出更加旺盛的职业活力和最强的主动性和自觉性。

三、培训者的胜任素质

教师培训者的主要工作内容是实施培训，完成培训项目。这样的工作内容，除常规教学工作之外，还需要完成项目设计、项目管理、项目研究等一系列重要工作。对于一名教师培训者来说，他的工作的胜任素质与普通教师并不相同。通过对教师培训者的工作内容分析可知，一名教师培训者在工作中扮演着教学者、管理者以及研究者三位一体的角色，承担着教学、管理与研究等多重岗位职责，那么教师培训者需要有符合这三重角色的职业胜任素质，才能管理和运行好教师培训项目。

（一）胜任素质的内涵

要顺利地完成工作需要具有胜任工作的相应素质，为了鉴别出这些素质，研究者提出了胜任素质的概念，并通过行为事件访谈法等科学方法，从实际工作的行为特征着手，找出那些真正影响个体工作绩效的个人行为特征，鉴别高绩效者身上能胜任工作的相应素质。

麦克利兰（1973）认为，胜任素质真正可以鉴别个体高绩效原因的行为特征，并强调，这些行为特征虽然是潜在的、深层次的，但能够被观察和测量。同时，他还提出了整套根据人们正在从事的具体工作来评估胜任素质大小的原则和方法。[1]博亚特兹（1982）将胜任素质概念描述为个人在社会工作中所表现出的技能，一般可以归纳为形象、意志、动机或角色等。[2]还有研究者将胜任素质定义为某职位中表现优异者与表现平平者区别开来的个体潜在的、较为持久的行为特征。这些特征可以是认知的、意志的、态度的、情感的、动力的或倾向性的。[3]

其中，上段中第三个关于胜任素质的定义呈现出以岗位定义胜任素质的研究倾向，即胜任素质的专业岗位模型。专业岗位模型聚焦于特定岗位的个体胜任素质，以个体在具体工作岗位上所表现出的高绩效行为模式作为观察对象，建立产生高绩效的行为模式的有机组合。本章探讨的是教师培训者胜任素质，因此专业岗位模型比较适用于这一情形。

（二）教师培训者的胜任素质

1. 教师培训者岗位胜任素质分析

教师培训者这一岗位，需要具备怎样的岗位胜任素质呢？吴卫东（2012）提出教师培训者专业素养包括专业道德（对待教师培训的态度，对待参训者的态度以及自我道德修养）、专业知识（本体性知识与条件性知识）、专业能力（策划培训的能力、执行培训的能力和自我发展能力）三个方面。[4]余新（2012）对教师培训者的角色特征进行了研究，指出教师培训者具有四大角色特征，即培训讲师、培训管理师、教育教学专家、学校管理专家。[5]此外，余新（2016）还对教师培训者的胜任素质水平进行了调查，提出要从专业能力、

① McClelland D.C.Testing for Competence Rather Than for Intelligence. American Psychologist, 28, 1973（1）.
② Boyatzis R.E. The Competent Management: A Model for Effective Performance. New York, John Wliey, 1982.
③ 仲理峰，时勘：《胜任特征研究的新进展》，载《南开管理评论》，2003（2）。
④ 吴卫东：《教师培训师：教师培训者的专业化目标》，载《教育发展研究》，2012（8）。
⑤ 余新：《教师培训师的角色特征与专业职责》，载《中小学教师培训》，2012（5）。

个性、专业态度、专业知识、专业行为、专业技能、经验与动机等八个方面考察教师培训者的胜任素质。①

要呈现教师培训者的岗位胜任素质，需要对教师培训者这一岗位所承担的岗位职责进行分析。教师培训者首先是教师要组织和实施教学活动，因此，教师培训者身负教学者这一岗位职能。其次，与传统教师相比，教师培训者不仅要承担传统的教学任务，还需要依据教师专业化发展的要求，在培训项目开始实施前，调研一线教师的培训需求，关注最新的教育发展动态，研究能引领教育发展的热点问题，从而为设计培训项目的主题、内容打下基础，因此，教师培训者同时肩负着研究者的岗位职责。最后，教师培训者还负责培训项目的运营和管理，包括编制培训项目经费预算等管理培训实施进度，倾听参训学员诉求，训后跟踪调研，编制项目经费决算，等等。因此，也有研究者针对教师培训者的学习与培训，指出教师培训者应集"教学者""管理者"和"研究者"三重角色于一身，并构建出包含培训教学胜任力、培训管理胜任力以及培训研究胜任力三个维度的教师培训者胜任力模型。②

2. 教师培训者的岗位胜任素质

不同的岗位职责有不同的职能要求。作为教学者的教师培训者，其职能要求包括开展面向一线教师的示范课讲授活动，通过基层学校听评课等教研活动指导教师教学，开发并实施教师培训专项课程促进教师专业发展。

教师培训者必须具备语言表达能力、课堂应变能力、实践指导能力，才能胜任教学者的岗位职责。如果教师培训者的语言清晰准确，风趣幽默，就能最快地吸引参训教师的注意力，从而有效地与参训教师展开互动与交流，得到参训教师的积极配合。教师培训者的教育对象是有丰富教学经验的一线教师，他们需要教师培训者帮助解决许多实践中的问题，这些问题在培训的课堂上，参训教师随时都有可能提出来，这就要求教师培训者具有灵活的课堂应变能力以及实践指导能力。

而作为研究者的教师培训者，其职能要求还包括开展学科教学研究，指导教学改进，保障教学质量；开展教师发展研究，提高教师素质；开展教师培训研究，提高教师培训工作的实效性，形成培训者与教师之间的良性互动，改进培训实践。

要胜任这一岗位职责，教师培训者必须具备培训需求分析能力、培训课程开发能力、培训创新思维、反思总结能力。在开展培训前，教师培训者应该了解参训教师的培训需求，根据需求开发培训课程，才能有针对性地有效帮助教师解决实践中的问题。教师培训需要

---

①② 李更生：《基于胜任力及其模型建构的教师培训师学习与培训》，载《教育发展研究》，2014（18）。

不断创新，因此教师培训者应该锻炼创新思维，保持教师培训的吸引力和活力，这样才能吸引教师们的参训热情。最后，教师培训者要对过往的经验适时地反思总结，将零散的实践梳理成有规律可循的理论知识，再用于指导未来的实践，使教师培训工作有经验可借鉴，有理论可依靠。

作为管理者的教师培训者，要承担多项工作职能。这些职能包括策划、组织、考核和管理各级各类教师培训课程和活动；负责管理区域内教育人事信息，包括教师进修、职称评定和人才交流；针对区域教师人才队伍建设的需要，依据教师培训相关政策文件，制定教师人才队伍培养与培训体系的规划。

教师培训者需要具备良好的人际沟通能力、项目实施能力和质量监控能力，才能胜任该岗位。在培训项目的筹备、实施和结束阶段，教师培训者需要与相关工作人员进行沟通和交流，包括上级领导部门、合作同事和参训学员等等，因此良好的沟通能力至关重要。教师培训者不仅需要能够清晰地表达自己的意图，还需要能够准确理解对方的意思，以便实现良好的沟通交流，达到管理培训的目的。在培训项目的实施过程中，教师培训者需要积极参与，包括对参训学员的生活管理、培训课程管理和培训活动管理等。监控培训项目的质量也是教师培训者应该具备的素质之一，通过有效的质量监控，可以提升培训项目的效率和效果。

良好的职业发展需要有效的职后培训，我国的教师培训已从以学历教育为主向在职教育倾斜转化。作为教师职业发展的重要环节，教师培训的质量和效果对于教师个人和学校整体发展都至关重要。教师培训者的良好心理素质决定着教师培训的质量和效果，教师培训者应具有适应培训工作的能力结构，包括教育理论与教学实践相结合的能力、培训实施和培训管理的能力、教育教学科研能力、终身学习的能力等；此外，教师培训者还需具有适应培训工作的心智结构，包括前瞻又创新的教育意识、专业且综合的教育智能、乐观和健康的教育心理、独立思考与合作交流的行为倾向；最后，教师培训者还需具有适应培训工作的胜任素质，包括胜任教学者、研究者、管理者不同岗位的素质。一名教师培训者只有具有了合理的工作能力结构、心智结构、胜任素质，才能保证培训项目的良好运行，才能获得良好的培训效果。

第四章　教师培训设计

根据经典的 ADDIE 模型①可知，培训设计是培训活动中的关键环节。基于对国内外相关文献的考察，学者分别考察过培训项目设计、培训课程设计、培训活动设计等内容，但缺乏将这些主题背后的设计原理归纳整理出来的研究，这正是本章希望努力的方向。无论是项目、课程，还是活动的设计，其背后都蕴含着相似的设计原理。本章从基本原理的角度审视培训设计的基本问题，具体包括培训设计概述、培训设计的知识基础、培训设计的基本流程三个部分。本章中的培训主要是针对基础教育干部教师开展的以提升其知识、理解和行动为目标的专业活动。

第一节　培训设计概述

一、培训设计的背景与价值

（一）培训设计的背景

第一，教师培训进入精准培训时代。精准培训是新时代培训政策的强烈呼唤。教育部等八部门于 2022 年 4 月颁布《新时代基础教育强师计划》，其中提出，到 2025 年，教师培训要实现"专业化和标准化"，具体而言提出了深化精准培训改革的措施，表现为"聚焦基础教育课程改革的理念、要求和教育教学方法变革，以中西部欠发达地区农村教师校长培训为重点，充分发挥名师名校长辐射带动作用，实施五年一周期的'国培计划'，示范引领各地教师全员开展培训。发挥国家教师发展协同创新实验基地建设的示范作用，通过建立标准、项目拉动、转型改制等举措，推动各地构建完善省域内教师发展机构体系，建强县级教师发展机构及培训者、教研员队伍。优化培训内容、打造高水平课程资源，建立完善自主选学机制和精准帮扶机制，创新线上线下混合式研修模式，提升中小学教师的信息技术应用能力和科学素养"②。由此观之，我国的培训改革方向是在精准培训的旗帜下向前发展的。培训要实现精准化，则需要培训设计、实施、培训管理和培训评估的专业化以及精准化，而培训设计的专业化和精准化是培训实施和评估专业化和精准化的基石，影响着培训管理的专业化。

---

① 刘追，刘佳：《基于 ADDIE 模型的系统培训模式研究》，载《中国人力资源开发》，2012（9）。
② 教育部等八部门：《新时代基础教育强师计划》，http://www.moe.gov.cn/srcsite/A10/s7034/202204/t20220413_616644.html。

第二，新一轮基础教育课程与教学改革需要强化教师培训的专业支持作用。教师培训是基础教育课程与教学改革由理念转化为行动、由课程标准转化为课程教材、由课程教材转化为育人实践的重要桥梁和支撑。《义务教育课程方案（2022年版）》在强化专业支持中指出："明确国家、地方、学校的培训职责，建立健全培训工作体系。学校要组织教师参与各级各类课程、教材、教学、考试评价培训，定期开展校本研修。"[①]这份文件表明教师培训工作在落实义务教育课程标准中的专业支持作用。从培训体系上看，我国教师培训具有层级化特征。在国家层面，主要设置"国培计划"项目，在地方层面主要包括省级培训、市级培训和县级培训，在学校层面是校本培训或研修。从培训内容看，教师培训涉及课程、教材、教学、考试评价等教育教学全过程的要素。从体量上看，我国是一个教师培训体系比较完善的大国，但如何实现从教师培训大国向教师培训强国转化，亟须培训全链条的专业化，而培训专业化设计是一个绕不过去的话题。

第三，教师培训本身面临着范式转型升级的挑战。从国际学术界看，培训是一个传统词汇，它意味着培训者的权威性与被培训者的被支配性和被动性，而这与强调教师主动性、情境性的教师现场学习、教师具身学习、教师行动学习等新型教师发展理念之间存在一定的张力[②]。如何更好实现与国际教师培训学界和实践领域的对话，我国教师培训仍然面临着培训范式转型升级的压力，这种升级表现在以教师学习为基础，重构教师培训过程，实现教师从被动学习者向主动学习者的转变。教师培训如果要转型升级，则需要首先从教师培训设计的转型开始，因为设计的对象包括培训的全要素和全过程。只有当培训设计及其背后的理念实现转型时，我们才能不断提高教师培训的质量，实现教师培训与教师、教师教育等领域的前沿发展趋势相吻合、相联动。

（二）培训设计的价值

培训设计的价值是指培训设计作为客体对与其相关的其他主体或活动的功能或作用。从原理层面探索考察，培训设计具有三方面的价值。

第一，培训设计是培训活动发生的前提与基础。计划性是培训活动发生的前提条件，没有对培训规划、项目、课程和活动的谋划，高质量的培训行动便难以发生。正如在教学中存在预设性和生成性一样，培训中同样存在预设性和生成性，但毫无疑问，自由、灵活、弹性和机智的生成性是建立在精心、精细的预设基础上的。只有充分考虑培训的全要素和全过程，才能推动培训规划、计划、项目、课程和活动的有序、有效和高效展开。培训是

① 中华人民共和国教育部：《义务教育课程方案（2022年版）》，北京，北京师范大学出版社，2022。
② 裴淼，谭士驰，刘静：《教师教育变革的理念演进及其启示》，载《教师教育研究》，2012（6）。

一项高度复杂的活动，高质量的培训有赖于成百上千个环节和细节，如果在培训前不能做好全局和细节的谋划工作，培训实施很可能就会手忙脚乱，甚至事与愿违，适得其反。

第二，培训设计是培训迁移的关键要素之一。一项高质量的培训不会因为结业而完结，培训的成果不仅对学员本人产生了影响，而且能够通过学员辐射影响更多的教育工作者。培训的最终目标是提升学员的工作胜任力，但根据培训迁移理论[1]可知，影响培训迁移的主要因素包括学员特征、培训设计、工作环境、学习与记忆、应用与持续等，由此可见，培训设计是影响培训迁移的重要前提因素。而且，我们还可以通过培训设计影响学员特征、学习与记忆、持续与应用等要素，进而从整体上提升培训迁移的效果。

第三，培训设计是培训专业化建设的支点。培训专业化建设包括：培训师资专业化，培训设计、实施和评估专业化，培训管理专业化，培训环境专业化，等等。培训设计专业化是培训专业化建设的重要支点，而培训设计的专业化体现在培训设计者能够理解和把握培训要素的各个特征，并在培训要素之间建立良好的逻辑一致性关系。正如教师是设计师，教师职业的一项基本工作是精致地设计课程和学习体验活动，以满足特定的教学需求一样[2]，教师培训师或教师培训团队同样是设计师或设计团队，其最关键的设计技能表现为培训设计的技能。诸多培训设计的不专业主要表现在对某些培训要素的理解不到位，甚至忽视某些要素，或者比较少考虑培训要素之间的关系，最终导致培训设计的不合理性。培训设计的要素包括培训设计团队、培训管理团队、培训对象、培训需求、培训目标、培训主题、培训理论资源、培训课程、培训师资、培训环境、培训管理、培训调整、培训保障、培训追踪等，这些要素之间必须保持良好的关系。譬如，有些培训设计者希望在 3 个课时内提高学员的研究能力，这意味着培训的目标、培训时间之间的不匹配。培训要素的不匹配性是培训设计不专业的一个典型表现，严重影响培训设计的专业化，深刻影响着培训其他要素的专业化进程和水平。

二、培训设计的内涵与特征

理解设计的内涵是理解培训设计内涵与特征的基础，因此，本部分在探讨设计定义的基础上，讨论了培训设计的内涵与特征。

（一）设计的定义

在现代汉语词典中，设计被定义为："在正式做某项工作之前，根据一定的目的要求，

---

[1] Timothy T. Baldwin, J.Kevin Ford.Transfer of Training : A Review and Directions for Future Reserch. Personnel Psychology,1988（4）.
[2] 格兰特·威金斯,杰伊·麦克泰格：《追求理解的教学设计》（闫寒冰等译），上海，华东师范大学出版社，2017。

预先制定方法、图样等。"[①]由此可见，设计发生在正式做某项工作之前，设计的对象是某项工作，设计的前提是确定目的，设计的成果是做工作的方法或图样。

在牛津英文词典中，设计对应的英文单词是 design，它作为动词有三个含义：（1）通过制订计划或制作模型显示出某个事物的样子或某件事情的运作状态。（2）筹划或计划出一个做某事的系统或方式。（3）为了一个特定的目的或用途而计划、设想或打算。[②]通过对设计的英文释义的分析，我们发现设计发生在做某事或生产某件物品之前，设计的对象既可以是一项工作的流程，又可以是某个物品的模型，设计的前提是要考虑物品或某项工作的意图，设计的成果包括做事的计划安排或者某个东西的样例。

在《说文解字》中，"设"的基本内涵是"商议战斗，部署兵力，指挥战斗"。"计"的含义是"计算，合算"。综合这两个字的内涵，"设计"的基本含义是做好谋划和计算，部署好兵力，做好战斗准备。

综合工具书的释义，我们认为设计是指设计者为了满足用户的某个目的和意图，对工作或作品进行整体计划和统筹安排的过程。设计的最终结果表现为一套系统的程序安排或提供一个产品的样例或模型。我们通过图 4-1 表达对设计的理解。

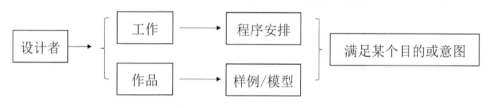

图 4-1　设计的分析框架

要理解设计的内涵，需要追问的三个基本问题包括：第一，工作或作品的目的是什么？满足或引领什么需要？第二，达成工作或完成作品的方法和图样（理想模型）是什么？第三，如何寻找资源等实现工作方法和图样的落地？

（二）培训设计的定义

不少学者探索过培训设计的定义。例如，有学者认为培训设计是指"在培训需求分析的基础上，以系统思维把培训项目的各核心要素进行整体分析、计划、安排、部署的专业化活动。这些元素包括培训对象、培训主题、培训目标、培训原则、培训课程、培训模式、培训师资、培训时间、培训方式、预期成果和经费预算等"[③]。在该定义中，培训设计的本

① 中国社会科学院语言研究所词典编辑室：《现代汉语词典（2004 年增补本）》，北京，商务印书馆，2004。
② 霍恩比：《牛津高阶英汉双解词典（第 6 版）》（石孝姝等译），北京，商务印书馆，2004。
③ 余新：《教师培训一体化设计的模型建构与"国培"实践》，载《中小学管理》，2021（6）。

质是一项专业化的活动，培训设计的基础是培训需求调研，培训设计所需要的思维特征是系统思维，培训设计的直接对象是培训项目的核心要素。

还有不少学者探讨过跟培训设计相关的概念，如项目设计、课程设计等。例如，有学者提出项目设计是指"培训项目的组织和协调"，它包括三个阶段：培训前、学习活动和培训后。培训前阶段涉及"激发、激励受训者和让受训者做好准备参加学习活动，还包括确保工作环境（氛围、管理者和同事）支持学习和转化"。学习活动阶段包括准备学习指导（课程与总体项目）和物理环境，以促进学习。本阶段的重点是创造一个积极的学习环境，包括计划培训中发生的活动，选择高质量的指导者或培训者，选择一个培训教室，创造与学习者的积极互动，以及拥有合适的培训项目。培训后阶段涉及培训转化，即让学习者将所学应用到工作中。通常情况下，人们往往将精力和财力放在设计和选择学习活动上，然而学习前发生的事情和学习后发生的事情同样重要。[1]课程设计是指"按照学校教育的目标和课程理论，对课程计划，课程要素结构以及组织形式的拟定"[2]。课程设计包括三个方面的内容：第一，课程设计的主体及其所持有的理论与价值取向；第二，课程设计的模式与方法；第三，课程设计的评价，或对课程设计的反思与改进。[3]通过对学校教育目标的规定和教育内容的安排，以促进学生潜能的发展。[4]陈霞认为教师培训课程设计包括确定主题、设定目标、编制内容、设计教学活动、设计评价活动、制作课件等环节。[5]

综合设计的定义以及学者对培训设计及相关概念的定义，我们对培训设计的定义表述为：在培训开始前，培训者或培训团队根据培训活动的目的，对培训活动做出的整体性、系统性安排。培训设计是对培训全过程和全要素的安排，培训过程设计是培训设计的核心。从逻辑上看，培训设计发生在培训活动启动前，但从整体上看，培训设计贯穿在培训活动的全过程。培训项目设计不是一次完成的，具有逐步改进、不断迭代的属性。

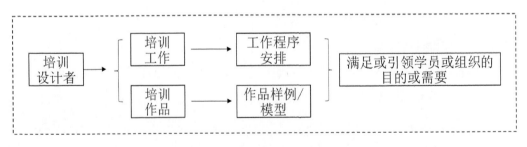

图 4-2 培训设计的分析框架

① 雷蒙德·诺伊：《雇员培训与开发》（徐芳，邵晨译），北京，中国人民大学出版社，2015。
②③④ 裴娣娜：《现代教学论（第1卷）》，北京，人民教育出版社，2005。
⑤ 陈霞：《教师培训课程设计》，上海，上海教育出版社，2019。

要准确理解培训设计的内涵，我们可以从以下四个方面来把握。

第一，培训设计者包括个体培训设计者和培训团队。培训设计者的个性特点、知识结构、经验都会影响培训设计的过程与方法。培训设计者的特点、知识结构和经验的差异性是培训设计差异性的重要来源。

第二，培训工作主要包括培训规划、培训计划、培训项目、培训课程、**培训活动五个层次**（见图4-3）。培训规划时间相对而言比较长，一般为1年以上；培训计划多为年度计划；培训项目可长可短。培训课程既包括培训项目中的课程设计，又包括培训中某次专题课程的设计；培训活动是指培训课程中的某次教学活动的设计。从过程上看，包括培训设计、培训实施、培训评估、培训管理。实际上，培训设计是指培训实施、培训评估和培训管理活动的计划与打算，是一种整体性和统筹性安排。

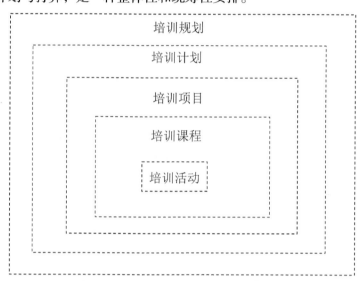

图 4-3　培训设计的五层次嵌套结构

第三，培训作品既包括培训过程中使用的样例，又包括培训最终的成果。例如，在培训中需要学员设计一份校本培训的方案，在培训的过程中，培训团队则需要设计一个校本培训方案的样例，或者设计一份校本培训方案的模板及其标准，这样有助于学员参考样例或依托模板及标准学习。

第四，培训设计具有目的性。理解培训对象及其所在组织的需要，是培训设计工作的核心和基础。如果没有对培训对象的理解以及培训对象所在组织的需求的理解，培训设计很可能是以培训者为中心的培训设计，可能会出现设计的内容逻辑性很好，但是不符合学员的工作需要。在这种背景下，培训设计者则需要关注以学员为中心的设计理念。其背后运行的基本逻辑是：学员工作有哪些？学员工作中面临的挑战是什么？能否通过提供培训支持促进学员做好工作？需要提供哪些培训支持？为了提供这些培训支持，培训者需要什么资源？培训者如何通过系统化地供给资源保障学员能够改善自我的知识、理解和行动，最终提升工作胜任力，提高工作绩效？

（三）培训设计的基本特征

1. 思维系统性

培训设计既是一项专业实践，更体现了专业思维。思维系统性是专业思维的内在特质。在培训设计中，思维系统性主要表现在：第一，以目标任务为核心形成思考的闭环。目标任务决定了设计的方向。目标不同，任务不同，设计便不同。设计者必须有一定的想象力，描绘出培训的蓝图，将目标以及目标实现的路径、资源等贯通思考，整体设计，才能让培训设计更具科学性和实践性。第二，思维系统性还体现在要考虑到培训各个要素之间的关联性。譬如，培训时间会影响培训主题、培训目标、培训成果等，而培训场地等会影响培训目标、培训方式、培训成果等。只有将培训看作一个系统，以系统思维的眼光看待培训，才能做出专业的培训设计。

2. 学员中心性

学员中心性体现为培训设计以学员为中心的设计逻辑。培训设计可以遵循两种逻辑：一是学术逻辑；二是工作逻辑。学术逻辑是指理清楚关键概念及其内涵以及关键概念之间的关系。注重考察"是什么"和"为什么"的问题。工作逻辑是指从学员行动过程的视角出发，考察学员需要做什么、如何做，以及提供何种支持才能让学员做得更好，其目的是促进学员的工作绩效和工作表现。培训要实现的基础性目标是增强学员的工作胜任力，因此需要首先坚持工作逻辑，坚持学员中心性的逻辑，提高学员的工作绩效和表现，与此同时，兼顾培训的学术逻辑。

3. 理实合一性

理实合一性是指培训设计要坚持理论和实践相统一的原则。在培训设计中，经常出现的情况是研训机构将培训设计与实施的工作外包给专门的培训公司，而培训公司缺乏对学员对象的了解，因此设计的培训方案没有达到预期效果。再者，不少研训机构或培训者是基于个体经验开展培训，缺乏从理性上认识培训对象、培训主题以及培训本身的专业知识。例如，有些培训者专门做新教师的培训，而新教师培训设计是基于自我的工作经验，很少查阅和钻研相关的新教师发展文献，导致新教师培训设计方案不够专业。再如，有些培训者专门做科研能力提升的培训，培训设计方案是基于自我的科研经历，而缺乏对研究方法的内在逻辑以及实践转化的思考，最终导致培训设计不合理。在培训设计中，很容易出现的情况是顾此失彼，要么偏向理论，难以转化成实践，要么停留在经验上，难以从理性上增进学员的认识。总之，我们认为高质量的培训设计必须坚持理实合一性的原则。

三、培训设计的类型划分

培训设计类型划分的前提是确定分类的标准。按培训要素划分：培训项目设计、培训课程设计、培训教学设计、培训环境设计、培训评价设计、培训追踪设计。按培训对象类型划分：新教师培训设计、骨干教师培训设计、卓越教师培训设计、教育家型教师培训设计。按培训层次划分：校本培训设计、区县级培训设计、市级培训设计、省级培训设计、国家级培训设计。按时间长短划分：培训课设计、培训课程设计、学期培训设计、年度培训设计、培训规划。按培训职能划分：培训业务设计，培训管理设计（培训机构体系设计、培训制度体系设计、培训政策体系设计）。

总之，培训是一个多类型、多要素的复杂活动，要做好培训工作，既需要关注培训活动的整体性，又需要关注培训活动的个别性。

第二节　培训设计的知识基础

培训设计不是纯粹的经验活动，而是以知识为基础的专业活动。培训设计者所具有的知识状况，会影响培训设计者的观念，而这些观念会影响他们开展培训设计实践时的行动。应当说，培训设计所需要的知识基础是非常广泛的。本节主要以教育学、心理学、工效学、设计学和学习科学等学科的相关知识作为基础。

一、培训设计的教育学基础

培训是一项教育活动，因此，培训必须尊重教育学原理。培训既需要以普通教育学知识为基础，又需要以成人教育学为基础。在培训设计实践工作中，培训设计者容易忽视成人教育学的相关知识。

一方面，从普通教育学的角度看，培训活动的设计要符合教育学的基本原理。第一，要站在个人、教育与社会发展的角度看培训及其设计。要理解培训是个人发展的重要力量，培训是社会发展的需要，培训要符合国家的政策环境。从历史的角度看，培训活动比较频繁的时期是社会高速发展的时期，是国家政策比较支持教师和干部学习的时期。从培训的角度看，培训规划、计划、项目、课程和活动设计必须符合教育设计的原理。培训规划是教育规划的一部分，因此在培训规划设计中，要考虑到国家的教育目的和目标，以及本地区和本校的教育实情，体现宏观和微观的统一性。培训计划是教育年度计划的一部分，同样要遵循国家和地区的教育年度目标。培训项目、课程和活动设计实际上是教育学中课程与教学设计的有机构成部分。培训项目要符合项目学习和行动学习的原理，只有符合教育规律的培训设计，才能真正起到促进人发展的作用。培训教学的设计需要遵循一般的教学设计的理论，如加涅的学习理论等，培训课程的设计要符合课程设计的一般要素、环节和模型，如果每位培训课程设计者都具备丰富和完备的课程知识，那么，培训课程设计的专业化程度就会相应提高。

另一方面，培训更需要以成人教育学的知识为基础。培训对象多为成年人，因此，培训应当遵循成人教育学的原理。成人教育学的主要贡献者包括诺尔斯等，他们的著作均应当成为教师培训设计者开展专业设计工作的基础性知识。例如，诺尔斯在《成人学习者》中提出了成人学习的六项基本原则：第一，成人在学习之前，需要知道为什么需要学习；第二，成人对自身的认知在很大程度上是在自我引导的过程中形成的；第三，学习者之前的经验是丰富的学习资源；第四，当成人感受到需要应付生活处境或者做某种艰难工作时，他们一般会变得乐意学习；第五，成人学习的取向是以生活为中心，教育是把已经得到提高的职业素养水平再发展到充分发挥潜力的一个过程；第六，成人学习者的动力是内部而不是外部的。[①]专业培训必须考虑到成人的心理特征等。在培训规划、计划、项目、课程和活动设计中，必须考虑到成人教育学的基本原则，依据这些基本原则开展设计。例如，根据"成人在学习之前，需要知道为什么需要学习"的原则，在培训设计中，要明确学习的目的，或者引导学员主动发现自己的学习目的，为实现更好的学习奠定良好的基础。根据"成人对自身的认知在很大程度上是在自我引导的过程中形成的"的原则，培训设计要充分发挥学员的自主性，让学员在自我计划、自我监控和自我指导中不断推动学习发展。根据"学习者之前的经验是丰富的学习资源"的原则，培训设计要重视学员的生命经验，要将某次培训看作是建立在学员丰富实践基础上的经验的拓展和深化。根据"当成人感受到需要应付生活处境或者做某种艰难工作时，他们一般会变得乐意学习"的原则，培训设计应当基于学员自身生活和工作情境中的难题展开，为参训教师设计具有挑战性的任务。根据"成人学习的取向是以生活为中心，教育是把已经得到提高的职业素养水平再发展到充分发挥潜力的一个过程"的原则，培训设计应当扎根参训学员的真实生命和生活，应当从生命出发考虑其自身发展的可能性，并设计培训任务，帮助和支持教师实现其可能性。根据"成人学习者的动力是内部而不是外部的"的原则，培训设计应当关注教师的内在需求，要将外部需要逐渐转化成内部需要，变"要学员学习"为"学员要学习"。

总体而言，只有深化培训设计的教育学，尤其是成人教育学基础，培训的教育品位才

---

① 诺尔斯：《成人学习者》（龚自力，马克力，杨勤勇译），北京，北京师范大学出版社，2016。

能增强，培训才能发挥教师教育的价值。

二、培训设计的心理学基础

培训必然涉及心理过程，其主要包括培训者的心理过程，学员的心理过程和这些不同主体之间以及主体与客体之间互动的心理过程。因此，培训规划、计划、项目、课程和活动设计尤其要符合心理学的内在规律，才能增强培训设计的科学性。

第一，培训设计要关注发展心理学的知识，尤其是成人心理发展的相关知识。根据成人心理学的相关研究成果，不同阶段的成人具有不同的心理发展需求，因此，他们面临不同的人生矛盾，培训必须考虑到他们的阶段特征。[①]例如，成年人在认知、决策、判断、行为等方面具有自身的特点，因此，必须考虑成人的这些心理特征设计教师培训项目。根据林崇德教授的研究，成人前期（18~35岁）的个体面临着学业深造、就业、择偶、建立家庭、抚养子女和创造事业等一系列任务。从思维特征上看，个体进入后形式思维阶段或辩证思维阶段。从情绪的角度看，个人希望获得亲密感，体验爱情的实现。成人中期（35~60岁）的个体体力好，精力旺盛，工作能力强，效率高，知识经验和智力水平处于高峰期，但同时面临着体力和心理状态下降的趋势。作为培训工作者，我们需要在培训设计中调查学员的年龄及与之相关的其他因素的状况，从而让培训设计符合成年人的心理特征。（具体可参考林崇德教授的《发展心理学》等著作）

第二，培训设计要关注社会心理学的知识。培训是一项集体行动，在集体行动中，势必涉及不同人之间以及人与物之间的心理过程，因此，非常有必要关注社会心理学的相关知识。在培训的过程中，教师的一言一行，学员的一言一行，甚至是教室中的具体物品都可能对培训现场的心理氛围产生重要影响。教师对学员投以期待的眼神，从学员感兴趣的话题切入培训，设置具有挑战性的学习任务，或者阐明培训主题的重要性等都会影响培训现场学员的内在情绪和心理状态，让培训现场成为一个温暖的、充满鼓励的心理场域。再如，在培训设计的过程中，我们可以使用"可视化"的考勤方式，即每次学员到达培训现场后，需要在自己名字对应的日期的表格中贴上小红旗。小红旗有利于学员之间形成群体互动，学员为了让自己的签到表上贴满小红旗，会自动减少培训缺勤的次数。再如，在培训组织管理中，我们经常会使用小组的方式，每个小组设置组长、宣传员、记录员等不同的角色，一方面可以发挥每个小组成员的优势，另一方面可以在小组之间形成适宜的竞争氛围，提

---

① 王敬：《基于全视角学习理论的教师培训课程设计——以培训破冰课程为例》，载《教育理论与实践》，2017（26）。

高学习的动力。这些培训设计可以基于经验开展，但是当我们基于相关的心理学知识或模型开展时，培训设计的专业化水平可以得到大幅度提升。

第三，培训设计的最终目标是提供参训者学习的产品。因此，必须符合参训者的心理特征。如果培训设计不符合参训者的心理特征，尤其是学习心理的过程，设计的项目很可能不会推动学习的发生。在培训中，项目团队可鼓励学员集体创作培训的文化制品，例如，为小组取好名字、选好组训、设置组旗、设计标识等，这些文化制品是学员通过自身努力创造的，因此他们会从心理上认同这些制品，增强对培训活动的心理归属感。再如，项目团队可以结合培训主题，在培训现场设置图书角，为学员提供该主题领域中适合他们阅读的书籍，这些书籍能够让学员感受到培训团队的人文关怀和专业品格，会进一步增强学员对培训项目的认同度，因此，他们会增强对培训项目的参与和投入，最终提升项目的实效性。

总体而言，培训作为一种促进人力资本发展和促进人类心理资本提升的活动，最终都必须回归到个体和群体的心理活动才能确保培训设计的任务、安排的活动，提供的资源能够转换为参训学员的认知过程，成为改变学员心智模式、增强其心智能力的一种有效措施。

三、培训设计的工效学基础

工效学也称人因工程学或人机工程学，是指综合运用生理学、心理学、卫生学、人体测量研究生产系统中人、机器和环境之间的相互作用的一门边缘科学。[①]它通过对作业中人体机能、能量消耗、疲劳程度、环境与效率的关系等研究，科学地进行作业环境、设施与工具的设计，确定合理的操作方法，从而提高工作效率。它是工业的重要专业基础。

培训设计本质上是对人、工具与环境之间相互作用的一种设计，正如有学者指出，"教学不是描述和解释自然世界或社会世界的理论科学。它更接近于像工程学、计算机科学或建筑学之类的科学，一门设计科学，它的目标是使世界变得更好"。[②]因此，可以借用工效学的相关理论知识作为培训设计的基石。借鉴工效学的相关知识，培训设计应该关注如下议题。

第一，培训设计需要关注工效学中关于人体的知识。在工效学中，关于人体的知识包括人体的尺寸、机构参数、人的信息收集、信息处理和命令执行等方面的内容。培训最终是面向人的，因此，培训设计要以人为本，最终将培训供给的课程，通过教学的方式传递给人并转化为人的内在认知。具体而言，在培训中，课桌椅的形状、高度、颜色、体积等

---

① 阚红，朱艳菲，汪亚珉：《学习论视角下的教育工效学理论模型的发展与应用》，载《心理科学进展》，2017（10）。
② 戴安娜·劳里劳德：《教学是一门设计科学：构建学习与技术的教学范式》（金琦钦等译），福建，福建教育出版社，2019。

设计要符合人体自身的尺寸和结构，增强学员参与培训的愉悦感。教师在教学的过程中，所提供的信息，要符合学员信息收集、信息处理的过程，否则会出现信息流失、信息浪费等现象。

第二，培训设计需要充分利用工效学中关于人与工具的相互作用的知识。人是制造和使用工具的高级动物，工具能够推动和促进人的发展。培训的过程是项目团队提供学习工具，创造学员使用工具认识教育、改变教育和改变自我的环境。在培训设计中，要设计出能够提升培训者、参训学员学习效率的工具。实际上，工具的专业化是行业专业化的重要影响因素。例如，在北京教育学院的培训发展中，学院教师设计了培训工具箱，其中包括一页纸管理工具、需求调研的工具、项目实施的工具、项目评估的工具、项目追踪的工具等，这些工具的使用极大提升了培训活动的专业性。但是，在工具设计的过程中，必须考虑到作为工具使用者的学员，工具的设计必须符合他们的人体和心理特征。

第三，培训设计需要充分利用工效学中人与环境之间的相互作用的知识。人的发展有赖于经验，而经验是人与环境相互作用的产物。目前，我们的培训环境多集中在教室，采用排排坐的组织形态，但是随着互联网时代的到来，培训环境必须与时俱进，我们需要充分考虑到互联网、大数据、人工智能等新技术在培训改造方面的价值，相信环境在改变人的知识、理解和行动能力方面的价值。同时，培训者和培训学员要创造有利于学习的环境。

总之，培训是面向学员的一项专业活动，因此，培训中使用的工具、提供的环境都必须符合人的生理和心理特征，只有如此，学员才能从身体和心理上接纳培训项目的资源供给。如果培训者能够扩充自己的工效学知识，就一定会提升以学员为中心的意识，优化学员的培训体验。

四、培训设计的设计学基础

培训设计是设计的一种，因此势必会借鉴设计学的相关知识。在培训设计中，尤其要关注设计的思维。设计思维是一套以人为本的解决问题的思维方式，它以问题解决、价值创造、潜力挖掘为目标。斯坦福大学设计学院将设计思维分成同理心思考、需求定义、创意构思、原型实践、测试优化五个步骤。[①]在培训设计中，我们可借鉴设计思维的相关研究，优化我们的培训设计。

第一，培训设计要保持与学员的同理性。要以学员为中心，站在学员的立场上思考问题。对学员在培训过程中出现的任何与培训设计预期不符合的现象都要进行探究和了解，做到

---

① 万莺燕：《借力"设计思维"进阶学校中层培训》，载《中小学管理》，2020（5）。

包容和理解。学员是一个个鲜活的生命，有自己的生命特征、心智和行为模式，有自身的优势和不足，因此，我们要吸纳设计学中同理心思考的知识，做到不以自我的视角定义学员，而是能够看见、听见、感受到学员，能够体察到他们的内在需要和内心呼唤，设计出符合他们心理期望的教育产品。

第二，要定义清晰学员的真实需求，尤其是真实工作中面临的挑战。培训是以需求为导向的，发掘、满足和引领需求是培训要完成的基本使命，这与设计学中关于满足用户需求的内在要求是一致的，因此，我们可以借鉴设计学中定义学员需求的方法。我们可以通过文献和政策调研，了解一类培训对象的需要，考察某个主题的知识前沿，为满足学员需求做好准备。我们可以通过问卷调查的方式了解学员的公共需求，做到培训项目、课程和活动的设计能够满足绝大多数学员的需要。我们可以通过座谈访谈、工作现场跟踪等多种方式，了解学员在日常工作中的卡点，做到培训能够提供帮助学员越过卡点的资源和课程。

第三，要关注用创造性的方法解决现实问题。培训的基本出发点是提升学员的工作胜任力，提升学员在工作中的绩效表现。在工作现场，影响学员工作表现的主要是学员所遇到的问题，如果这些问题解决了，那么，学员的工作绩效自然会提高。设计工作者在解决问题的过程中，会使用到大量创造性解决问题的知识、技术和方法，这些可以为我们开展创造性的培训设计、帮助学员创造性地解决问题提供有力的保障。具体而言，在培训过程中，项目团队要和学员一起跳出熟悉的思维习惯，打破思维定式，能够将熟悉陌生化，能够将陌生熟悉化，能够不断吸收来自跨界领域的创造性做法，推动学员创造性地解决问题。

第四，要不断尝试，在做中学，错中学，不断迭代培训的产品和服务。在教师干部培训中，培训产品的迭代相对而言比较慢，有些培训主题、课程、教材等可能会使用若干年保持不变。而在设计领域，设计者要以客户为中心，通过产品的迭代更新，不断创造出符合客户需要的产品。教师培训项目要吸收设计中不断迭代的知识与方法，不断迭代更新培训产品和服务。学员的需求是培训工作者工作的起点，要有一种服务意识和创造精神，不断思考和创造，最终设计出符合学员需要的产品和服务。

第五，在与学员的互动中，不断迭代产品，实现产品的升级。正如前文所讲，设计领域非常注重产品的优化升级，总是以创新的产品来满足和引领客户的需求，这是教师干部培训领域需要加以关注的。具体而言，我们要充分观察、倾听，主动询问学员对培训项目的感受，了解他们的满意点、困惑点、不满点，不断优化培训流程，打磨培训细节，增强培训体验，升级培训服务。

总体而言，高质量的教师培训有赖于高质量的教师培训设计，而设计学作为注重客户需求与体验，注重创造和创新，注重优化升级的学科值得引起培训工作者的关注。一方面，我们要吸收设计学的知识，另一方面，我们要涵养设计者"客户第一，创新为本"的精神，不断提升自我的设计素养。

五、培训设计的学习科学基础

培训是提供支持、促进学员学习的活动，因此，培训活动必须以学习的相关研究为基础。以前，学习是心理学研究的一个重要范畴，但是随着时代发展，以学习为核心议题，融合教育神经科学、心理学、认知神经科学的学习科学逐步成为一个新型学科①。培训设计要想转型升级，必须以新型的学习科学作为培训设计的理论基础。学习科学涉及学习动因、学习过程、学习结果、学习的脑机制、个体学习、合作学习、团体学习、社会性学习等核心议题，这些议题都将给培训设计提供坚实的依据。例如，有学者基于复杂学习视角设计并优化了高校远程教学胜任力的培训设计，并建构了设计模型②。具体而言，培训设计可借鉴学科科学中的如下知识。

第一，培训设计要关注学习科学中脑科学的相关知识。培训最终要回归身体，回归大脑，因此，培训设计必须符合大脑自身的结构与功能的特征。传统培训中，培训者较少关注大脑，尤其是成人大脑的相关知识和理论，凭借经验开展培训设计是大量存在的。例如，我们的大脑包括脑干、杏仁核、边缘系统、顶叶等不同的部分，在学习过程中，信息会在通过脑干传入杏仁核做短暂储存，再经过边缘系统（负责情绪处理）抵达顶叶（负责认识）。这个大脑处理信息的基本原理告诉我们，培训设计必须首先注重促进学员的信息储存，没有信息的储存，学习是难以发生的。再者，在吸引学员认知前，必须考虑学员的情绪和情感，因此，信息是先到达大脑的情感区域，再逐步达到认知区域的。在学习科学中，关于大脑结构和功能的认识在不断丰富，教师培训者要主动吸收这方面的知识，让培训设计符合大脑的结构和功能特征。

第二，培训设计要关注脑科学中学习环境设计的相关知识。学习环境设计是学习科学一个重要的构成部分。这里的学习环境不仅包括物理环境、心理环境，更包括互联网、大数据、人工智能等环境。在教师培训中，讲座式、排排坐的组织形态还大量存在，培训环境创设尚未引发培训设计者的关注。只有优化培训环境设计，才能为学员提供符合他们信息吸收和加工的规律的学习过程，学习效率才能改善，学习效果才能提升。

---

① 尚俊杰，裴蕾丝，吴善超：《学习科学的历史溯源、研究热点及未来发展》，载《教育研究》，2018（3）。
② 周榕：《高校教师远程教学胜任力培训设计模型构建——基于复杂学习的视角》，载《电化教育研究》，2017（6）。

第三，培训设计要关注学习科学中学习分析的相关知识。培训不仅要关注培训者的教学，而且要关注学员的学习。对学员学习了解得越多，我们设计出的学习项目便越可能符合他们的学习过程。学习分析是学习科学中的一项关键技术，一些国内的大学也建立了学科分析的实验室，已经对学习分析开展了相应的理论建构和实证研究，这些均可以为我们开展教师培训设计提供借鉴和支撑。

总之，培训设计是一项以知识为基础的专业活动。本部分简要描述了培训设计的教育学、心理学、工效学、设计学和学习科学的知识基础。但是，本章的重点在于描述培训设计为何要以这些学科知识为基础，以哪些关键性的知识为基础，如何以这些关键性的知识为基础，限于篇幅，本部分只能为读者提供一个思考线索。由于这些学科知识的丰富性以及培训过程的复杂性，培训者或培训设计者需要不断扩充自我在这些学科的知识基础。当然，培训者或培训设计者可以参照其他与培训相关的学科，以丰富自我培训设计的专业性。

第三节　培训设计的基本流程

学界对培训设计的流程存在不同的观点。有学者聚焦农村教师信息技术应用能力提升的主题，提出了教师培训设计的六个要素，即梯度迭代式的目标设计、结果导向的评价设计、"三度互促"的学习环境设计、学习者生成内容的资源设计、四种支持全程伴随的服务设计、数据驱动的系统设计，并据此生成了教师培训的 ABCD 混合式设计模型。[1]该设计遵循了逆向设计的思路，但同时关注到人工智能时代数据驱动的影响。有学者提出研发、传递、学习、应用、评估的一体化教师培训设计模型。[2]虽然存在培训规划、培训项目、培训课程和培训活动四个层次的设计，但这四个层次的设计，遵循相似的培训设计流程。

基于对培训设计的理解，从流程的角度看，培训设计包括培训目标设计、培训过程设计、培训评估设计、培训追踪设计和培训研究设计。培训目标设计是培训设计的第一步。培训是一个目标性和意图性很强的活动，必须以目标设计作为培训设计的出发点。培训过程设计是培训设计的难点和重点。培训过程设计的核心是内容选择及其排序问题。培训评估设计是对依据培训资料做出判断的设计。培训追踪设计是指对培训活动结束后培训后续活动的计划与安排。培训追踪是一个容易被忽视的领域，值得引发我们的充分关注。培训设计的基本流程可适用于培训规划、培训项目、培训课程和培训活动各个层次，是系统性、整体性考虑培训设计的基本原理性思考。

① 孙众，韩硕：《聚焦信息技术应用能力提升的农村教师培训设计：要素、模型与实践》，载《中国电化教育》，2022（3）。
② 余新：《教师培训一体化设计的模型建构与"国培"实践》，载《中小学管理》，2021（6）。

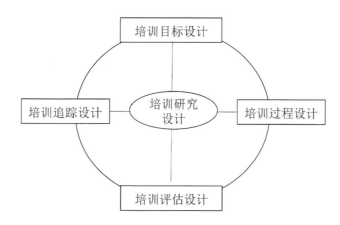

图 4-4 培训设计的基本流程

培训设计包括培训规划设计、培训计划设计、培训项目设计、培训课程设计、培训活动设计五个层次，但这五个层次的设计既具有共性，又具有个性。在任何层次的设计中，均涉及目标确定、流程安排、评估、追踪和研究等。综合分析，可形成理解培训设计的分析框架（表4-1）。

表 4-1 培训设计的分析框架

	培训规划设计	培训计划设计	培训项目设计	培训课程设计	培训活动设计
培训目标设计					
培训过程设计					
培训评估设计					
培训追踪设计					
培训研究设计					

一、培训目标设计

培训目标设计是培训设计的灵魂，这是因为培训是一项目标性很强的专业活动。只有确立明晰的目标，才能将所有培训人力、财力和物力资源集中到培训目标的实现上。培训目标设计是指确定培训过程给学员和学员所在团队带来的改变，或者达成的最终状态。为表达这种改变或最终状态，培训目标多以培训预期成果的形态出现。参照 KUD 目标模型，具体体现为参训者在知识、理解和行为上发生的改变。培训目标设计受到培训政策、培训时长、培训资源等多个因素共同作用的影响，不是孤立的。

培训目标是多个主体协商的结果。这里的多主体包括参训学员、派出方和培训团队。参训学员要有意识、有勇气表达自己在工作中遇到的挑战，并能够表述出如果挑战战胜，可能需要哪些方面的支持，明晰表达自己的培训需要，只有这样，参训学员才会将参加培训的过程看作提高自我工作胜任力的过程，而不仅仅是被动接受培训的过程。但是，这里可能存在的问题是培训学员没有觉知到自己的挑战和目标，或者培训学员觉知到的挑战和目标，培训团队无法提供资源达成。针对前者，培训团队可以设计活动来诱发学员回观自己的工作，并从中发现自己对工作的理想状态与现实之间的差距，从而发现自我发展的需求。针对后者，培训团队则需要真诚明确自己力所能及的范围，需要及时向学员表达培训不是万能的，培训只能实现有限的目标。为了更好地确定培训目标，可遵循如下的操作流程。

（一）确立培训对象，并对其开展需求调研

确定培训对象的过程要经历从类对象到具体对象的过程。类对象是指某一类培训对象，譬如新教师、骨干教师、优秀教师、卓越教师、专家型教师、教育家型教师、班主任等。具体对象是指确认学员名单后构成培训项目的具体培训学员。我们可以从学员信息表中清晰地了解到他们的姓名、性别、教龄、年龄、工作的学段、学校、职称、荣誉等基本信息。因为确定培训对象的过程是经历从类对象到具体对象的过程，因此，确定培训需求的过程同样经历从类需求到具体需求的过程。

第一，了解培训类对象。譬如，项目团队做某个区域新教师的培训，培训团队在培训设计初期，并不知道项目学员，在这种情况下，培训团队在培训设计时，则需要考虑新教师作为一类教师的需求。譬如，根据相关学者的研究，项目团队了解到对新教师而言，最重要的是要增强其教材分析的能力和备课上课的能力[1]，那么，在开展规划、计划、项目、课程或活动设计时，必须考虑沿着这个方向进行培训目标的设计。相反，如果将新教师培训设计的方向确定为做研究，这可能就偏离了方向，并不符合教师发展的阶段特征。

了解类需要是把握培训设计方向的重要前提。我们可以从教师教育、教育心理学等方面把握某类群体在发展中的需求。譬如，我们可以通过对不同类型教师的研究，把握新教师、骨干教师、优秀教师、卓越教师、教育家型教师、班主任、教研员、培训师等不同类型参训对象的工作特征，尤其是他们在不同发展阶段的工作挑战和任务，从而增强培训设计的针对性。培训设计者或团队可以通过系统文献综述的方法，让自己成为某个培训领域的专家，这样才能把握培训目标设计的方向。

第二，了解培训对象的现实工作。培训最直接的目的是提高学员的工作胜任力，提升其在工作中的自我效能感，增强工作的自信心，这是最低的要求。但是，针对短期培训而言，如果要了解全体培训学员的工作是不现实的，因此，必须聚焦到某个维度上了解。但是，

---

[1] 钟祖荣，张莉娜：《教师专业发展阶段的调查研究及其对职后教师教育的启示》，载《教师教育研究》，2012（6）。

对个体学员而言，我们则需要考虑我们的工作是什么，我们工作的理想状态是什么，这个理想状态和现实状态之间的差距是什么，在此基础上，把握培训对自我工作状态改善的意图是什么。只有当学员能够将自己的现状呈现出来时，我们才能更好地增强培训设计的针对性和有效性。

第三，了解培训过程中的动态需求。培训不可能满足全体学员的全部需求，因此，只能满足学员的公共需求，即取学员全部需求的最大公约数，实现培训效果的最大化。同时，我们发现，问卷或访谈调查的结果所折射的需求是学员在某个关键时间节点上对自我发展需求的认识，而这个认识随着学员日常学习和在工作中经验的变化，自我发展需求的状态同时在发生改变。一方面，需要了解参训学员在参训前所认识到的在某个主题上的需求，另一方面需要对学员参训需求保持动态平衡的信念，不断发现新需求。

第四，将学员需求放在组织、社会和历史脉络中思考。首先，学员需求不仅是个体需求，更是组织发展的需求。学员认识到的需求，未必是组织围绕其核心使命、价值观所产生的需求。学员未认识到的需求，很有可能是组织面向未来发展的重点。其次，学员需求是社会需求的反映。学员的需求受到学员所在地区社会脉络的影响。如果学员来自少数民族地区，那么，学员如何使用少数民族地区的文化资源开展本土化教学，或者如何处理好留守儿童的学习和发展问题，很可能成为培训需求选择的焦点。再者，历史脉络要考虑学员个体的生命历史脉络，另一方面需要将学员放在历史发展脉络中加以思考。学员的学习和发展建立在自我生命经验的基础之上，因此，在考虑学员需求时，必须考虑学员在自我生命脉络梳理的基础上，如何发现和发展可能性。如何将学员的发展放在时代发展的脉搏中，做与时代发展相吻合的培训，是思考学员培训需求的重要思维维度。

（二）根据需求调研的结果形成培训主题

培训目标是在某个主题之下的目标。离开了主题，目标变成了无源之水，无本之木。在培训中，培训主题的确立有两个路径：一是自上而下的路径；二是自下而上的路径。所谓自上而下，是指从政策、理论等出发，结合政策和理论的热点而确立培训主题。例如，2021年7月24日，教育部发布了"双减"的政策，因此，作业和课后服务便成为热门培训话题。所谓自下而上，是指从某个项目、课程或活动的参训学员出发，调查其参训的需求，将需求的最大公约数确定为培训主题。前一种路径的特征是紧扣热点，容易引发教师关注，不足是与教师的真实需求不匹配，导致培训内容的供给比较空泛。后一种路径的特征是切中要害，不足之处是比较耗时费力，需要花费大量的时间。但实际上，需要将两者结合起来，总体判断并确立教师培训的核心主题。

（三）描述学习者在培训主题上达到的程度，形成培训目标

确定目标，一是要确定目标物；二是要确定与目标相关的动词，以及学员在动词和目标上所实现的改变。目标物在培训中具体表现为培训的主题、内容等。例如，学员学习的目标物是大概念教学的概念，与之相关的动词是记忆，于是便会形成"记忆大概念教学的概念"的培训目标。如果动词变成理解，培训目标则表达成"理解大概念教学的概念"，或者"用自己的话解释大概念教学的内涵"或者"为大概念教学的概念举一个适切的案例"等等。如果要让目标进一步明确，则需要进一步限定名词和动词。下面是美国学者布鲁姆在设置跟知识相关的目标时确立的动词，这些动词可以成为教师培训团队设置跟知识相关的规划、计划、项目、课程和活动培训时考虑目标所选择的动词。

表 4-2　撰写认知类、培训类内容时行动动词的选择表

类别 & 认知过程	同义词	定义及其例子
1. 记忆 / 回忆（remember）——从长时记忆中提取相关的知识		
1.1 识别（recognizing）	辨认（identifying）	在长时记忆中查找与呈现材料相吻合的知识（例如，识别美国历史中重要事件的日期）
1.2 回忆（recalling）	提取（retrieving）	从长时记忆中提取相关知识（例如，回忆美国历史中重要事件的日期）
2. 理解（understand）——从口头、书面和图像等交流形式的教学信息中建构意义		
2.1 解释（interpreting）	澄清（clarifying） 释义（paraphrasing） 描写（representing） 转化（translating）	将信息从一种表现形式（如数字的）转变为另一种表示形式（如文字的）（例如，阐释重要讲演和文献的意义）
2.2 举例（exemplifying）	示例（illustrating） 实例化（instantilating）	找出概念和原理的具体例子或例证（例如，列举绘画艺术风格的例子）
2.3 分类（classifying）	归类（categorizing） 归入（subsuming）	确定某物某事属于一个类别（如概念或类别）（例如，将观察到的或描述过的精神疾病案例分类）

类别 & 认知过程	同义词	定义及其例子
2.4 总结 （summarizing）	概括（abstracting） 归纳（generalizing）	（例如，书写录像带所放映的事件的简介）
2.5 推断 （inferring）	断定（concluding） 外推（extrapolating） 内推（interpolating）	从呈现的信息中得出合乎逻辑的结论（例如，学习外语时从例子中推断语法规则）
2.6 比较 （comparing）	对比（contrasting） 对应（mapping） 配对（matching）	发现两种观点、两个对象等之间的对应关系（例如，将历史事件与当代的情形进行比较）
2.7 说明 （explaining）	建模 （constructing models）	建构一个系统的因果关系（例如，说明法国18世纪重要事件的原因）
3. 应用（apply）——在给定的情境中执行或使用程序		
3.1 执行 （executing）	实行 （carrying out）	将程序应用于熟悉的任务（例如，两个多位数的整数相除）
3.2 实施 （implementing）	使用，运用（using）	将程序应用于不熟悉的任务（例如，在牛顿第二定律适用的问题情境中运用该定律）
4. 分析（analyze）——将材料分解成它的组成部分，确定部分之间的相互关系，以及各部分与总体结构或总目的之间的关系		
4.1 区别 （differentiating）	辨别（discriminating） 区分（distinguishing） 聚焦（focusing） 选择（selecting）	区分呈现材料的相关与无关部分或重要与次要部分（例如，区分一道数学文字题中的相关数字与无关数字）
4.2 组织 （organizing）	发现连贯性 （finding coherence） 整合（integrating） 概述（outlining） 分解（parsing） 构成（structuring）	确定要素在一个结构中的合适位置或作用（例如，将历史描述组织起来，形成赞同或否定某一历史解释的证据）
4.3 归因 （attributing）	解构（deconstructing）	确定呈现材料背后的观点、倾向、价值或意图（例如，依据其政治观来确定作者写此文章的立场）
5. 评价（evaluate）——基于准则和标准做出判断		

类别 & 认知过程	同义词	定义及其例子
5.1 检查（checking）	协调（coordinating） 查明（detecting） 监控（monitoring） 检验（testing）	发现一个过程或产品内部的矛盾和谬误；确定一个过程或产品是否具有内部一致性；查明程序实施的有效性（例如，确定科学家的结论是否与观察到的数据吻合）
5.2 评论（critiquing）	判断（judging）	发现一个产品与外部准则之间的矛盾；确定一个产品是否具有外部一致性；查明程序对一个给定问题是否恰当（例如，判断解决某个问题的两种方法哪一种更好）
6. 创造（create）——将要素组成具有内在一致性的整体或功能性整体；将要素重新组织成新的模型或结构		
6.1 产生（generating）	假设（hypothesizing）	基于准则提出相异的假设（例如，提出解释观察的现象的假设）
6.2 计划（planning）	设计（designing）	为了完成某一任务设计程序（例如，计划关于特定历史主题的研究报告）
6.3 生成（producing）'	建构（constructing）	生产一个产品（例如，有目的地建立某些物种的栖息地）

资料来源：

安德森等：学习、教学和评估的分类学（布鲁姆教育目标分类学修订版）.皮连生译.上海：华东师范大学出版社,2008：59.

总之，和其他设计领域的专业人员一样，教育领域中的设计师同样要考虑受众。[1]培训是一项有意识的活动，具有目的性。明晰培训的目标是我们做好培训工作、实现精准培训设计的第一步。培训目标设计的核心是确定培训目标中的动词和名词。名词的确定是通过培训需求、培训主题、培训内容的确定实现的，而动词的选择可参考布鲁姆教育目标分类学的相关提示。

二、培训过程设计

设计培训过程的核心是确定培训目标实现的具体的培训阶段、课程过程、教学过程。从培训阶段上看，培训过程包括培训申报、培训方案设计、培训招生、培训实施设计、培训启动、培训课程实施、培训评估、培训追踪等。从课程上看，培训可遵循"模块（有时

---

[1] 威金斯，麦克泰格：《追求理解的教学设计》（闫寒冰等译），上海，华东师范大学出版社，2017。

也被称之为培训课程阶段）—培训专题—培训活动的逻辑设计"的过程。从教学过程看，可遵循"教学目标确定——教学活动安排——教学目标检测"的过程。

（一）培训过程设计的宗旨是实现培训目标

培训过程是按照培训目标来设计的，因此，在设计培训过程时，要考虑先将培训总目标设计成若干培训子目标，再将子目标转化为具体的课程。如果培训课程中的某些课程相互关联，就会形成培训的课程阶段或环节，而课程阶段和环节则具体表现为培训课程模块。模块化培训课程成为培训构成设计的关键因素。一是围绕课程的子主题，将子主题转变为课程模块的标题。二是要根据一定的设计原理，设计学员在该主题上的改变程度，以此确定培训的实际效果。

培训项目设计如果太大，则需要考虑将每个目标分成若干阶段完成，提出阶段性的目标，明确阶段性的任务。这些目标既可以一个一个去完成，又可以多个并行完成。如果是逐个目标依次完成，则需要考虑各个目标之间的递进关系，尤其要考虑到各个目标之间的循序渐进性。如果多个目标是同步开展的，则需要考虑到各个目标最后汇合到一起是否能指向最终目标的完成。

（二）培训过程设计是经验与理论相互结合的动态过程

正如我们在前文所言，培训和培训设计是一个以知识为基础的专业活动，因此，培训过程设计与培训设计团队的培训经验及其掌握的理论基础有密切关系。对一个培训团队而言，其设计具有惯性。培训团队在长期的培训设计与实施过程中，形成了相对稳定的培训模式，这些模式会体现在不同的培训项目中。例如，在北京教育学院培训管理者示范培训项目中，为掌握培训的基础知识，我们设计的是"自学—测试—讲解"的培训流程，这个模式同样被应用在北京市类似主题的市级培训项目中。

同时，培训过程设计具有较强的理论性。面对相同的主题，如果培训者所持的理论基础不同，培训过程的设计也是不同的。传统培训最主要的问题是它是基于同一层级人群的胜任素质模型设计出来的，而不是基于业务的真实而紧急的任务设计出来的。[1]有学者根据具身学习的原理，设计了以具身学习为核心特征的教师培训项目。[2]再如，有学者基于SMCR模型对中小学教师培训微课课程设计开展了研究。[3]

---

[1] 林士然：《引导改变培训：从课程设计到工作坊设计》，北京，电子工业出版社，2020。
[2] 裴淼，刘姵希：《"以身体之，以心验之"——具身认知理论视角下的教师培训项目设计与实施》，载《教师教育研究》，2018（3）。
[3] 郑燕林，李卢一：《SMCR模型视角下中小学教师培训微课程设计研究》，载《中国电化教育》，2017（5）。

具体来说，如果设计的是讲授，意味着培训者认为学习者主要通过听记的方式学习。但是，如果我们换一个支持培训设计的理念，那么，培训设计会非常不同。例如，有些项目团队将经验学习的 EAT 模型，即经验（experience）—认识（awareness）—理论（theory）作为培训过程设计的理论依据，那么，在培训进程安排上一定会先安排激活或形成学员的经验，在此基础上形成个体和群体性的经验认识，再与相关的理论对接。再如，有些项目团队将 4C，即连接（connection）—概念（concept）—具体实践（concrete practice）—结论（conclusion）确定为课程设计的基本原理，因此在课程活动设计时，要尊重 4C 的内在逻辑设计；有些人则将行动学习作为设计的基本原理，将理论线和实践线交替设计作为培训过程设计的参照系；有些人根据学以致用的逻辑，在设计培训过程时，先设计理论学习，再考虑实践参访、观摩；而有些设计则提出做中学、用中学，因此，在培训设计时，先设计实践及反思环节，再在此基础上增强作者的反思，促进学员发展。

三、培训评估设计

培训评估设计是优化培训设计质量、保障培训效果的基础。培训评估设计是指培训者对培训过程和结果的评估设计。培训评估设计可以有两种思考方式：一是先根据培训目标设计培训活动，再思考培训过程中的评估方案。二是先根据培训目标确定培训预期成果，根据预期成果设计培训的学习过程。培训评估设计可以分为培训过程中的形成性培训设计和培训结果的总结性评估设计。

（一）围绕培训目标的实现设计培训评估

培训评估设计必须与培训目标保持一致。培训评估设计的本质是确定培训评估实现程度的证据，并以这些证据来判断培训质量的高低。在具体培训过程中，可能存在不达标、达标和超标三种情况，但在培训设计的过程中，必须考虑让培训中的阶段任务、课程与教学等与培训目标保持一致。

（二）培训评估设计包括培训过程性和结果性评估设计

培训评估设计包括培训规划、培训计划、培训项目、培训课程和培训活动五个层次上的评估，在设计每个层次的评估时，需要综合考虑培训过程性和结果性的培训评估设计。

培训过程性评估设计主要体现在设计在培训规划、计划、项目、课程和活动中可能产生哪些数据资料，如何使用这些资料对学员学习水平高低做出判断，并根据判断结果确定下一步的学习活动安排。

培训总结性评估设计主要体现在培训活动结束时，培训总体获得了哪些资料，利用这些资料对培训目标的达成度做出判断。

每个授课专家要针对本次课程的目标开展课程的评估设计，最终考察课程结束后的学员产出是否实现以及在多大程度上实现了本次课的课程目标。对某个模块课程的学习而言，可以设计测试题等考查本模块的学习状况。针对整个培训项目的评估设计，则可以考虑使用不同的学员作品，不断优化学员作品从而增强学习的设计。

（三）增强培训评估设计的理论性

培训评估设计是一项专业活动，背后需要有一定的评估理论作为支撑。培训评估理论不同，培训评估活动的安排则不同。例如，在培训中，培训设计者经常会用到柯氏四层次评估模型[①]，即从反应层、认知层、行为层和结果层考虑培训的效果。反应层主要考察学员对培训的体验，表现为满意度调查等。认知层主要考察学员的知识发生的改变，主要通过测试、问卷等方式实现。行为层主要考察学员的行为改变，必须通过学员的行为表现来考察。结果层主要考察学员做出行动后，对行动对象产生的影响。如果我们在进行培训评估设计时，运用其他的培训理论，例如 CIPP 模型，或者目标游离评估模型，则可能会设计出不同的评估活动。

四、培训追踪设计

培训追踪是培训活动的关键，也是经常容易被忽视的一环。很多机构的培训活动以培训结业作为培训活动完结的标志。缺少对培训追踪活动的设计是导致培训效果无法辐射影响到学员以及学员所在组织工作绩效的最重要的原因。

（一）培训追踪设计的 5-3-1 模型

5-3-1 模型是设计培训追踪的基础模型，是对培训追踪的总体规划。其中，"5"是指学员通过培训所获得的 5 点收获。鼓励学员写出 5 点收获的目标是引导学员复习回顾培训相关内容，为培训追踪锚定基点。"3"是指学员在 5 点收获中，特别想采取的 3 条行动。3 条行动是学员将学习内容由认知转换为行动的过渡环节。"1"是指学员打算采取的一点行动，并且要针对这一点行动，写出步骤化的行动计划，以增强行动的可能性。总体而言，5-3-1 是一个循序渐进设计培训追踪的总体模型。为了保障追踪的效果，还可以让每个学员将 5-3-1 行动计划交给学员所在单位的领导，一方面让领导了解学员学习的收获和行动，另一方面为学员返回工作岗位后开展训后行动时寻求组织支持提供一份有力证据。

---

① 周荣华：《柯氏培训评估指标体系及应用》，载《中国培训》，2008（9）。

（二）灵活采用线上线下相结合的追踪方式

培训的真正效果不仅体现在培训现场，更体现在学员返回工作岗位后给自我工作以及相关的学生和教师带来的变化。为了了解学员返回工作岗位一段时间后对培训成果的使用以及给学员带来的变化，有必要采取线上线下相结合的方式追踪培训效果。具体而言，可以分小组、分地区组织学员汇报学习收获，彼此交流经验；也可以到学员工作现场，观察学员的现场行动，并判断行动与培训的关系，真正发现培训带来的实效；还可以组织与培训主题相关的论坛或座谈活动，实现培训追踪的可行性和有效性。

五、培训研究设计

在研训一体的背景下，培训研究是提高培训质量的关键手段。对此，有学者提出了研究式培训的概念[①]，值得我们参考。只有培训过程和研究过程保持同步，才能推动研训一体，否则培训研究和培训本身只能是两张皮。在培训现场，教师和学员会产生大量的数据，但这些数据很容易随着培训过程的结束而消失，缺乏对这些培训数据的研究，最终导致培训总是停留在经验的层面上，缺少内在知识的开发和挖掘。

（一）培训的理论研究设计

每个培训都涉及理论研究，这些理论研究往往是围绕培训的主题产生的。例如，如果培训主题是项目化学习，那么，培训团队要对项目化学习开展理论研究。具体而言，可以采用系统文献综述的方法[②]，考察项目设计的已有研究成果，并将其转化成培训的资源和培训课程的理论知识。

（二）培训的实证研究设计

培训过程势必会产生大量的数据，因此，可以围绕培训开展大量的实证研究。具体而言，可以围绕培训主题，根据一定的培训模型或假设，设计出实证研究，也可以保持一种开放的态度，发现培训过程中的重复现象或突发现象，采用质性研究的方法开展研究。[③]

（三）培训的行动研究设计

培训过程是一个不断迭代的过程，因此，对同一个培训项目而言，可以设计行动研究，体现出项目设计团队在培训过程中，如何遵循行动研究的逻辑，不断促进培训质量的提升。

---

① 窦荣军，高志敏：《论研究式培训的设计与实施——一种适用于中高级人才职场培训的模式探究》，载《教育理论与实践》，2017（30）。
② 黄甫全，游景如，涂丽娜等：《系统性文献综述法：案例、步骤与价值》，载《电化教育研究》，2017（11）。
③ 廖伟：《循证教师专业发展之 PD&R 实践模式——以"北京师范大学 APEx 卓越教育家培养项目"为个案的研究》，载《教师教育研究》，2020（4）。

　　总之，开展培训和开展培训研究是统一过程，因此，在培训设计时，便需要考虑如何将二者综合起来，将培训研究融入培训的全要素和全过程中，增强研究和培训的深度融合，提高培训的循证水平。[①]

　　总体而言，本章首先集中概述了培训设计的背景、价值、内涵、特征与分类，奠定了认知培训设计的逻辑起点；其次，初步探索了培训设计的教育学、心理学、工效学、设计学和学习科学等的知识基础，论证了培训设计是一项以知识为基础的专业活动；最后，以培训目标设计、培训过程设计、培训评估设计、培训追踪设计、培训研究设计为纵轴，以培训规划、培训计划、培训项目、培训课程和培训活动为横轴，大体勾勒出培训设计的基本流程，这种勾勒可以为培训设计提供一个总体框架。但是，该框架内容仍有可以进一步探索和深化的空间，譬如，可以使培训设计的知识基础更丰富，可以对培训目标、过程、评估、追踪和研究设计在不同层次的培训设计中做更细致的描述，这些是我们今后努力的方向。

[①] 裴淼，靳伟，李肖艳等：《循证教师教育实践：内涵、价值和运行机制》，载《教师教育研究》，2020（4）。

第五章　教师培训机构管理

以管理学视角研究教师培训机构管理，以治理理论作为培训机构管理研究的理论透镜，在国家五级教师培训体系框架下阐释教师培训机构运行现状、运行逻辑和管理优化。

确立教师培训多元治理主体，立足教师培训机构"纽带"定位，教育行政部门作为教师培训事务的行政主体以"制定标准""搭建平台""创新机制"为路径，促进各级教师培训机构作为实施主体从"执行"到"多元协同"的转变，在"培训课程体系建设""培训师资专业发展"和"培训管理机制优化"等关键变量上进行能力建设，在培训机构研究线、工作线、管理线和教育数字化能力提升等方面提出管理改革的思路。

第一节　教师培训机构的功能定位

一、"教师培训机构"概念

"教师培训"是相对于教师职前教育而言的，是教师教育的重要组成部分，具有补偿、更新知识的功能。它包括两方面的内容：一是以提升学历为目的的继续教育教师培训，二是以了解教育科研的新成果、充实专业文化知识、提高教学技能为目的的教师学习与培养。

"在职教师培训机构"（institution for in-service teacher training）在 2013 年 8 月高等教育出版社出版的《教育学名词（2013）》中这样界定："对在编在岗教师进行思想政治、文化知识、业务技能培训的专门机构的统称。"

分析上述两个概念的核心内涵，教师培训机构是一个构件系统，通过设计规划教学产品和教学服务对教师发展产生影响，促进教师个体和群体实现专业能力提升。从构成要素来看，教师培训机构既包括建筑设施、教学仪器等实体性的物化产品，也包括课程产品、文化氛围、培训制度等非实体性的虚拟产品和服务。

从运行主体来看，它既包括教育行政部门举办的教师培训机构，也包括以市场为主体的教师培训机构。教师培训机构的功能和价值定位、培训项目类型、数量和质量特征、培训满足参培者的专业成长需求的程度是研究教师培训机构的关键变量。

目前我国从事职后教师培训培养的机构有如下两大类：

一是以职前培养为主，职后培训为辅的教师培训机构。综合大学和师范大学中的教师教育学院，属于大学建制中的二级组织，承担"国培计划"和少部分以市场机制为主的教师培训委托项目，这类机构以职前教育为主，职后培训的业务处于边缘化，属于非主流业务。

二是以教师职后培养为主，隶属于各层级教育行政部门的省、市、区县教师发展专门机构，分布在省、市、区/县，以教师培训、教育教学研究、教师发展规划政策咨询等为主要职责，以"教育学院""教师发展中心""教师进修学校"为名称的，提供职后教师专业发展服务的专门机构。

本章所涉及的"教师培训机构"指以教育行政部门（包括国家、省、市、区四级教育行政部门）为举办主体，以承担职后教师培训为主要业务的教师发展机构，主要探讨教师培训机构承担非学历教育培训任务所涉及的功能定位、职责、权力和能力提升相关的综合议题。

二、教师培训机构功能定位

《中共中央 国务院关于全面深化新时代教师队伍建设改革的意见》中指出："教师是教育发展的第一资源"。改革创新是引领基础教育现代化发展的第一动力。教师培训机构要主动适应新形势、新要求，全面加强党的建设，全面深化体制机制改革，完善教师培训结构治理体系，全面提高教育质量，全面提升服务基础教育能力。

教师培训机构是我国教师职后教育培养的主要组织机构，与师范院校、国家教师教育基地、优质中小学实践基地和高水平综合大学一起，构成开放、协同、联动的现代教师教育体系，协同完成教师教育培养和素质提升的任务，起到"纽带"作用。教师培训机构专业功能体现在如下几个领域：

第一，角色转变的"纽带"，承担教师专业提升的培训教学与基层学校校本教研工作。对于教师个体而言，教师培训机构担负起服务教师个体专业角色从准教师到教师，从合格教师到优秀教师角色转变的"纽带"；对于基层中小学而言，教师培训机构为学校校本研修提供专业支持，是促进学校发展状态优化的"纽带"。

第二，政策传导与落地的"纽带"，服务区域教师教育综合改革。参与教师教育改革试验区工作，带动区域教师教育综合改革，提升教师培养培训质量，成为教师教育改革政策落地和转化的"纽带"。

第三，提供智库服务和研究，发挥知识转化的"纽带"功能。教师培训机构作为实践性知识生产主体，其辩证思考和理性对话的功能在政策和教育行政中发挥作用。提供教育行政的智库服务：开展教师发展研究，成立相应研究中心，承担研究教师队伍建设重大问题，为区域重大教育改革和重大决策提供研究支撑的智库服务。研制教师专业发展相关标准：教师队伍建设的系列标准建设，包括教师资格标准、教师编制或配备标准、教师职业道德标准、教师专业标准、教师培养标准、教师管理信息标准等。教师培训机构在制定教师队伍建设和培训机构建设标准等提高培训专业化水平的专业性工作中发挥着重要的专业支持作用。

三、教师培训机构管理的政策和制度基础

党的二十大报告中提到，"中国式现代化是人口规模巨大的现代化"。实现人的高质量发展，应以人口整体素质促进人口规模优势释放。人力资源强国的教育高质量发展，要求教师教育的发展和定位从价值观和方法论上做出相应的回应。

（一）完善的教师培训体系是培训机构管理的制度依据

我国教师培训事业通过建构分层、分类、分岗的教师培训体系，合理统筹教师资源，规范教师培训活动的流程，提升教师培训质量。

在项目体系规划层面，根据教师培训事业需要，建构覆盖全员的教师培训项目体系，是培养教育人才的制度保障。《中小学教师继续教育规定》规定教师培训的类别为"新任教师培训""教师岗位培训"和"骨干教师培训"。《中小学校长培训规定》中设置了"任职资格培训""在职校长提高培训"和"骨干校长高级研修"三个项目系列。教育部颁布的上述两个规定，为干部教师培训的项目类别奠定了以干部教师职业生涯发展阶段为线索的主体框架。

在国家设计的培训项目体系的制度框架下，各级教育行政部门规划相应层级的培训项目。教师培训机构根据当地教师群体和个体的发展特征和发展条件，设置分层次、分类别、有针对性的培训项目体系。各层级培训机构按照干部教师所在岗位类别或学科类别，形成了分层、分类、分岗（分科）、覆盖全员的干部教师培训体系。

（二）教师教育政策指明教师培训机构管理的方向

国家教师培训政策导向为教师培训机构发展指明了方向。改革开放以来，我国中小学教师培训政策历经了恢复式、渐进式与内涵式三个不同的发展阶段。[①]教师培训机构随着教师培训方向的更改和质量要求的提高，在培训项目类型、培训内容设计和培训师资专业能力要求等方面得到优化、发展和提高。

20 世纪 80 年代末到 90 年代初，《中共中央关于教育体制改革的决定》中提出要"建立一支有足够数量、合格而稳定的师资队伍"，这为教师培训机构发展提供政策指引，培训项目以"学历补偿"为主，培训师资设计以学科专业知识和教学技能为主设计学历教育

---

① 彭昊，杨婕，唐智松：《改革开放以来我国中小学教师培训政策的变迁逻辑——基于历史制度主义的视角》，载《中国成人教育》，2021（18）。

教学课程。

1993 年《中国教育改革和发展纲要》提出"建设一支人员精干、素质优良、待遇较高的师资队伍","要制订教师培训计划,促进教师特别是中青年教师不断进修提高"。教师培训机构工作从以学历补偿教育为主逐渐转向规范化的业务培训,培训机构的培训项目和培训课程覆盖不同发展阶段的教师,关注教师职后工作实践中的能力提升,以实现国家政策指向的"大规模实施教师继续教育"的政策目标。

进入 21 世纪,国家颁布了《关于全面深化新时代教师队伍建设改革的意见》和《关于深化中小学教师培训模式改革全面提升培训质量的指导意见》,意见中完善了对教师参加培训的时间周期、课时、培训内容和方式的要求等。教师培训机构进入质量内涵快速发展时期,各级各类培训机构建构适合本地教师队伍发展的项目体系、课程体系,进行培训课程和培训模式创新,加快推进教师教育学科专业建设,成为教师教育一体化建设的协同力量。

(三)培训专业化是培训机构管理质量提升的放大器

教师培训机构的专业化水平在教师培训政策指导下,在机构设置、项目体系设置和课程内容等方面逐渐进化和优化。

培训机构体系化网络覆盖、培训内容和培训方式迭代更新的系统思考在深刻实践中不断提升。在教师教育一体化政策框架下,培训机构发挥理论与实践转化的"纽带"功能,教师培训机构从知识生产、知识管理和知识创新方面对教师个体素养提升和队伍高质量战略发展承担重要的使命和职责。

在科技强国、教育强国和人才强国战略推动下,教师培训机构从行政取向向专业化取向发展势在必行。在教师培训项目实施层面,培训机构的培训质量关乎国家培训体系实施和运转的效能。职后教师培养课程有强烈的实践导向,培训机构使教师在培训学习中能够在"实践问题诊断和解决"的层面获得支持。就培训项目而言,满足需求和引导发展的专业项目课程,既要站在以理论见长的学者和研究者的立场观照学习者理性思考和理论学习的需求,同时也需要从学科导向的理论体系中跳脱出来,建立以实践知识为基础的实践性培训理论和策略,从干部教师培训的实践知识生产和传播的立场出发设计课程、实施教学。

第二节　教师培训机构的管理逻辑

2014 年 1 月,在教育部召开的全国教育工作会议上,"加快推进教育治理体系和治理能力现代化"被确定为深化教育领域综合改革的战略目标。

2018 年 1 月 31 日,中央深改组审议通过了《中共中央 国务院关于全面深化新时代教师队伍建设改革的意见》，提出"坚持教育优先发展战略""把管理体制改革与机制创新作为突破口"，从而将推进教师队伍建设和教师教育治理体系与治理能力现代化提上了教师教育改革的议程。

2022 年《新时代基础教育强师计划》指出："加快构建现代教师队伍治理体系，提升教育教学水平。"

教师教育政策指出"治理"理念对于教师教育发展的重要意义。本节以"治理"理论作为理论透镜，立足教师培训的治理体系和治理能力建设，解读教师培训机构的管理逻辑。

一、教师培训机构中的"治理"理念

基础教育是由国家提供的，任何人都可以免费（或通过公平收费）享用的公共产品。教师培训是在公共产品供给链条上保障公平、高质量供给的重要保障条件。

《中共中央 国务院关于全面深化新时代教师队伍建设改革的意见》指出要"突显教师职业的公共属性，强化教师承担的国家使命和公共教育服务的职责"，这就意味着教师的教育教学工作与教师教育都属于以政府提供为主的公共服务的范畴。政府主导将是推进教师教育体系与治理能力现代化的立足点，促进教师专业发展从而提升教育公共服务质量与水平将是推进教师教育体系与治理能力现代化的目标与使命。

"治理"的本质即公共产品和服务过程是由包括政府在内的公共机构、私人机构、公民团体以及公民个人等多元主体以多种形式协调相互间利益或冲突并采取联合行动的持续过程；能够使公共利益最大化的治理就是"善治（good governance）"。[1]

将治理理念运用到教师培训事业发展中，结合国家对培训机构的功能定位，我们这样解读：教师培训是指以培训机构为纽带，联结国家（政府）、大学（教师教育机构）、市场（个人及中小学校等教师教育消费者）、社会组织（教师及教师教育专业组织）、公民等多元主体共同参与、协作应对教师教育公共事务并承担相应责任的新型管理和服务模式。[2]健全教师培训治理结构、优化教师培训治理机制便是教师培训机构专业化研究要解决的关键问题，也是核心研究内容。

二、教师培训机构治理主体

"治理"主张多元共治，教师培养作为重要的治理任务，通过教育行政部门与教师培训机构在培养目标和运行机制方面的协调一致，实现对教师培训发展的优化统筹。

---

① 俞可平：《治理与善治引论》，载《马克思主义与现实》，1999（5）。
② 杨跃：《教师教育治理研究：价值、内容与方法》，载《教师教育研究》，2016（6）。

教育行政机构是教师培训的管理主体,教师培训机构是教师培训的执行主体。治理主体通过建立动态培训管理机制体制,促进培养、培训、研究、服务一体化,将教师培训管理落到实处,推动教师培训工作质量的提升。

我国教师职前培养体系是从 20 世纪 50 年代初开始逐渐建立的"中等师范—高等师范专科—师范大学"三级职前培养体系;职后培训体系是"县级教师进修学校—市级教育学院—省级教育学院"构成的三级职后培养体系。随着高等教育大众化、基础教育发展和人口数量和质量的动态变化,教师培养体系面临师范院校与中小学教师数量需求、质量需求的变化不相适应,高等教育大众化迫使教师教育体系的低学历端和职后端被大幅"剪除",我国教师教育实现了从 "旧三级"(中师、专科、本科)向"新三级"(专科、本科、研究生)的转变,中师几乎淡出历史舞台。

1999 年,教育部发布《关于师范院校布局结构调整的几点意见》,对建设开放的教师教育体系进行了调整部署,加快教师职前职后培养一体化。

21 世纪初期,作为教师职后培养的主体结构,省级和地市级教育学院经历了机构合并和改制。2010 年前后,随着高校的合并、升格、扩张的需要,部分地市级教育学院合并到职业技术学校或转设为全日制普通高校,部分地市级教育学院吸纳了地方教育教学研究、信息技术研究以及管理等部门成为综合性的地方教育教师发展中心[1]。县级教师发展机构经历了教研、科研、培训与电化教学"四位一体"资源整合过程。

总体而言,从机构设置的角度审视教师培训机构治理主体,国家对教师教育体系进行总体布局,完成了提升教师职前培养的学历层次,撤并和改制地市级教育学院,扩充师范院校和综合大学作为职后教师培训的有效力量,目的是应对从学历补偿到能力提升的机构专业化建设,真正实现职前培养与职后培训的有机链接与资源共通。

三、教育行政为培训机构管理指明方向

在国家政策指导下,各级教育行政部门是实施教师教育和培养的行政主体,教育行政机构的行政举措代表了国家教师教育的政策导向。教育行政部门与教师培训机构建立协调一致培训管理模式对提升国家教师教育政策和教师培训工作质量和实现政策预期起到关键作用。

在教育行政层面,国家通过部门规章和文件要求的方式落实国家的政策精神和战略举措,主要体现在:在标准引导、资源统筹和机制创新等方面实现职能优化,落实政务工作的

---

[1] 吴惠强,阮为文,陈路:《地市级教育学院现状调查与发展述评》,载《河北大学成人教育学院学报》,2021(4)。

"放管服"原则。

（一）制定标准：为高质量培训提供保障

国家通过制定标准，规范培训机构发展，在工作内容规范化、工作过程标准化、师资技能专业化方面做出方向性指导。

教育部 2002 年颁布《教育部关于加强县级教师培训机构建设的指导意见》，2011 年颁布《示范性县级教师培训机构评估标准》，规范、促进基层教师培训机构发展。

2012 年教育部制定课程标准，规范培训的质量。教育部制定《"国培计划"课程标准（试行）》，根据不同类别、层次、岗位教师教育教学能力提升和专业发展的需求，制定包括课程目标、建议课程内容、课程设置与实施建议的标准和要求。

2013 年《教育部关于深化中小学教师培训模式改革全面提升培训质量的指导意见》指出：国家制订教师培训课程标准，建立资源共享平台，促进资源共建共享；国家制订培训质量标准，定期开展培训质量评估，发布年度监测报告。地方教育行政部门要采取专家评估、网络匿名评估和第三方评估等方式，监测培训质量，公布评估结果，并作为培训资质认定、项目承办、经费奖补的重要依据。培训机构要做好培训绩效评价，跟踪教师参训后实践应用效果，不断改进培训工作。

（二）搭建平台：协调区域资源统筹，部门职能整合

教育行政部门与培训机构的协同合作。《教育部关于深化中小学教师培训模式改革全面提升培训质量的指导意见》政策文件中系统规划了基于"学分管理"推动五层级培训机构、培训机构与教育行政部门之间协同合作，以深化教师培训管理改革。省级教育行政部门是教师培训学分的认定主体。培训机构要按照学分标准，制订培训课程建设计划，系统研发培训课程体系，分层提供培训服务。中小学校按相关要求定期申报教师培训学分，市县教育行政部门按年度进行审核，并将结果反馈教师所在中小学校。

不同层面培训机构的协同合作。《新时代基础教育强师计划》指出：重点支持建设一批国家师范教育基地，构建师范院校为主体、高水平综合大学参与、教师发展机构为纽带、优质中小学为实践基地的开放、协同、联动的现代教师教育体系。培训机构要将为教师提供多样化优质服务作为培训工作的出发点和落脚点，建立灵活、开放、专业的培训公共服务平台。师范院校要大力推进内部教师教育资源整合，建立与中小学合作的机制，促进培养、培训、研究、服务一体化，发挥示范引领作用。

区域层面培训资源的统筹整合。建设培训公共服务平台，为教师提供多样化服务。各地（教育行政部门）要依托现有资源，加快推进县级教师培训机构与教研、科研和电教等部门的整合，建设县级教师发展中心，发挥其在全员培训的规划设计、组织实施和服务指

导等方面的功能。

（三）创新机制：建立健全支持教师专业培训和发展的畅通渠道

21世纪以来，国家通过发布规范性的政策文件，通过机制建设和制度保障促进中小学教师培训质量的全面提升。

《教育部关于深化中小学教师培训模式改革全面提升培训质量的指导意见》提出，省级教育行政部门要探索建立教师自主选学机制，建设"菜单式、自主性、开放式"的选学服务平台，为教师创造自主选择培训内容、时间、途径和机构的机会，满足教师个性化需求；建立培训学分认证制度，学时学分合理转化；建立教师培训学分银行，激发教师参训积极性；推动网络研修与校本研修整合，推进高等学校、培训机构与中小学结对帮扶。

各级教育行政部门要统筹建设培训专家库，并实行动态调整，建立一支专兼职结合的优秀培训者队伍。国家建立培训专家库信息管理平台，实现各地培训者的信息共享和培训成效评估。

2022年颁布的《新时代基础教育强师计划》指出，发挥国家教师发展协同创新实验基地建设的示范作用，通过建立标准、项目拉动、转型改制等举措，推动各地构建完善省域内教师发展机构体系，建强县级教师发展机构及培训者、教研员队伍。优化培训内容、打造高水平课程资源，建立完善自主选学机制和精准帮扶机制，创新线上线下混合式研修模式，提升中小学教师的信息技术应用能力和科学素养。

教师教育政策通过制定标准、搭建平台、创新机制等路径为教师培训机构的发展奠定了教师培训机构运行的基础。政策目标的实现需要各利益相关方之间相互配合，以达成教师培训效能最大化。

四、多元主体相互作用下的培训机构管理优化

治理理论为我们提供从"公共服务"的视角理解政府、市场和培训机构在为教师提供服务时的行动逻辑。国家对教师培养的政策从师范教育体制到教师教育一体化体制的制度变迁，体现了国家在公共事务上的关注人的发展、关注关系协同、关注多元主体参与等治理理念转变。

教师培训机构一方面是政府为基础教育提供服务的代理人，另一方面，教师培训机构与教育行政部门机构一起构成介于行政管理与提供服务之间的机制。这两个层次的管理和服务的关系，放进治理理论之中，需要思考和梳理：（1）教育行政部门通过提供制度供给保障教师培训机构高质量提供培训服务；（2）从"管治行政"到"服务行政"的转变，优化教师培训机构的生存和发展的政策环境特征；（3）不同类型教师培训机构在教育行政治

理体系中形成的竞争与合作的制度框架。

（一）治理理论作为分析教师培训机构发展的解释框架

治理理论经历了三种主流体制的演变，分别是传统公共行政、新公共管理和新公共治理。[①]传统公共行政以政治与行政的分离为核心特征，新公共管理以公共部门和私人部门管理技术与方法的融合为核心特征。新公共治理的理论基础是制度理论和网络理论。在新公共治理下，如果治理安排缺乏规范性基础（制度）的话，那么从长期来看，必然会出现效率低下和合法性不足的问题。制度不仅可以促进治理主体间的互动，也可以对其进行控制，同时治理主体间的互动也会改变和形塑制度。

治理的实质就是创造一种环境条件，这一环境是为良好秩序和集体行动提供条件，包括治理结构和治理过程的设计和实施以及调整的统治方式的再设计与实施。[②]现代社会的治理经历了从"提供政策供给"到"协调掌舵施加影响"[③]再到"政府在公共服务中不是掌舵，而是服务"的观点变化。政府逐渐演变到负责安排议程，使各相关方为促进公共问题的协商提供便利的角色。

教师培训机构是教育行政提供教育服务的一种机构安排。教师培训机构隶属于教育行政机构，被称为直属事业单位。教师培训机构一方面可以独立自主地开展业务，另一方面又以承担政府交办的事务为主形成了庞大的业务体系。从公共服务的视角看，政府机构的公共服务必须促进建立一种集体的、共同的公共利益观念，要创立共同的利益和共同的责任。教师培训机构作为政府提供公共教育服务的实施主体，其运行逻辑体现和遵循治理理论发展的脉络。

从宏观层面讲，教师培训机构处于联结教育行政机构行政和满足中小学干部教师群体专业发展需求的环境中，建构教育行政机构与教师培训机构的行政教育治理关系，产生教师培训机构与参训主体的教育服务关系。

从微观层面讲，治理搭建的是政府内部政治—行政行为的桥梁，是政府行政权力及行为如何运行，如何分配、如何组织的政治—行政过程。国家有各种不同类型的教师培训机构，包括师范院校、综合大学的师资培养院系、教师专业发展机构等，他们作为培训的执行主体，形成类似二级市场，他们之间存在竞争与合作的关系。在教育行政管理机制和类市场化管理机制之间，不同类型的教师培训机构的发展规模、发展速度和发展效果取决于教育行政

① 包国宪，赵晓军：《新公共治理理论及对中国公共服务绩效评估的影响》，载《上海行政学院学报》，2018（2）。
② 包国宪，郎玫：《治理、政府治理概念的演变与发展》，载《兰州大学学报（社会科学版）》，2009（2）。
③ Vincent Wright. Reshaping the state: The implications for public administration.West European Politics.1994（3）.

机构如何主导和协调。

赋予教师培训机构在教师教育一体化体系中职后培养的职责和使命，教育行政部门需要将其下属的各类机构功能发挥出来，细化设计机构关系与运行机制，使各类机构和谐运行，这是教育行政部门作为公共事务治理主体的职责。

（二）教育行政部门：政策发挥对更大的公共利益负责的主体职责

进入新发展阶段，国家的战略重点是加快推进义务教育高质量发展，着力构建优质均衡的基本公共教育服务体系。国家发展改革委等部门联合印发的《"十四五"公共服务规划》在第三章第二节"补齐基本公共服务短板"第一项"义务教育"中提到的"推动县（区）域内义务教育校长教师交流轮岗，促进优秀骨干教师在学校间均衡配置。继续实施农村义务教育阶段教师特岗计划、"三区"人才支持计划、教师专项计划和银龄讲学计划"等内容体现了国家公共服务对优质教育和教师资源均衡配置的政策导向。基本公共教育服务要由外在条件的大致均等转向内在需求的合理满足，由数据指标层面的缩小差距转向差别待遇的差异化供给实施。

1. 确立各种类型教师培训机构主体功能

我国中小学教师培训机构的建设，经历了从无到有、从有到优、结构调整、体系重塑的过程，从专门机构到综合、开放的机构的过程。[①]

教师培训机构作为正规师范教育补充的功能定位：20世纪50年代国家教育发展面临的主要问题是师资不足，1952年教育部在关于中小学教师进修问题的通报中提出，从1952年秋起各大行政区可否选择适当城市筹办教师进修学院一所，有条件的县筹办教师业余学校若干所。随后，教师进修学院和教师业余学校逐步建立起来。

教师培训机构成为师范教育体系重要组成部分：1977年12月，国家教委出台的《关于加强中小学在职教师培训工作的意见》专门就培训机构提出要求，"需要尽快建立和健全省、地、县、社和学校的师资培训网"，确立了教师培训机构系统规范建设的政策方向。1980年《关于进一步加强中小学在职教师培训工作的意见》中进一步强调："教师进修院校承担着中小学在职教师的终身教育的责任，它是我国师范教育体系中的重要组成部分，并将长期存在下去。因此，必须予以应有的重视，明确其地位。"

建成五级教师培训体系。从20世纪80年代开始，我国逐步建立起省、市、县三级教师培训机构。2010年起正式实施"国培计划"。随着基础教育课程改革的不断推进，校本研修（校本教研、校本培训）和网络研修（远程培训）等培训模式得到不断推广。

---

① 赵丽，钟祖荣：《新中国成立以来中小学教师培训政策：历史分期、发展特点与完善策略》，载《中国远程教育》，2023（3）。

教师培训机构主体多元，层次提高。随着高等教育改革和教师教育一体化的提出，教师培训的主体更加丰富，层次水平逐渐提高。《中小学教师继续教育规定》指出了教师培训机构的多种主体，包括各级教师进修院校、普通师范院校、综合性高等学校、非师范类高等学校、中小学、社会力量等，这是综合、开放的教师培训体系的发端。

省、地市级教育学院在成人高等教育中发挥高层次职后教育的功能。除了普通高校或师范大学二级学院以职前培养为主业的教育学院之外，我国五级职后培养体系中省、市级教育学院指的是具有师范性质的省市属成人本科高等学校。在本研究中，教师培训机构特指具有成人教育性质，以职后教师培训为主业的机构，在省市一级，独立设置为省级教育学院和地市教育学院。随着社会的发展，省市级别的教育学院也经历了一个变化的过程，经过改制、合并、重组等不同的改组方式之后，目前仍保留建制的有北京教育学院、广西教育学院、黑龙江教育学院、吉林省教育学院、福建教育学院。

2010年前后，随着高校的合并、升格、扩张的需要，部分地市级教育学院合并到职业技术学校或转设为全日制普通高校，部分地市级教育学院吸纳了地方教育教学研究、信息技术研究以及管理等部门成为综合性的地方教育教师发展中心。《2020年全国高等学校名单》中，有28所省市级教育学院列入"成人高等学校"范围。这些具有高校性质的"教育学院"，主要集中在中国东部沿海的省域。而在全国三百多个地级行政区中，绝大多数的地级市虽然没有高校性质的教育学院，但都有从事教师职后培训的机构或类似于教育学院的地级教师发展中心。

优化区县教师培训机构的功能定位。2011年《关于大力加强中小学教师培训工作的意见》中，政策提出了"两个鼓励"，即鼓励和支持有条件的综合大学特别是高水平大学培训中小学教师，鼓励具备资质的社会教育机构参与教师培训。这充分发挥了区县教师培训机构的服务与支撑作用。促进县级教师进修学校与相关机构的整合和联合，加强县级教师培训机构基础能力建设，形成上联高校、下联中小学的区域性教师学习与资源中心，在集中培训、远程培训和校本研修的组织协调、服务支持等方面发挥重要作用。

2. 使用培训政策工具提高培训机构公共教育服务的能力水平

政策工具是达成政策目标的手段。麦克唐纳尔 (McDonnell) 和艾莫尔 (Elmore) 将政策工具分为命令性工具、激励性工具、能力建设工具、权威重组工具、劝告工具五项政策工具[1]，国内的研究者大多以此为依据建设分析教师培训政策工具的理论框架。教育行政对教师培训的影响通过政策工具发挥作用。科学选择与合理配置政策工具能有效提升教育政策

---

① Lorraine M.McDonnell and Richard F.Elmore，Getting the job done:alternative policy instruments. Educational Evaluation and Policy Analysis，1987（2）.

的执行效果。研究者梳理和分析了政策的工具性维度和教师培训管理要素维度的相互关系，揭示政策工具对培训管理要素施加的影响及其效果。

（1）"权威/命令"政策规范教师培训机构能力建设

国家教育行政部门主要采用政府权威命令和能力建设政策工具来推动中小学教师培训，希望通过威权效应和教师培训机构自身能力建设夯实中小学教师培训工作基础，优化体系运作的规范性。

研究者将权威命令的观察指标分解为"建立制度""强制规定""法律法规"和"资质认证"，将能力建设的观察指标分解为"培训能力""资金经费""培训者培训""资源建设""平台建设""绩效考评"。

研究者对我国 1999—2020 年 95 份中小学教师培训政策文本内容编码的频数统计分析发现，在权威工具中，"建立制度"的应用最多；其次，"强制规定"的应用也较多，主要体现在培训学时、学员选拔、培训周期、经费保障、课程内容和师资占比等方面。此外，政府还通过制定标准、规定、指南等为中小学教师培训提供规范性手段。例如，制定了"国培计划"课程标准、教师教育课程标准、教师专业发展标准、培训基地评估标准、教师教育技术能力标准等。

关于能力建设的工具使用，研究发现：在能力建设工具中，培训机构"培训能力"得到重视，而其中占比最多的是更新培训机构的培训观念和改革培训模式，其次是强调培训的针对性、多样化和实效性，最后是明确培训内容、突出培训重点、训后跟踪等。[①]

（2）"激励和系统变革"政策鼓励培训机构提高管理效能

在系统变革工具中，"建立新组织""职能重新界定"出现频率较高，说明政府主要采取组织结构的设立、分工和职能界定等方式来厘清各培训主体的责任、权力和利益关系，以加强对中小学教师培训工作的统筹管理。

在激励工具中，"授权挂钩"主要表现为培训业绩与激励的关联性。其中教师培训成绩与个人利益挂钩方面最多，其他激励工具则体现不足。从激励的方向看，运用较多的是负向激励即惩戒处罚，而正向激励即表彰奖励较少。正向激励工具的低使用率说明针对中小学教师培训的奖惩机制尚不完善，重惩罚轻奖励，能够激励执行主体主动参与提升培训质量的政策工具使用明显不足。

钟祖荣等研究者以教师培训政策发布的时间线作为观测点，每个年代选取一个具有代表性的文件，运用政策工具分析政策对教师培训机构发展影响产生的时代特征。其研究结

---

① 王慧：《政策工具视角下我国中小学教师培训政策文本量化分析》，载《基础教育参考》，2021（12）。

果显示：在新世纪之后，系统变革工具的使用力度加大，主要是培训机构建设、相关培训制度建设等，体现了制度变化大，而象征工具和激励工具的使用相对较少。

（3）"培训实施"政策对培训机构培训过程和培训质量进行督导

培训规划、培训实施、成果转化、效果评估是培训要素分析的四大类观测点。研究者对国家教师培训政策文本分析后，发现各培训管理要素中五类政策工具的使用频率不同且差距较大，其中，基于培训实施要素的政策工具使用频次最多。政策对培训实施的制度设计，体现在对培训方法、培训组织、培训资金、培训主体、培训内容和培训师资等关键要素的调节和优化上。[①]

另外，研究者共同的观点是，政策工具中基于效果评估、成果转化和质量监督的要素出现的频率较低，这说明国家对培训实施的关注度远大于对效果评估、培训规划和成果转化的关注度。

3. 建构五级培训项目体系横向协同机制

从管理主体看，教师职后培训体系包括"国培计划""省培计划""市、区级培训"和"校本培训"五级项目管理。在实施机制上，"国培计划"实施的理想状况是通过统筹师范院校和各级各类培训机构资源，设计良好运行机制，为基层教师培训机构专业能力提升提供服务与支持。

基于这样的政策导向，朱旭东教授撰文提出"国培计划"的价值在于"机构的建设性价值"，通过机制设计，设立"区县教师专业发展中心""教师专业发展学校""校本教师专业发展中心"和"名师工作室（坊）"四个教师专业发展机构，使教师学习实现"不让一个教师掉队"，把教师塑造成为终身学习者，形成"用最优秀的教师教育者培养最优秀的教师"的优异价值链，确保底层教师教育体系为教师质量奠基，确立优质学校在教师教育中不可或缺的重要地位，培育"充分发挥校本教师专业发展中心的基础作用"的有生力量，发挥"名师工作室（坊）"的教师教育优势，促进发挥区县教师专业发展中心的龙头作用。[②]

从机构建设的角度分析满足当地教育发展需求在系统的结构层面的设计，还需要从"组织机制"的视角分析、建构和促成基层教师培训机构的高效运行。

建立职前职后教育协同发展路径和机制，加强教师培训机构对于教师职前教育的补充和角色转化的重要职能建设。非师范毕业新教师的教育教学专修成为连接职前职后协同纳

---

① 焦楠，程凤春，王皖舒：《基于政策文本的北京市中小学教师培训政策工具与要素研究》，载《教师发展研究》，2023（2）。

② 朱旭东：《论"国培计划"的价值重估——以构建区县教师教育新体系为目标》，载《云南师范大学学报（哲学社会科学版）》，2019（3）。

入教育学院的职责，获得教师资格证书却没有系统学习过教师教育专业课程的"准教师"需要通过教师培训机构"新教师课程"相关模块学习方能正式进入中小学校，开展教学实践工作。

建立以学术辐射为主线的职后培训各层级培训。机构之间协同学术路径和机制，建立以学术资源辐射和学术能力扶持为主线的"多元化服务模式"。以国家教育行政学院为龙头，组建全国性"师训干训协作平台"，充分利用各地教育学院师训干训资源、地方中小学资源，不断拓展地市级教育学院生存空间，探索多元化的服务模式。[1]

建立以地方教育行政机制创新为主线的管理主体与执行主体的协同路径和机制，通过市场机制和激励机制吸引不同类别和层次的优质培训资源注入地方教师培训机构，提升地方教师培训机构专业能力。研究者提出了"协同学"作为区县教师教育机构之间协作的理论框架，引入"序参量"和"控制参量"框架，解释内外部动因与区县教师教育机构协同行动之间的关系。[2]序参量，可以理解为教师培训机构内在发展的动力，即教师培训机构内部改进的动机与意愿；控制参量，是外部影响因素，即政府的政策目标、培训标准和资源统筹，市场方面的竞争和合作机会与合法路径，社会层面的来自高校和科研机构的专家支持、项目开发等。省政府出台区县教师教育新体系政策，明确机构设置、编制、资金、人员标准、督导评价办法等，区县教师教育相关机构就能够按互利互惠原则采取协同行动，推动区县教师教育旧体系转型发展为新体系。教师教育机构之间就会发生积极的非线性作用，形成顺畅、高效的合作关系，促使区县教师教育体系从旧体系过渡到新体系，实现 $1+1>2$ 的协同效应和整体目标，为当地全体教师提供公平、持续而有质量的培训。

（三）教师培训机构能力建设

教师培训机构能力建设是各层级培训机构立身之本。教师培训机构立足干部教师培训本职业务，其能力体现为兼顾国家、区域和参训者本人教育发展需求，整合教师培训资源，统筹规划各层级教师培训项目，系统开发培训课程，提供完善的组织管理和服务的综合能力。

1. 培训资源整合能力

教师培训机构资源整合能力指机构整合能力和人力资源整合能力。

"机构整合"是指在我国教师培训政策文件中提到的推进新型教师培训机构建设所进行的资源整合，包括机构功能整合、人力资源整合，以此形成教师教育创新的机制动力源。

---

[1] 吴惠强，阮为文，陈路：《地市级教育学院现状调查与发展述评》，载《河北大学成人教育学院学报》，2021（4）。

[2] 茶世俊，梁娜，靳伟等：《区县教师教育新体系协同机制的理论构建——以协同学为理论视角》，载《教育学术月刊》，2021（5）。

指向教师培训终极目标，在功能定位中凸显功能整合。教研、科研、信息技术和师资培训整合于一体是"术"层面的具体策略，上位的战略思考和顶层设计是提升和优化教师教育体系的质量和水平，使单一和割裂的"教"和"为教服务"的局面，实现在项目设计层面的"内容迭代"与"模式创新"。

教师培训机构定位为"研学＋信息化＋实践创新"教师发展中心的功能与使命。在内容层面，教师培训从以输入为主，转变为基于研究的知识生产与知识共享的格局，这是教、科、研整合在一起的内在逻辑。在模式层面，信息技术的加持使得教师培训的规模、方向、交往与产出呈现集聚效应。国家站在未来教育发展对教师双要求的层面提出的资源整合战略落位到教师教育发展机构，其转化为实践的路径则应该是在培训项目体系设计、培训课程设计和培训组织管理和服务上的深度改革和融合。

人力资源取长补短，形成培训规划新格局。在确定了教师培训机构教师发展中心"研学＋信息化＋实践创新"复合功能后，充分利用人员特长，争取内部资源整合最优化。首先，"四位一体"整合机制需要打破原有部门框架，基于机构定位，优化岗位和人员的匹配机制；其次，对研训资源进行科学规划、有机整合，用于区域教师教育资源的开发、转化、整合、包装与推介，以期形成品牌，提升研训工作的信度和品位；最后，积极探索以满足区域教育发展需要、分类分层培训设计教师群体和联结上下游培训资源优势为底层逻辑的培训项目体系开发，将现有资源整合效能最大化，并寻求更大范围和更深程度的潜能开发。

2. 培训项目规划能力

培训项目规划能力是教师培训机构可持续发展的关键能力。从机构专业化发展意义上判断，培训机构的项目体系为教师培训奠定了机构资源版图和机构品牌影响力的基础。

培训项目体系是指教师培训机构基于机构发展定位和人才培养目标，建立起的分层、分类、分岗专业化培训项目体系。

分层培训是依照教师专业发展的阶段性特征而设计的不同层次的培训项目。其学理逻辑是基于教师专业资本的拓展和个性化发展的教师任职资格培训、新教师培训、骨干教师培训、专家型教师培训、名师工作室等。对于分层培训的理论依据，各国研究者从不同分析视角入手。休伯曼的职业生涯周期理论将教师分为"入职期""稳定期""实验和歧变期""平静和保守期""退出教职期"[1]，北京教育学院建构了首都干部教师高质量培训体系的"阶段式培养培训体系"，即根据干部教师成长发展阶段，按照校长职级制和教师职称或荣誉级别设计的培训。一是新任干部教师培训，重点要做好校长任职资格培训和新任教师示范

---

① Huberman, M. The professional life of cycle teacher. Teachers College Record, 1989（1）.

性培训,进一步形成全市新任干部教师培训的统一标准与规范。二是优秀青年干部教师培训,重点是助力其专业发展,为其向更高层次的成长奠定基础。三是职级为中级的校长和区级骨干教师、学科带头人的培训,重点是助力其形成初步的管理与教学特色,形成对教育教学的深度理解。四是职级为高级的校长和市级骨干教师、学科带头人的培训,重点是助力其形成鲜明的管理与教学特色,以及比较明确的教育教学思想。五是职级为正高级的校长和特级教师、正高级教师的培训,重点是助力其形成卓越的管理与教学风格以及比较系统的教育教学思想。[①]

培训机构项目体系中的分类培训依据项目组织者的层级而定,如国培项目、省培项目,落地到本级培训机构,由培训机构执行项目的组织和服务。分岗 / 分科培训主要是基于参训者的岗位特征和学科背景而进行的项目设计,如教师培训分为若干学科,干部培训按不同岗位分为教学校长培训、德育校长培训、后勤校长培训等。党务工作者的书记培训等都放进分类培训的项目体系中。

分类、分层、分岗 / 分科项目体系设置是培训机构课程建设和课程开发的基础。在此基础上,培训机构开展自上而下的课程建设工作,培训机构教师开展自下而上的课程开发工作。

3. 培训课程建设能力

培训课程建设能力是培训机构能力建设的基石,是机构综合能力的体现。培训课程建设是在培训项目体系中,以知识生产的方式为分类、分层和分科设计课程。培训机构课程建设能力体现在如下几个方面。

培训课程建设是教师培训机构自上而下建构育人目标的过程。教师培训是教师教育在职业领域中的延伸,其培养目标是实践应用导向和终身学习与发展导向,即通过培训课程为参训教师提供基于学科逻辑解决教学实践中的真实问题的视角和路径,帮助参训教师形成观照实践的知识观和方法论,推动教师在认识学科知识体系和育人体系方面向更高的认识能力和实践能力发展。培养目标在不同类别、层次和学科项目中都得以体现,只不过知识的载体和知识呈现的方式会由于项目类别的差异而有所不同。

培训课程结构的内在逻辑符合教师成长不同阶段和不同岗位角色所要求的胜任特征的形成规律。课程建设蕴含对"事"的逻辑和"人的成长"的双重关注,形成多种形式和类型的课程结构。成人学习理论认为,成人学习具有学习目标明确、学习方式自主灵活、学

[①] 汤丰林:《首都干部教师高质量培训的体系构建与机制优化》,载《北京教育学院学报》,2023(1)。

习内容指向问题解决、更看重内容增值和即时的效果等特点。

教师培训课程既要关注实践需要，又需要从组织需求出发，从教师群体的整体素养提升的组织视角出发，兼顾个人发展与组织需求，兼顾学理逻辑与实践逻辑，设计培训课程的内容逻辑。在课程的内容结构上，有围绕某个议题设计的短周期、专题课程，如"单元教学设计"专题课程；有专门为某个发展阶段的教师开发的中周期、模块课程，如"学科骨干教师研修课程"；有针对实践中的关键领域开发的长周期、研究类课程，如"整校改进行动研究课程"。针对课程形式而言，有以知识更新为特征的"理论类课程"，有以实践交流为特征的"沙龙类课程"，有以新技能形成为特征的"工作坊课程"，有以体验为特征的"情境课程"，等等。基于课程结构不同、学科逻辑与实践逻辑对话而生成的教师专业生涯中实践性成长的路径不同，培训机构课程建设将个人的成长、组织的需求完美结合在一起。

完善的课程开发流程和明晰的课程方案评价标准是课程建设的质量保障。培训机构的课程建设是系统工程，需要从组织层面做课程开发的制度安排和流程设计。（1）申报和审批。首先，基于培训机构课程开发计划进行课程申报。确定课程在培训项目体系中的定位和价值；其次，在课程研发和管理部门（教务处）进行立项、申报、审批和备案；（2）研制和开发。首先，课程开发负责人和团队设计基于组织、个人和岗位做需求调研。其次，根据调研需求分析撰写课程计划、课程大纲，完善课程资源。然后，按照课程研发管理部门提供的课程方案模板和课程评价标准撰写课程内容和细化课程实施方案等细节。（3）专家论证。方案撰写完成后，由课程研发的管理部门组织学术委员会对课程方案进行论证，经过反馈和修订后，合格的课程方案纳入教师培训课程资源库。（4）实施和督导。入库的培训课程在实施环节接受教学委员会的督导评估，作为课程质量评估的重要证据。对教师培训课程的整体评价包括：课程计划与课程目标的设置是否一致，课程目标是否实现；课程结构安排是否合理，课程主体内容各部分是否具有逻辑性；课程素材的选择是否恰当；培训师个人的综合素养是否合格；等等。通过课程评价，教师要及时对课程内容进行调整，实现课程在实践应用中的迭代与完善。

培训课程开发是培训机构核心能力的重要指标，是培训学科建设的重要载体。培训机构是在育人目标指导下的项目体系总体规划、课程结构系统整合、课程内容精细设计和课程实施方式形成，体现了培训机构的学科建设的综合实力，也体现了培训机构师资力量的知识生产和学术研究能力。

第三节　教师培训机构管理改进

治理属于管理科学的范畴，是以管理为手段，以服务为宗旨，以人民满意为目的的依法履行职责的管理活动。

教师培训机构系统构建和有序运行是提升教师培训质量的重要保障。培训机构的功能发挥在于促成、引发教师在职业生涯中的各个角色意识和加速其专业能力的提升和转化。本节内容从管理效能提升的理论视角分析教师培训机构提高质量的组织管理路径。

教师培训机构联结了教师身份转变的各个阶段。从准教师到新手教师，从合格教师到优秀教师，它陪伴教师专业角色的蜕变。在师范教育阶段，以学科专业知识和教育学理论知识为主体学习内容；在一线中小学校提供的实践场景下，以表现性的言语和行动输出为主体学习内容。教师培训机构的"纽带"牵动专业发展当下的知识体系与实践需求，也勾画出教师在专业生涯中将要面临的知识结构、活动场景和专业技能，并对其进行储备。

一、教师培训资源有效性与差异化供给

"有效供给"作为经济学中的概念，指经济主体在有限的资源条件下，能够通过科技进步、生产技术提高、企业管理改善等手段，不断提高产品的品质、性能和效率，满足消费者不断升级和多元化的需求。

"差异化供给"是公共管理领域的概念，指基于公共利益差异性的需求供给。公共利益的差异性主要表现为不同公共利益之间的不相容性和公共利益的局部偏向性。公共利益差异性特征的凸显必然要求改革公共产品供给方式并促成社会公平观念的转变。公共利益作为一种资源扩散形式具有再分配功能。公共利益的扩散形式在准入机会上没有选择性，不同的个体和群体不仅对公共产品的需求在类型和程度上存在差别，而且其受益程度、受益时间也存在差异性。公共利益的差异性，既可指不同类型公共利益之间的差异，也可指因这种类型上的非同质性所导致的公共利益之间的不相容性，还可指共同体或其成员在某一公共利益上受益与否以及受益程度的不同。[①]

教师培训机构通过设计和研发培训课程为基础教育教师提供专业发展服务。教师培训机构提供的培训资源的有效供给，一方面支撑机构本身完善的项目体系、课程体系和质量管理体系高效运行，满足所服务的干部教师群体的专业发展；另一方面，有效供给是一个

---

① 郭小聪，刘述良：《面向公共利益差异性的公共产品供给制度设计》，载《中山大学学报（社会科学版）》，2008（3）。

动态概念，需要不断优化供给结构，提高培训课程和培训服务的质量，满足不断进步的教育发展和改革需求。

教师培训机构差异化供给的深层需求源于不同地域经济发展的差异和文化差异。不同层次和类别的教师培训机构所提供的培训资源的差异也源于此，国家对于公共产品的提供需要基于差异化需求进行二次分配的设计与实施。

二、培训机构强化"培优"和"扶弱"机构职责

国家通过政策制定和各层级培训机构在实践中的持续改进和优化，实现了以"国培计划"为龙头牵引，各层级培训机构跟进的"培训框架的系统化""培训依据的标准化""培训管理的规范化"和"培训数据的信息化"。[①]"国培计划"是国家设计的意在统筹和提升培训资源的项目机制，通过实施"国培计划"，从国家到基层五级教师培训机构的培训资源和培训能力被激活，我国教师培训专业化的内涵质量得到大幅度提升。

从国培计划的政策目标和培训实施的质量效果看，基于国家教师教育一体化进程和建设高质量教育的战略部署，进一步审视国培计划及其所带动的各层级培训，还有可供优化和发展的空间。

（一）"培优"和"扶弱"项目的现实需要

"国培计划"自2010年启动，通过实施"中小学教师示范性培训项目""中西部农村骨干教师培训项目"和"幼儿园教师国家级培训计划"，项目定位在发挥"培优"和"扶弱"的功能。

"国培计划"培训是针对有一定工作经验的初中骨干教师实施的专业化培训，这就要求培训具有更强的针对性和实效性。虽然"国培计划"对骨干教师的专业发展进行"重点关注"和"重点扶持"，但研究者针对实施国培项目的培训机构的调查研究发现，"国培计划"项目的内容和实施方面没有达到令人满意的效果。其中关键原因是参加"国培计划"的教师在明确培训目标、生成培训预期和目标达成度方面存在较大的差距。

研究者认为"国培计划"实施在有效性和影响力方面尚未能满足项目设计的目标。"国培计划"在试图向农村教师"雪中送炭"的过程中仍然存在问题，主要表现在"培训管理忽视精准的需求分析、培训模式的固定单一、国培文化氛围不足、培训者结构不尽合理等。"[②]尽管教师在教龄上普遍处于成熟教师的"关注学生"阶段，但是其研修内容主要聚焦于

---

① 闫寒冰，魏非，李宝敏：《教师培训专业化现状及发展路线图——从"国培计划"的实践误区说起》，载《现代远程教育研究》，2013（5）。
② 王北生，冯宇红：《"国培计划"实施中的现实困境及其突破》，载《中国教育学刊》，2015（10）。

骨干教师的"关注情境"阶段，尚未能从"如何上好一节课"转向"如何促进学生个性化发展"。[①]

省培计划是在"国培计划"的基础上提出的一项旨在提高基层教师整体素质的教育政策。一项关于省培的研究表明，在实际培训过程中，培训机构过于看重培训课程设置的规范化和结构化，参训教师已有的知识经验对其专业发展起到的作用往往被忽视，从而导致培训内容与教师需求相分离，最终会影响培训效果。大多数参加省培计划的教师认为培训内容理论性太强，不能与教学实践相结合，不能对自己的教学工作起到积极作用；部分教师认为培训内容过于单一，没有考虑到教师之间的差异，不能满足不同层次教师的需求；还有参训教师认为培训内容陈旧，不能体现时代性和前沿性。[②]

上述在国培和省培项目中的问题体现了承担项目的培训机构在承办示范性项目和扶持型项目中关注参训者的培训预期，设置合理培训目标，引导参训者建立合理预期的现实需求；体现了培训机构关注培训内容和培训方式的适切性与引领性特征的现实需求，在培训需求分析、培训过程优化和培训质量评估等环节进行优化和改进的现实需求。

（二）培训机构在"有效供给"和"差异化供给"上下功夫

"国培计划"的精准培训是培训有效性的要求。2010—2020 年，国培十年，中央财政总投入超过 170 亿元，培训教师超过 1600 万人次，覆盖了 31 个省、自治区、直辖市和新疆生产建设兵团近 70 万所中小学、幼儿园。"国培计划"在增加培训经费投入、参训人员数量的指标上加大了公共资源供给，在供给有效性上需要进一步优化和改善。

有效供给的关键在于摸清培训需求，建立与参训学员的"强关联"。"国培计划"落地的基层培训机构应基于"国培"定位，单列研究方向，集中预期资源落实国家教师培训规划。"国培计划"项目与一般的教师培训项目有所不同，它是由当地教育行政部门和各级各类教师培训机构组织实施的教师培训，在师资与学习者关系上体现为在地化的特征，教与学的关联度高。

从有效供给的原则出发，加强"国培计划"项目与当地培训机构的合作，发挥引领和协同合作的机制，确保满足教师的培训需求。对于基层培训机构而言，针对"国培计划"项目特定的培训目标和定位，完善和优化机构职能，确保"国培计划"项目落地的有效供给和差异化供给。

---

① 赵芳娜,陈凤群：《欠发达地区教师专业发展的困境与出路——基于"国培计划"骨干项目的实证调查》，载《教育科学论坛》，2023（2）。
② 王彩霞：《基层教师省培计划的现状与出路探究》，载《太原城市职业技术学院学报》，2020（8）。

1. 培训机构重视学员完备和积极的学习准备状态是培训有效性的必要基础

有研究表明：由于"很多教师意识不到'国培计划'对于自身专业发展的重大价值"，"参训教师中有相当一部分还处于'被动推进'状态"[①]，这个现象反映了调训制度因教育行政部门、学员学校和培训机构之间存在供求方运行和对接效能低的局限。

鉴于培训机构是实施培训的主体中离学习者最近的一方，建议培训机构扩展课程开发的内容范畴，精心设计对参训教师进入国培项目学习的心理建设内容，并将其作为一类课程纳入课程研发的范畴，使参加"国培计划"项目的教师在项目定位和项目价值上有清楚的认知和觉知，从而建立起参加培训对于个人成长和区域教育发展的价值。经过入学课程精心设计，参加"国培计划"项目的教师由"局外人"成为"局内人"，与培训机构建立有机链接后，参加培训学习的动机、态度和行动从"要我学"变成"我要学"的状态，使课程有效性落到实处。

2. "国培计划"培训机构定位"高端"和"引领"，助力各级机构培训差异化供给能力

"国培计划"项目的"高端"和"引领"是指"超越"和"跨越"当下的专业发展路径和水平，是一种发展高维度、进步高速度和基于实践的创新生成的过程。超越不是割裂，是在建立与参与者知识有机联系之上的知识网络的升级和专业技能的迭代。有研究表明，"由于普适性的教师培训缺乏对欠发达地区教师特征、教师工作场域、乡村属性等的思量，不同地域、不同教龄、不同学科教师的研修内容同质化现象严重，缺乏针对性和适切性。"[②]

"国培计划"培训机构是实施培训过程中走进学习者的知识领域，与参训者一起合作生产知识的协助者和指导者。事实上，在"国培计划"招投标制度设计中，成功投标的关键因素是各层级培训机构具备符合"国培计划"项目的专业实力和师资力量，而非对参训群体的深度了解。培训机构作为"国培计划"的设计者和实施者占据着主导权，城市中心导向的培训看似与"高端"和"引领"相符，实际上，来自西部和偏远地区的骨干教师并不能真正走进专家设计的"真实情境"中。

公共服务的差异化供给体现在培训机构的培训供给中，承担"国培计划"的各级各类培训机构克服培训专家资源和培训课程带给学习者的"水土不服"，真正走进学习者的"真实情境"，实现城市中心知识和普适性知识的转化。对于培训机构而言，与参加培训的学习者一起进行知识的转化，不仅是学习者提升和超越自我的过程，更是培训机构在培训专

① 国建文，赵瞳瞳：《农村教师参与"国培计划"低效化的内在成因及其应对策略——地方性知识的视角》，载《教育学报》，2023（1）。
② 赵芳娜，陈凤群：《欠发达地区教师专业发展的困境与出路——基于"国培计划"骨干项目的实证调查》，载《教育科学论坛》，2023（2）。

业化能力上实现"高端"和"引领"的提升和超越的过程，最终实现"国培计划"的顶层设计者、实施者与作为基层单位参与者的农村教师之间有效、平等的沟通和交流。

（三）培训机构培训能力提升，保障全员培训质量

各层级教师培训机构是教师教育体系中服务范围最广，最贴近教师工作实践，以教师培训为主要业务的实体组织。进入新世纪，国家对县级教师培训机构建设十分重视，通过政策发布和标准引领促进县级教师培训机构规范发展，也进一步提出优化县级培训机构在培训项目中发挥服务、支持和协同作用，以促进培训高质量发展的政策导向。

1．横向一体化机构合并和资源统筹赋能教师培训机构

横向一体化是指基层培训机构通过将负责教研、科研、电化教学和教师培训的机构整合在一起，形成"四位一体"教师发展机构。

2002 年，《教育部关于加强县级教师培训机构建设的指导意见》（教师〔2002〕3 号）提出，积极促进县级教师进修学校与县级电教、教研、教科研等相关部门的资源整合与合作，优化资源配置，努力构建新型的现代教师培训机构。2011 年，《教育部关于大力加强中小学教师培训工作的意见》（教师〔2011〕1 号）进一步提出，积极推进区县级教师培训机构改革建设，促进县级教师进修学校与相关机构的整合和联合，加强县级教师培训机构基础能力建设，促进资源整合，形成上联高校、下联中小学的区域性教师学习与资源中心，在集中培训、远程培训和校本研修的组织协调、服务支持等方面发挥重要作用。上述两个文件从"加强"到"大力加强"的政策语言表达，体现了国家对通过基层教育科研机构的组织调整促进县级培训机构综合能力的提升的政策目标。通过基层教师发展相关机构的整合，促进教师教育在培训内容、培训方法和工作模式方面的变革。基层教师培训机构资源整合的政策目标在于拓展其服务功能，切实提高县级教师培训机构为广大中小学教师进修服务的能力和水平，更好地开展基础教育新课程师资培训工作。

2．纵向一体化融合拓宽教师培训机构资源链接路径

纵向一体化指以国家级培训项目"国培计划"为平台，通过公平竞标的方式为各级各类培训机构提供资源统筹的融合机制。

回到政策目标中对教师培训所提出的目标任务和使命定位，从目标、标准、路径和策略的层面讨论当下教师培训机构能力提升的解决方案。由于缺乏合理适切的沟通机制，"国培""省培""市培"项目落地到中小学校，简化为培训院校（机构）和参训教师之间的关系，培训机构仅作为联络人，向学校下发培训指标，然后再将参训人员名单提交到相关部门或培训承办方，弱化了培训机构"纽带"应有的功能。

链接"国培""省培"和"市培"，赋能基层培训机构发挥统筹协调功能，将优质资源落位县域。具体到县级培训机构，其"纽带"功能的职责是承担不同层次类别培训项目落位到学校的主体责任，包括规划不同类别培训重点服务人群，充分发挥各级别培训功能，实施一体化设计。

具体到基层，县级培训机构与国培、省培和市培机构协同创新，优化选人、育人和效果评估机制，提高培训效能。县级培训机构主动与高校或培训机构联合制定培训计划，组织实施。要考虑到培训成果的转化，教师的能力提升、行为转变等，通过健全"选育用评"机制，解决高层次培训与个人进步和学校发展的落实落地问题。

县级培训机构在各层次培训之间的"纽带"功能还体现在创设各层次培训本地化机制。针对每个层次的培训项目，都配置相应的项目组跟进，形成固定工作机制，以增强基层培训机构与其他层级培训机构之间的协调和协作联动，让高端项目真正落户基层。

3. 建设专兼职培训者队伍，建立教师队伍优胜劣汰机制

在教师发展机构中，培训教师既要从事培训教学工作，还要从事事务性的管理和服务工作。与师范院校专职教师相比，培训机构培训教师更渴望相对独立的科研和学习的时间和空间。在安排事务工作方面，培训教师遵循着工作规范，安排着培训流程，可谓周到细致，但是，严谨的科研工作和课程开发工作方面的专业能力仍有很大提升空间。对于培训教师而言，在进行培训课程开发和培训模式创新上缺乏引领力和权威性，培训人员的成长更需要专业化的土壤和组织制度的支持。

第一，做好教师培训机构教师队伍专业发展规划，优化培训教师结构，包括专业结构、职称结构、年龄结构，形成具有良性发展、师徒传承的培训师资队伍。

第二，合理适切的专职教师培训和考核等制度促进教师专业能力提升，创造机会和平台展示专业能力，设计激励制度提振教师专业发展信心。

第三，严格挑选、把关兼职教师队伍，建立兼职教师动态聘用机制，在各层级培训机构形成区域教育资源和专家资源高地。

第四，建立健全培训师资队伍动态管理制度。通过严格培训绩效考核，促进他们的岗位竞争与自主专业发展。

第五，积极争取培训者职称单列。职称晋升指向教学业绩和教学研究导向，以激励教师在教师教育研究和实践指导方面持续提升。

第六，重视培训者共同体建设。建立国培—省培—市培—县培—校本研修项目联盟共同体，充分发挥县级培训机构纽带功能，通过项目实施的沟通机制和协商机制，使高质量的培训资源首先惠及县级培训机构的培训师资。

三、教师培训机构专业化发展的思路和建议

在培训系统中，培训机构是系统运行的组织基础。作为培养教育人才的母机，教育培训机构是否健全，制度是否完善，运行是否顺畅决定着整个教育人才培养母机能否更好地发挥作用。因此，培训机构建设承担支撑教育体系运转的重要功能。[①]"培训专业化"是加强教师培训内涵建设的重要手段。

（一）教师培训机构研究线

在传统的学科门类中，教师教育处于主流文、理学科的附庸地位。关于教师教育学科建设的工作还在艰难探索中。从事教师教育的研究者和教师缺少清晰的学科定位和研究方法，新兴的教师教育专业在学科建设中很容易消融于高等教育体系的相关专业之中。研究者对教师教育学科建设有三个主要立场和观点。观点一：教师教育学科是在教育学科之下的二级学科。观点二："教师教育学科"是围绕"教师教育"所组成的"学科群""学科体系"的简称，是支撑"教师"这一专业人才培养之教育实践活动的多种学科，它们共同构成一个完整的学科体系[②]，其专业性在于具有独立知识及方法论体系。观点三："教师教育学"是教师教育专门人才培养中的一门重要的主干学科和专业学位必修课程[③]，是服务于教师人才培养的教师教育学科群中的一门支撑性学科，其培养目标是教师教育理论研究人才和教师培养实践人才。

以上三个教师教育学科建设的核心观点，为教师培训机构承担起教师教育学科建设的知识生产主体的使命提供了充分的理论支撑。教师教育学（科）的目标是培养从事教师教育理论研究和实践工作的专门人才，即"教师教育者"。这既包括师范院校培养的教师教育者，即师范院校的教师，也包括教师职后教育的教师教育者，即培训者。由于两类教师在教育对象、教育内容和工作场景等方面存在差异，师范院校教师和培训机构教师在专业知识结构、专业能力类型和专业发展阶段等方面既具有一致性，也存在各自的特征。因而，关于教师教育者培养方面，师范院校和培训机构教师都是知识生产的主体。

1. 教师培训机构是学科研究范式实践视角的研究主体

教师教育学科建设是教师培训机构的立校之本。教师培训机构的"纽带"功能意味着机构处于教师教育一体化的整体链条的中间环节，既不做在职前教育阶段"成为教师需要学习什么"的研究，也不做校本研修中"如何更好教学"的研究，教师培训机构的立校之

① 褚宏启，吕蕾，刘景：《中小学校长培训机构建设与培训制度改革》，载《中国教育学刊》，2009（12）。
② 雷鹏：《中国教师教育学科建设：内涵、意义及现状》，载《当代教育与文化》，2021（4）。
③ 杨跃：《"教师教育学"刍议》，载《南京师大学报（社会科学版）》，2015（3）。

本是研究"培养教师的理论之源和实践之本"，是教师培训机构学科建设的"实践取向"知识生产的主体。

学科范式是一门学科在发展过程中逐渐积淀和凝聚起来的，是一门学科成为独立学科的必要条件之一。学科范式主要包括学科概念体系、理论基础、分析框架、方法论等内容。

教师培训机构提供教师培训者工作场景中的工作任务、工作逻辑、工作伦理和工作流程，这些既是形成教师教育学科范式的概念体系、理论基础、分析框架和方法论的知识基础，也是形成教师教育研究方法论的实践路径。

2. 教师培训机构专业化建设的必由之路是加强教师教育学科建设

教师培训机构在教师教育一体化建设中获得一席之地，关键在于教师培训机构基于教师教育学科现有的研究基础，以教师教育学科专业建设、教师教育专业课程建设和教师教育专业培养基地建设为主要任务，进入教师教育学科谱系结构之中。提高教师教育学科专业能力以获取机构发展的资源、平台和生存发展空间；研发教师教育专业课程，拓展教师培训机构人才培养规模，升级人才培养的层次；拓展教师教育培养基地，建设创新教师培养模式。通过上述三个维度的专业建设，教师培训机构将由大学和师范院校生产的师范教育"学院式"知识的消费者，向教师教育学科"实践取向"知识生产主体转变，教师培训机构由此实现培训机构的专业化，充分发挥纽带功能。

（二）教师培训机构工作线

培训机构专业化建设在宏观层面体现为培训项目体系的组织规划符合国家和区域发展的需求；中观层面体现为培训机构的制度建设所关涉的资源动员能力和社会影响力；微观层面体现为培训机构提供的课程与教学的质量和水平。教师培训机构专业化建设的重点是在以上三个层面的精进和提升。

1. 培训项目体系是保障教师培训机构高质量运行的核心要件

培训项目体系是指教师培训机构基于国家和区域教育发展对不同层次人才专业素养的需求，以层次、类别和岗位/学科为项目实施路径，开展培训课程研发和教学工作的逻辑线索。项目体系建设体现了培训机构对人才培养的战略观、人才素养的知识观和人力资源管理的实践观。

图5-1是北京教育学院建构的项目体系。该图体现了项目设计提升岗位胜任力与综合素质相结合，实践能力和创新潜力相结合，组织发展和个人发展相结合的特征。

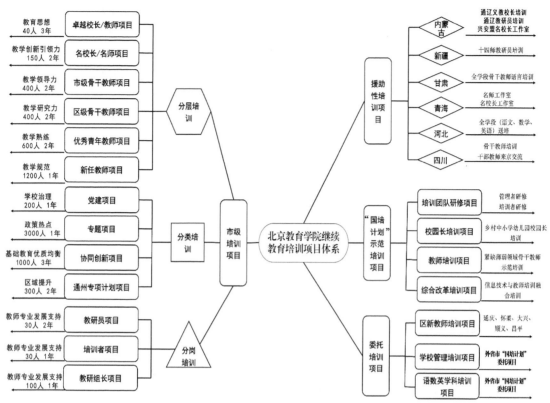

图 5-1　北京教育学院培训项目体系图示[1]

　　北京教育学院的培训项目体系经过多年探索，在国家分层分类分岗的培训体系架构下形成了多层次、多类别、关注乡村、回应区域焦点关注的特点。根据培训项目的委托来源不同，其分为国培项目、市级培训项目、委托培训项目；根据参训人员的岗位角色不同，分为教师、校长、党务工作者、培训者和教研员培训；根据干部教师发展阶段，分为新任教师、优秀青年、区级骨干、市级骨干、双名工程和卓越系列培训；根据区域教育发展需要，分为党建项目、教改专题项目、关注乡村院校协同创新项目和区域专项培训项目。

　　2. 培训课程是保障教师培训机构运行的关键环节

　　培训机构的培训课程具有理实相生、动态迭代和实践成果驱动的特征，与师范院校课程理论建构、相对稳定和学术成果驱动形成鲜明对比。这也是教师教育学科建设在职前培养和职后培训一体两面的突出体现。

　　培训课程目标与师范教育课程目标具有差异性。培训课程在教师教育一体化培养中偏重于帮助在职教师在知识结构、能力素养倾向性和专业精神方面的提升和转化。与师范院校课程相比，培训课程的目标关注两个层面的内容：一是"在解决问题的情境中达成学习者在教育观念、认知方法、知识结构和能力素养上的转变"，此为个体成长的目标；二是"师

---

① 图片由北京教育学院教务处供稿。

生基于实践共创教师教育的知识结构、知识内容和知识形态"，此为知识共同体发展的目标。

教师培训课程结构是形成职后教师培训课程体系的基础。项目体系所搭建的内在逻辑由于缺乏合理的课程体系结构而不能使其效能最大化。在项目体系之下研发项目实施的课程结构是从"拼盘课程"向"模块课程"转变。秉承教师教育学科课程体系建设的思路，课程模块是中观范畴的课程形态，以教师专业标准和校长专业标准为依据，不同项目体系的课程模块细化研发相应的知识体系、能力进阶和应用场景。系列模块化课程单元，构成某个项目的核心课程群，形成逻辑体系完整、支撑关系明确、推导关系严密的课程模块组合，进而使相关联项目体系的核心课程群构成教师培训机构分层、分类、分科的教师教育职后培养的课程体系。

培训课程的内容及实施传递教师专业发展的知识观、方法论和行动改进的方向和目的。教师专业发展的追求逐渐从"知识习得"向"实践迁移"转变。在教师教育一体化背景下，研究者对教师专业知识的解读有多种视角，以知识的性质和功能分类的框架解释，教师的知识结构包括"本体性知识""条件性知识"和"实践性知识"。本体性知识和条件性知识在教师教育职前培养阶段是学习重点，是成为教师的基本要求。实践性知识是在进入实践工作之后，逐渐积累并形成的具有个人风格和不断迭代的知识结构的重要部分。从能力素养形成的角度分析，实践性知识的学习能够调动学习者高阶思维中分析、综合、应用和创造的思维过程，这个过程伴随对话、交流、协调与合作的行动模式。这些知识特征和行为模式特征是教师培训课程在内容层面的主要组成部分。

教师培训机构课程建设遵循合理建构项目体系、基于专业标准的课程模块群、回应实践需求的课程结构、优化教师实践性知识的课程内容、注重高阶思维特征训练的课程实施，构成教师教育职后培养课程建设的主要线索。

（三）教师培训机构运行管理线

统筹规划不同类别的培训项目任务，需要分工负责，分类组织实施，需要完善的组织制度作为牵引力。在国家层面，颁布指导性的建设标准和推进培训实施评估等方式明确教师培训机构专业化发展的重点发展方向、发展规模、发展速度和发展质量并予以机制保障。在培训机构层面，通过建立健全以培训教学质量提升为中心的教学和管理服务机制，提升培训专业化水平。

1. 教师培训机构标准体系和保障机制

教师培训机构是促进准教师向教师角色转变的桥梁，是教师专业能力提升，迭代升华的平台，是联结理论和实践的能量转化器。提高"纽带"的联结和转化功能，需要通过优化机制，统筹资源完成。

在国家层面，加快制定教师培训机构建设的标准体系和制度规范。教师培训机构作为教师教育一体化链条中的重要组成部分，承担起基于实践逻辑的教师教育知识体系、方法体系研究的职责，建议从国家层面在教师研修政策制定、教师培训机构建设和教师教育学科建设等方面为教师培训机构开辟与师范院校合作研究的接驳入口，从顶层设计上为培训机构和培训者提出专业发展的目标及方向，为教师培训机构搭建教师教育实践研究和学科建设理论研究的通道和制度路径。

在培训机构层面，教师培训机构推行完善的培训流程管理和质量评价监督机制：培训需求调研机制—课程方案研制机制—项目实施、协调机制—培训质量监督反馈机制。

2. 自上而下与自下而上相辅相成的培训管理机制

在现行教师培训管理体制下，国培、省培项目以"竞标"方式来确定教师培训机构实施主体。市级培训、县级培训是在教育行政部门主导下，由市级和县级教师培训机构协助教育行政部门完成本级教师培训规划，设计分层、分类、分岗项目体系。参训者在调训制度之下，被"选拔"或"分配"到培训项目中，被动参加培训学习。这种自上而下的培训管理机制使参训教师处于培训任务链条的底端，以需求调动供给侧的机制并未形成，不利于调动培训机构发挥学术创新能力积极满足参训者发展需求。

自下而上的培训管理机制是以完善参训者自主选学机制和学分互认机制为支点，完善教师继续教育相关规定，继续教育学习的时间和评价结果与教师职务晋升制度和教师教育混合式研修机制相关联，将教师选择培训机构和培训课程作为教师培训工作机制的起点。教师可以在国家和地方构建的教师继续教育学习资源平台选择课程，修习课程。作为课程资源的供给侧，教师培训机构则依托多元化的分层、分类和分岗的项目体系，对标相应的学分和专业成长阶梯，在线上和线下形成开放式、可供选择的教师教育职后培训的课程资源平台。

推行参训者自主选学机制，促进教师培训机构质量提升。教育行政机构主导的"自上而下"的培训分配方式，使教师缺乏自主选学的权利，因而教师对培训的评价就无法或较少在机构选择环节上发挥作用。对于市级和县级培训项目，教育行政部门根据教育发展需求设计和下达指令，由教师培训机构执行。这种"调训"和"委托代理"的行政驱动模式对于有效弥补培训机构在项目开发和课程研发的自主性方面动力不足和缺少选择机制设计导致的培训机构自主改进的动机不足有很大作用。如果将自主选学机制作为重要的管理机制纳入培训机构建设的标准中，培训机构就会关注中小学教师差异性需求与培训专业发展诉求，形成良性发展的动力机制。

3. 教师培训者素养的规范和激励机制

国家于 2012 年 5 月颁布了《"国培计划"课程标准（试行）》，课程标准体现对教师在系统把握学科知识和学科教学能力提升的关注和价值导向。2023 年 4 月，国家颁布了义务教育新课程方案和课程标准，"双新"强调立德树人，强调素养指向，强调让学习真正地发生。作为指导培训者课程设计的课程标准，在课程设计理念、培训目标、培训课程结构、培训方法上体现激发参训教师作为学习者在教育观、知识观、方法意识、态度和思维方式上的改变。

国家层面所供给的"培训课程标准"，体现了课程本身对教授者的素养要求，建构了培训者在全球思维、人际技能等基础能力，以及综合性人才管理、知识管理等专业能力上的拓展，也体现了对培训者教练能力、变革管理能力的要求，为培训者提供了一个关注差异、关注学习者个性需求等素养导向专业能力方面的指导性框架。课程标准对培训者课程研发意识、课程研发能力和课程资源统筹规划能力起到指导作用。作为"培训专业化"的一个外显指标，培训者应该具有自身独特的职业要求和职业条件，并有专门的培养制度和管理制度。

在教师培训机构层面，为教师提供课程研发激励机制和素养提升的激励机制。由自上而下的行政力量发挥作用，教师培训机构完成机构合并和职能整合。基层教师培训机构四位一体整合后的职能重塑，需要自下而上激发培训者的教学研究的动力和实践创新的潜能。

培训机构制定项目体系论证、课程体系建构和培训课程研发的流程和标准，并建立培训机构课程建设工作与机构评估、院系评估和个人绩效评估的关联机制，建立行政服务教学和研究的管理服务机制。

建强团队，设计集体攻坚机制。倡导和鼓励教师和管理者协同合作组建培训课题研究团队，积极申报课题立项，撰写发表论文或出版专著。将培训研究的理论成果实际转化为实操性强的有效策略，为区域教育行政部门在教师队伍建设和发展决策中提供智库支持。

为培训者提供多元发展通道。将教学工作、课程研发和学术研究作为培训者专业发展的三条路径，为不同类型的培训者提供发展机会和展示平台，让培训教师都能找到发展自身优势的起点，也能看清未来发展的愿景和目标。

（四）提高培训机构教育数字化能力

教师的数字素养水平成为影响数字化转型成效的关键所在。教师培训机构对教育数字化方向的改革迫在眉睫。依托国家智慧教育平台建立起"省、市、县、校"四级研修管理员体系，将国家研修与地方研修融通将成为未来教育数字化发展在教师培训机构能力建设上的重要工作方向。

　　教育数字化平台优化教研机制，实施扁平化教研。县级教师培训机构通过"国培""省培""市培"项目关联专家资源和教研资源，提升培训效能。通过数字化平台构建扁平化教研机制，形成开放、互联、动态、及时的沟通生态。面向各地实践直接提供专业且有针对性的指导，及时获取各级反馈的一手信息，缩短沟通流程，使受训教师低成本享受高质量教研服务，提高教研成效。

　　教师培训数字化管理系统。搭建全国教师管理信息系统，打通不同部门、不同业务步骤之间的数字化协同通道，搭建统一的内部数据标准体系，以便对教师研训全流程进行数字化改造和智能升级。[①]

　　研究者设想构建了称之为"教育智慧共享体系"的教师培训机构数字化建设的蓝图。一是要基于"两库两平台"构建国家教育智慧共享体系。"两库"即优质资源库和优秀专家库，"两平台"即学习平台和自主选学平台，前者既支持实时在线互动学习，也支持在线资源的随时随地获取；后者则既可以提供全国性的自主选学平台，也可为各省或各地市提供本域内的自主选学平台。二是要建立国家统一的干部教师培养培训学分管理机制，这也是实现智慧共享的制度保障。切实推动干部教师以更加高效的自学方式和更加精准的学习评价方法实现自身专业发展，同时切实缓解突出的工学矛盾。[②]

　　在教育数字化范畴下，教师培训从理念系统到内容系统到实施机制都需要优化和重构。教师培训是终身学习理念在教育领域的具体体现。教师培训机构基于人工智能和数字化平台的数字化教学体系和管理系统是当前在理念层面和技术层面上需要探索的重要领域。

---

① 闫寒冰，余淑珍：《教师数字素养提升：以研训专业化为底色的数字化实践路径》，载《电化教育研究》，2023（8）。
② 汤丰林：《首都干部教师高质量培训的体系构建与机制优化》，载《北京教育学院学报》，2023（1）。

第六章 教师培训文化

教师培训文化引领教师培训实践发展。没有文化，就没有培训，就没有发展。在教师培训文化论域下，我们主要讨论教师培训文化的内涵、特征、类型、构成与意义，并对教师培训文化的未来发展路径做出分析。通过讨论，我们试图唤起教师培训领域对教师培训文化的重视，建构起对教师培训文化的整体认识，进而，在共识的基础上推进教师培训文化的系统化、科学化、专业化建设。

第一节 教师培训文化的内涵、特征与类型

一、教师培训文化的内涵

（一）文化的内涵

"培训文化"是"文化"的下位概念，对"文化"内涵的廓清有助于我们从根本上把握"培训文化"的本质，进而理解什么是"教师培训文化"。本章从词源学和已有专门讨论文化的文献中对文化的界定出发，探析文化的内涵。

汉语中的"文化"，最早可以追溯到《易传·象传》，"小利而攸往，天文也；文明以止，人文也。观乎天文，以察时变；观乎人文，以化成天下。"其中，"文"通"纹"，指纹饰。"人文"一方面指礼乐教化，另一方面与"自然"相对，指人事[1]。"化"指教化、变化、生长、化育，"化成"指教化成功[2]。可见，在古汉语中，"文化"一词的本源是人文化成，其内涵既包括了与自然相对的一切事物，又内含了文化之于社会的教化功能和结果。随着社会和语言的发展，汉语中的文化又有了三种新的阐释：一是指运用文字的能力及一般知识，如文化水平；二是考古学中指同一历史时期不以分布地点为转移的遗迹、遗物的综合体，同样的工具、用具、制造技术等，是同一种文化的特征，如仰韶文化、龙山文化等；三是指人类在社会历史发展过程中所创造的物质财富和精神财富的总和，特指精神财富，如文学、艺术、教育、科学等[3]。第一种阐释和第三种阐释分别是对文化的狭义和广义理解，第二种阐释则揭示了文化的地域性、区域性和时代性。这使我们对文化的讨论不仅可以放到人类文明的广阔视野中，也可以聚焦到教师培训领域。

---

[1][2] 商务印书馆辞书研究中心：《古代汉语词典（第2版）》，北京，商务印书馆，2014。
[3] 中国社会科学院语言研究所词典编辑室：《现代汉语词典（第7版）》，北京，商务印书馆，2016。

英语中的文化 culture 和德语中的文化 kultur，都来自拉丁语的 cultura，意为神明崇拜、土地耕作、动植物培养以及精神修养等。可见，在西方语言中，"文化"是人类为了生存和发展，所创造出来的一系列行为以及行为背后的精神、规则、制度等。18 世纪之后，西方语言中的文化逐渐演化为个人素养、整个社会的知识、思想方面的素养、艺术、学术作品的汇集，以及引申为一定时代、一定地区的全部社会生活内容等方面。[①]由此可以发现，随着社会生活的丰富和观念的变化，中西方语言中文化的内容都在不断扩充。

文化所包含内容的复杂性和文化概念的发展性，使界定文化成为一个对研究者来说非常棘手的事情。雷蒙·威廉斯称 culture 是"英语中最为复杂的几个词语之一"[②]，杰弗里·哈特曼则称文化为一种"语言学上的杂草"[③]。由于文化的泛在性，历史学、人类学、文化学、心理学、社会学、管理学、教育学乃至生物学等学科都在研究文化。各学科迥异的文化概念也为我们形成对文化内涵的相对统一的认识制造了困难。不过，多元化的视角也为我们界定文化的内涵提供了原材料和滋养，并且，综合中外文语境下的文化概念的缘起和发展，可以认为，不管文化的概念在形式和外表上看如何多元和复杂，其基本内涵和走向是大致相同的。这使我们虽然面临异常庞杂的文化概念丛林，但仍旧可以从中抽丝剥茧，窥得文化的大致面貌。综合已有文献，我们认为：

第一，在与自然的关系上，文化是与自然相对的，是人为的，它是一种超生物性的状态[④]，一种精神性的创造。弗洛伊德指出，文化是对本能冲动的一种约束[⑤]。文化二字的结合，意味着人工的、人为的修饰、修养，而使自然、社会与人发生变化，达到某种状态或境界[⑥]。

第二，在来源上，文化是关系的产物，这些关系包括人与自然、人与社会、人与人、人与自我、文化与他文化、过去与现在的关系等。陈华文指出，"所谓文化，就是人类在存在过程中为了维护人类有序的生存和持续的发展所创造出来的关于人与自然、人与社会、人与人之间各种关系的有形无形的成果"。[⑦]这个定义从整体上把握了文化与各种关系的关系。霍尔指出，文化有生物学根基，在文化之前有前文化和基础文化，文化系统必须植根于生物活动。[⑧]他强调了文化要以自然和生物活动为基础。霍尔也认为，文化就是人，文化是人与人的纽带，人与人互动的媒介，[⑨]文化即交流[⑩]。这其实是强调了文化是人与人关系

---

① 陈华文：《文化学概论新编（第四版）》，北京，首都经济贸易大学出版社，2019。
② Williams, R，Keywords: A Vocabulary of Culture and Society， Fontana, Glasgow，1976.
③ Hartman, G, The Fateful Question of Culture, New York, Columbia University Press, 1997.
④ 张岳，熊花，常棣：《文化学概论》，北京，知识产权出版社，2018。
⑤⑥ 胡智锋：《影视文化学》，北京，中国国际广播出版社，2022。
⑦ 陈华文：《文化学概论新编（第四版）》，北京，首都经济贸易大学出版社，2019。
⑧⑨⑩ [美]爱德华·霍尔：《无声的语言》（何道宽译），北京，北京大学出版社，2010。

的产物。1952 年，人类学家阿尔弗雷德·克洛依伯和克莱德·克拉克洪在著作《文化：概念和定义批判分析》中将林林总总的 164 条文化概念按照核心关注点做了分类，指出：历史视角下的文化强调社会遗产和传统；规范视角下的文化强调规则或方法，理想或价值观加上行为；心理视角下的文化强调调节，文化是一种问题解决的工具、学习内容、习惯等；结构视角下的文化强调文化的构成或组织；遗传视角下的文化强调文化是一种产品或人工制品、思想或符号。这些关注点，本质上就是各种关系的具体体现。

第三，在整体上，文化是一个错综复合的总体。1871 年，文化学奠基人泰勒在《文化的起源》一书中给文化下了一个经典定义：文化或者文明，从其广泛的民族意义上来说，它是一个错综复杂的总体，包括知识、信仰、艺术、道德、法律、习俗和人作为社会成员所获得的任何其他能力和习惯[①]。我国著名民俗学家钟敬文先生指出，凡人类在经营社会生活过程中，为了生存或发展的需要，人为地创造、传承和享用的东西，大都属于文化范围。它既有物质的东西，也有精神的东西，也包括为取得生活物资的活动和为延续人种而存在的家族结构以及其他各种社会组织。[②]两个定义都体现了文化所包含内容的复杂性。夏弗提出一种总体视野的文化观念，他认为文化可以比拟关注系统、连贯宇宙图景的宇宙哲学。文化是"一个有机的能动的总体，它关涉到人们观察和解释世界、组织自身、指导行为、提升和丰富生活的种种方式，以及如何确立自己在世界中的位置"[③]。它像一棵大树，有树干、树枝、树叶、根茎、花朵和果实。

第四，在组成上，文化可以被拆解为若干有机组成部分。怀特认为，文化由技术体系、社会体系、观念体系三部分组成。[④]其中技术体系决定社会体系和观念体系，观念体系以社会体系为媒介。[⑤]怀特认为，文化进化的程度，与人类获取生存与发展所需要的能源的技术水平密切相关。技术体系的发达与丰富，决定了文化整体的发达与丰富。霍尔认为，文化是一个由元素、集合与模式组成的层级系统。文化有三个层次：显形文化、隐形文化和技术性文化。[⑥]互动、组合、生存、两性、领地（欲）、时间、学习、游戏、防卫和开发是构成人类总体文化系统的十大基本讯息系统。夏弗认为，如果把文化比作大树，那么神话、宗教、伦理、哲学、宇宙观和美学构成根茎，经济和军事体系、科学技术、

---

① Edward Burnett Tylor: The Origins of Culture, New York, Harper and Row,1958.
② 钟敬文：《话说民间文化》，北京，人民日报出版社，1990。
③ D. Paul Schafer: Culture: Beacon of the Future, Twickenhan, Adamantine Press, 1998.
④ 张岳，熊花，常棣：《文化学概论》，北京，知识产权出版社，2018。
⑤ [日]绫部恒雄：《文化人类学的十五种理论》，北京，国际文化出版公司，1998。
⑥ [美]爱德华·霍尔：《无声的语言》（何道宽译），北京，北京大学出版社，2010。

政治意识形态、社会结构、环境政策和消费行为构成树干和树枝，教育体系、文学和艺术作品、精神信仰、道德实践等构成树叶、花朵和果实。这样既体现了文化是一个总体，也突出了文化各个部分之间密不可分的相互依赖和交叉关系。[①]

第五，在意义上，文化是一种表示区分的符号。著名文化学者、人类学家露丝·本尼迪克特指出，文化是通过某个民族的活动表现出来的一种思维和行动方式，一种使这个民族不同于其他任何民族的方式[②]。一种文化只有在其不同于其他文化的时候，才有存在的可能性。

讨论至此，我们可以发现，文化的内涵并非不可捉摸，难以界定可能只是因为文化"大象无形"。于是，为了不损伤"大象"的一分一毫，我们给文化下一个很宽泛的定义：文化指人在与自然和社会相处的过程中所创造出来的一切物质和精神产品的总和。

（二）教师培训文化的内涵

教师培训文化是教师培训领域所呈现出来的文化。"教师培训"即系统化和组织化的教师继续教育，是"教师为拓展知识、改进技能、评估和发展专业路径而参与的各种活动和实践"[③]。若以教师职业生涯为标尺，教师培训包括教师入职培训和在职培训。因此，教师培训文化指围绕教师入职培训和在职培训所创造出来的一切物质和精神产品的总和。

更进一步说，教师培训文化是教师培训的管理者、实践者、学员、课堂、学校与社会环境等各种因素交织下人为的产物，是一个包括一切物质和精神产品的错综复杂的总体，有一定的逻辑结构，区分于其他文化[④]。共享的文化形成共同体。教师培训的各相关机构和个人，通过共享组织记忆、谱系、身份、责任和权利的观念等联系在一起，形成对教师培训的情感连接、认同和归属感。从这个意义上说，教师培训文化绝不仅仅是培训者的文化，也绝不仅仅局限在教师培训机构内。

二、教师培训文化的特征

教师培训文化有几组特征：从共时性角度看，有弥散性、共享性与习得性特征；从历时性角度看，有建构性与发展性特征；而从更广阔的视角来看，教师培训文化又有普遍性与差异性特征。

[①] 陆扬，王毅：《文化研究导论（第三版）》，上海，复旦大学出版社，2022。
[②] 胡智锋：《影视文化学》，北京，中国国际广播出版社，2022。
[③] Bayrakc M. In – Service Teacher Training in Japan and Turkey: A Comparative Analysis of Institutions and Practices. Australian Journal of Teacher Education，2009（1）．
[④] 如职前教师教育文化、中小学教育文化、医生培训文化等。

（一）弥散性、共享性与习得性

文化是无所不在、无所不包的，如空气一样弥散于天地之间。即使是隐居山林的人，他们隔绝了与他人的交往，但他们在外的生存技能和生活模式都是文化赋予的；甚至他们隐居的观念和理想，也是中国传统文化给予的。[①] 教师培训文化，弥散于教师培训所有看得见看不见的角落中、相关主体的思想和观念中，这构成教师培训文化的弥散性。

弥散性的另一面是共享性。共处于弥散之"网"下的个体往往共享同一种文化。文化总是由一定群体共享的，没有共享，就没有文化。而且文化只有在群体共享的前提下，才会对群体发挥更好的作用。假如教师培训文化只是在一定范围内被一部分人共享，而另一部分人对其忽略或没有觉知甚至抗拒，尤其当这种分离发生在培训者和学员之间，培训的效果就会大打折扣。

共享性需要习得性支撑。文化不是人生而具有的，必须通过后天学习来获得。其内涵有四个方面[②]：文化的习得是人类保持世代连续性的一种必要手段；于个体而言，文化的习得往往是一个持续一生的过程，且要付出一定的努力；文化的习得必须有相应的正式制度和非正式制度的保证，否则难以保证文化习得的程度，一些文化会湮灭不传[③]；文化的习得也是文化变迁和创新的过程。

习得性在教师培训文化领域有两个层面、三个方面的体现。第一个层面是教师培训者的习得。教师培训者要在学习和不断优化教师培训的过程中，习得教师培训的文化。第二个层面是教师学员的习得。这包括两个方面：一是通过培训者的教学与课堂组织方式，习得教师培训者关于教学和课堂组织的文化（示范—学习）；二是通过培训者的培训内容和同学交流交往，习得教师的文化（教学—学习；交往—学习）。这两个层面、三个方面的习得，本质上都是教学专业文化的习得。教学专业文化是教学专业或者说教师职业存在的合法性基础，这种文化需要通过制度化和非制度化的手段，一代一代传下去，以便在此过程中凝聚共同体力量、形成专业认同，实现教师职业的不断专业化。教师培训是传承教学专业文化的重要手段之一。

（二）建构性与发展性

文化不是凭空出现的，而是人类建构的。文化是人类群体的创造物，并在历史中通过人类不断地建构来持续发展演化。而文化是通过反思来建构的，也有学者称此为文化的反

---

① ② 张岳，熊花，常棣：《文化学概论》，北京，知识产权出版社，2018。
③ 如非遗的传承，就有很多制度性和非制度性的安排，国家鼓励各种形式的非遗传承活动，鼓励中华优秀传统文化进校园。

思性：文化在实然和应然层面上都是反思性的，如果没有反思性，文化就不会进步。文化的变异常常是反思的成果。比如，如果王守仁不反思程朱理学，就不会有王氏心学；如果马克思不反思德国传统哲学，就没有马克思主义哲学[1]。教师培训文化就是教师培训相关主体在不断的反思中建构出来的。

教师培训文化的发展性指教师培训文化会随着社会和教师培训的发展而不断发展。发展性具体表现为三个方面：累积性、变异性、有机性。累积性指文化是持续累积的。变异性指文化在发展的过程中也会随着情境和实践的变化而不断变迁。变迁有有益的变迁，也有有害的变迁。比如经过多年的发展，我国的教师培训逐渐从自上而下的、教师被动的、对群体的培训转化为自下而上的、教师主动自发的、满足个体学习需求的培训，培训体系逐渐向研修支持体系转化，这是一种有益的变迁。有机性指文化也是一个有机的生命体。斯宾格勒认为，文化与自然不同，自然是机械的世界，而文化历史是一个活泼的生命流行的过程，有其生、长、老、死的阶段。每一种文化都有自己兴盛、衰亡的自我完成的历史，世界历史就是一幅"无止境地形成、无止境地变化的图景"，或者说一幅"有机形式惊人地盈亏相继的图景"[2]。教师培训文化也不是一段永恒绵延的历史，其间各种文化也会你方唱罢我登场"，不同时期有不同的文化形态。教师培训文化的有机性意味着我们可以审视过往的文化，提出和促成一种更符合新时代需要的新的培训文化形态。

（三）普遍性与差异性

世界范围内的教师培训文化都具有一定的普遍性。如广泛强调学员为本、激发教师在学习和发展中的主观能动性，通过制度性和非制度性安排促进教师持续终身学习与发展，打造专业化的教师队伍。但同时，教师培训文化也具有一定的差异性。没有差异，一种文化就没有独立于另外一种文化的理由。在实践中，教师培训文化是多元化的，形成了各有特色的区域文化、校本文化、项目文化、班本文化、小组文化等。

教师培训文化的普遍性意味着我们可以梳理和整合教师培训的一般规律，建构教师培训学。而教师培训文化的差异性意味着我们不必一味求同，更不能跟在发达国家后面亦步亦趋，而要基于我们自身的优势和特点，建构具有本土特色的文化。当然，差异性也不意味着坚决不同、为了不同而不同，而要广泛吸收外来优秀文化，建构和完善自身的文化。

---

[1] 张岳，熊花，常棣：《文化学概论》，北京，知识产权出版社，2018。
[2] [德] 奥斯瓦尔德·斯宾格勒：《西方的没落》（齐世荣等译），北京，商务印书馆，1963。

三、教师培训文化的类型

对类型的了解有助于我们在更宏观的视野中把握教师培训文化。

教师培训文化有一些基于文化外在明显特征的简便的分类方法。比如按照承载和体现文化的主体来分，教师培训文化可分为行政管理机构的教师培训文化、培训管理者的教师培训文化、培训机构的教师培训文化、培训项目的教师培训文化、班级的教师培训文化、教师培训者的教师培训文化以及学员的教师培训文化；按文化出现和流行的时间来分，教师培训文化可分为传统的教师培训文化、现代的教师培训文化和未来的教师培训文化；按文化出现的地域来分，教师培训文化可分为本土教师培训文化和外来教师培训文化；按文化流行的程度来分，教师培训文化可分为主流教师培训文化和非主流教师培训文化；按文化的可见性来分，教师培训文化可分为显性教师培训文化和隐性教师培训文化。这些分类有助于我们快速形成教师培训文化体系的认识框架。

不过，这些分类方式都没有触及教师培训文化的本质，而只有走到本质层面，我们才能形成对教师培训文化的价值判断，也才能对建设怎样的教师培训文化有清晰的认知。从文化的本质层面对教师培训文化做分类主要有两条路径。第一，按文化的价值取向来分，教师培训文化可分为管理主义的教师培训文化、专业主义的教师培训文化和人文主义的教师培训文化。管理主义的教师培训文化注重绩效和标准，强调教师培训要达到外在的，主要是行政部门的考核要求；专业主义的教师培训文化强调教师培训要促进教师的专业发展，主要是教师的知识、能力与专业精神的发展，促进教师职业的专业化；人文主义的教师培训文化注重教师培训中对教师的理解、尊重和支持，强调对教师作为完整的人的关怀。三种文化各有利弊。第二，按文化的结构和发展特点来分，教师培训文化可分为开放的教师培训文化和封闭的教师培训文化，以及成长的教师培训文化和停滞的教师培训文化。开放的教师培训文化不断吸纳外来文化的优点，完善自身，教师培训文化处于不断成长的状态下，教师培训不断得以改进；而封闭的教师培训文化故步自封，持续在自己竖起的围墙里打转，导致教师培训文化的建构趋于停滞，教师培训也难以革新和进步。

第二节　教师培训文化的构成

按照文化学者对文化的一般解构，教师培训文化可以分为教师培训物质文化、教师培训行为文化、教师培训制度文化和教师培训精神文化。四种文化有机结合，构成教师培训文化系统（图6-1），型塑教师培训实践。其中，教师培训物质文化是教师培训文化在器物上的外在表现，为教师培训提供物质基础和保障；教师培训行为文化是教师培训文化在行为上的外在表现，是教师培训行为规则的具体呈现；教师培训制度文化是教师培训背后的各种规则、规范及其所体现出来的价值取向，是教师培训顺利完成的制度框架和保障；教师培训精神文化是教师培训的精神内核，是教师培训文化系统中的深层文化，对教师培训的制度、行为和物质等起决定性作用。

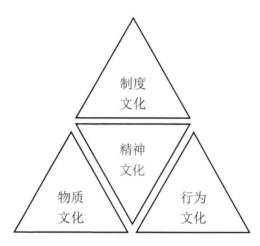

图 6-1　教师培训文化系统的构成

一、教师培训物质文化

人类的文化史首先是人类物质存在的历史。物质文化也被称为器物文化，"是人类在满足自我生存并改造自然、战胜自然过程中创造的文化形态，它包括生产工具、生活工具的诸多要素或内容，包括动物的蓄养和植物的种植以及加工工具的形态、衣饰的材料及其加工和制作、居室的建造及其可以感知的形态和内容、交通工具等"[①]。教师培训物质文化是教师培训活动中人们为了实现和完成培训而创造的物质文化形态，包括培训活动中用于教师培训的各种物质。本文将它们分为教师培训的"生产工具"类物质文化和"生活工具"类物质文化。物质是精神文化产生和发展的基础和手段，但物质生活并不总是导致精神文化的发展，有时候反而会导致精神文化的倒退、衰落或解体。因此我们要谨慎对待培训中的物质和物质文化，要精选培训环境中的器物，使培训环境中的所有器物都有教育性[②]。

（一）教师培训的"生产工具"类物质文化

教师培训的"生产工具"类物质文化指用于教师培训生产的物件。其中教师培训的"生产"

---

① 陈华文：《文化学概论新编（第 4 版）》，北京，首都经济贸易大学出版社，2019。
② 很多学员常说在家上网课虽然很方便，但在家里没有学习的感觉，一定要到学校去，尤其要到大学去。那么学校里为什么有学习的感觉？很大一部分原因，是学校里很多器物的存在都是为了学习，家里则有大量和学习无关的器物。所以，对器物的筛选是学校的重要工作。

既包括教师培训者通过培训学员，对学员的知识和能力等的"生产"，也包括教师培训者通过各种手段促进自我发展、进行培训准备，对自身的知识、能力以及教育教学相关材料等的"生产"。根据教师培训的发生情境，教师培训的"生产工具"类物质文化可以从宏观、中观和微观三个层面加以区分并具体分析。

1. 宏观层面的教师培训"生产工具"

宏观层面的教师培训"生产工具"指学校和机构层面用于教师培训的器物。这主要包括：（1）学校和机构实体。目前我国已经初步建成以师范院校为主体、高水平非师范院校参与的中国特色教师培训体系，地方政府、高等学校、中小学"三位一体"协同育人。因此，师范院校、高水平非师范院校、中小学都成为参与教师培训的主要学校和机构。当然，这里面仍以高校尤其师范院校为教师培训的主体。（2）学校建筑物的外观，包括色彩、造型等。建筑物的外观是具有教育意义的，这使其也成为教师培训的"生产工具"。高等学校的建筑一般在大门、楼宇、校园环境等方面都经过精心的设计，它们或古朴高雅，或简约现代，给人以神圣的知识殿堂的感觉，使培训者和学员在其间产生对知识的追求和对进步的向往，从而静心工作和学习。

2. 中观层面的教师培训"生产工具"

中观层面的教师培训"生产工具"指学校和机构内部用于教师培训的各种房间和空间。2018年3月，我国住建部、发改委联合发布了《普通高等学校建筑面积指标》，其中规定高等学校必须配置的校舍项目有十二项，包括教室、实验实习实训用房及场所、图书馆、室内体育用房、校行政办公用房、院系及教师办公用房、师生活动用房、会堂、学生宿舍（公寓）、食堂、单身教师宿舍（公寓）、后勤及附属用房，并对师范类和其他非师范类高校各项目的生均建筑面积做了具体规定。

从教师培训院校校舍建设的一般现状和空间需求来看，中观层面的教师培训"生产工具"应重点包括如下几个项目：（1）各种教室。包括用于授课的大小不一的普通教室、大型的阶梯教室、多媒体教室、配备智能化设备的智慧教室、用于训练教师教学技能的微格教室。（2）各种实验实习实训用房及场所。如化学物理等学科的实验室、用于教师保教能力等训练的实训室、音体美教室、室外操场。（3）研讨室和会议室。主要用于培训者之间、培训者和学员之间、学员和学员之间的研讨、开会和交流。从某种意义上说，师生关系本质上是一种交往关系，好的想法需要通过交流碰撞出来，空间开放、自由的研讨室和会议室有时会比教室更能激发思维。（4）培训者的办公室。（5）资料室或图书馆。各个项目为教师培训的各类活动提供必要的空间，保障和引导教师培训活动形式向多元化发展、教师培训内容向纵深发展，也激发培训者和学员的视野不断拓展、视角不断创新。

3. 微观层面的教师培训"生产工具"

微观层面的教师培训"生产工具"指教室等培训空间和办公室等培训准备空间内部直接用于教师培训和教师学习的各种器物[①]。培训空间内的"生产工具"包括三个方面：一是由学校提供的构成相对固定的物理空间的器物，这在普通教室内表现为黑板、白板、桌椅、墙饰、电子信息与多媒体设备、网络等；在音体美教室内表现为钢琴、电子琴等乐器，把杆、各种球类等体育器材，画笔、颜料、画架等美术用具，以及地毯、镜子等配置；在实验室内表现为烧杯、试管、电压表等各种实验器材；在实训室内表现为模仿中小学幼儿园真实教学环境的桌椅板凳、学习材料等。二是由教师培训者提供的专门针对其当次培训的器物，包括学员手册、教材、讲义、多媒体电子课件、教具、其他教学辅助材料（如海报纸、便利贴）等。三是由学员准备的用于学习辅助的器物，包括电脑、录音录像设备、笔记本、笔、文件袋等。微观层面的教师培训"生产工具"直接构成了培训活动发生的主要环境，这是一个师生同在的活动空间、生活空间、信息空间、社会空间、生态空间和文化空间[②]，对学员的学习效果起到直接的作用。

培训准备空间内部的"生产工具"表现为办公室内的桌椅、电脑、打印机、书架、书等，以及培训者研讨室和会议室内的桌椅、辅助讨论和思维工具（如白板、多媒体设备）等。这些器物构成教师培训的"后台"，它们决定着培训者在"前台"的表现。

（二）教师培训的"生活工具"类物质文化

教师培训的"生活工具"类物质文化指用于教师培训中培训者和学员的生活和休闲的物件。对应"生产工具"类物质文化，"生活工具"类物质文化也关涉培训者和学员两类主体，也可分为宏观、中观和微观三个层面。在宏观层面上，学校和机构实体以及学校建筑物的外观在构成教师培训的"生产工具"的同时，也承载"生活工具"的职能。不过，由于二者主要是为教师培训的"生产"而不是"生活"服务的，所以宏观层面的"生活工具"表现并不明显，此处不再展开。在中观层面上，学校的食堂、礼堂、宿舍、咖啡馆、洗手间、广场、草坪等构成培训者和学员主要的生活和休闲空间。在有的高校，亭台楼阁、秀水青山，培训者和学员或在其间漫步留连，或在咖啡馆里畅所欲言，使人身心愉悦的生活环境也对人有教育意义。在微观层面上，饮水机、茶杯、咖啡和茶等饮品、衣帽架、培训者和学员的衣着配饰等，构成与培训活动直接相关的生活环境。它们为学员培训期间的简单生活提供基本的物质保障，同时，它们也是培训机构人文精神的体现，可以为学员创设一种情感

[①] 每一个行业都有其独特的物件和器物，如医生有听诊器，法官有法槌。从某种意义上说，微观层面的"生产工具"对于区分各个行业最具有直接的意义。

[②] 朱旭东：《论教室文化的构建》，载《华东师范大学学报（教育科学版）》，2020，38（3）。

氛围，帮助学员和培训者、培训机构建立情感连接。因此"生活工具"类物质文化也具有教育性。

二、教师培训行为文化

行为文化是指通过日常生活中的各种行为方式进行表达的文化形态，表现在日常生活中，就是各群体在行为方式上各不相同的习惯性规定。行为文化具有团体性和区域性。教师培训的行为文化指教师培训领域各群体的行为方式所呈现出来的文化形态。行为文化是个体社会化过程中必须习得的、可见的文化，是教师培训代际文化传递的重要内容。按照教师培训涉及的群体，我们把教师培训行为文化分为管理者的教师培训行为文化、培训者的教师培训行为文化和学员的教师培训行为文化。

（一）管理者的教师培训行为文化

管理者的教师培训行为文化指国家、地区和学校层面上教育行政部门负责教师培训统筹与管理的人群的教师培训行为文化。管理者的教师培训行为可分为规范与引导行为、组织管理行为和督导评估行为。

1. 规范与引导行为

规范与引导行为指管理者对教师培训的规范与引导，这类行为往往通过政策、制度、规定等文本化、强制性的要求来实现。如制定党的教育方针，就是我党对包括教师培训在内的教育的规范和引导行为。规范和引导的内容涉及教师培训的各个环节、各个要素和各类人员。规范和引导行为是国家、地区和学校意志在行为层面的最高体现。

2. 组织管理行为

组织管理是管理者对教师培训人、财、物等的统筹与管理，是确保教师培训正常运转的基本保障。理查德·帕斯克尔和安东尼·阿索斯在《日本企业管理艺术》一书中提出著名的"7S模式"，即企业管理包含不可分割的七个要素：战略、结构、制度、人员、作风、技能和最高目标[1]。这七个要素相互依靠，融合形成一个强有力的网络。有的公司之所以优秀，是因为这些公司的7S要素健全且整个网络运行良好；有的公司软弱无力，是因为缺乏这个完整的网络，或者内部之间相互抵触。[2]"7S模式"对教师培训同样适用。

3. 督导评估行为

在常规的组织管理之外，管理者还往往对培训进行督导评估，以确保教师培训正常运转，

---

① [美]理查德·帕斯卡尔,安东尼·阿索斯：《日本企业管理艺术》，北京，中国科学技术翻译出版社，1984。
② 王成荣：《企业文化学教程（第四版）》，北京，中国人民大学出版社，2020。

并达到良好效果。督导行为一般需要有经验的培训者作为督导专家，配合管理者完成督导任务。评估行为则主体多元，培训者、学员、培训机构、管理部门、第三方等，都会参与到评估中来。

（二）培训者的教师培训行为文化

培训者的教师培训行为文化指培训项目中组织实施教学的人群的行为文化。一般来说，培训者的教师培训行为包括授课与指导行为、培训研究行为、师生交往行为。

1. 授课与指导行为

对教师的培训主要由培训者的授课与指导来实现，因此培训者的教师培训行为文化首先体现为他们的授课与指导行为。一个受欢迎的培训者往往在授课与指导中呈现如下特征：在地化和处于教师工作系统中的、基于学员现实需求和情境而有针对性的、理论联系实际的、互动性强的、持续跟踪与支持的。

2. 培训研究行为

培训机构多主张"研训一体"，用研究来支撑、改进和引领教师培训。实际上，不管从组织要求还是个人工作需要角度看，培训研究都是培训者行为的重要组成部分，它是培训者做好培训的"底气"。从研究内容上看，培训研究行为分为对培训理论的研究、对培训实践的研究、对培训者的研究、对学员的研究、对学科的研究等；从研究流程上看，培训研究行为分为文献调研、实证调研、文本和数据分析、结果呈现与使用等。

3. 师生交往行为

师生交往行为主要指培训者与学员在课间和课下的交流和交往。交流和交往未必会经常发生，其内容也未必限于课上所学，但这类行为往往会增进培训者和学员之间对于彼此的互相了解，密切培训者和学员的关系。对于培训者来说，这类行为可以使后续的授课和指导更有针对性；对于学员来说，这类行为可以增进其对课上所学内容的理解，也会起到使学员更加"亲其师"的作用，从而使其在后续更加"信其道"。师生交往行为具有一定的限度，国家和各地区、各高校都通过《教师职业道德规范》《教师职业行为十项准则》等文件对教师职业行为做出明确规定。在师生交往中，培训者应做到为人师表、言行雅正、清白坦荡，不得与学员发生任何不正当关系，也不得通过师生交往行为为学员或自己牟取不正当利益。

（三）学员的教师培训行为文化

学员的教师培训行为文化指学员在教师培训中的行为方式所呈现出来的文化形态。学员的教师培训行为文化可分为学习行为、展示行为和交往行为。

1. 学习行为

学员的学习行为指听课、观摩、反思、咨询、讨论、作业等一系列增长知识和提升能力的行为，它们构成学员的教师培训行为文化的核心。高效的学习者往往在学习中呈现如下特征：高度投入、积极思考和互动、将学习与工作密切结合、注重学习产出。

2. 展示行为

学员在培训中除了输入，还往往有输出，这就涉及培训中的展示行为。按展示主体分，学员的展示行为分为个人展示、小组展示和班级展示；按展示内容分，展示行为分为观点的展示、做法的展示、成果的展示等；按展示形式分，展示行为分为口头展示、动作展示、文本展示和综合展示等；按展示场合分，展示行为分为课上展示、结业展示、校园展示、会议展示等。

3. 交往行为

学员在培训中的交往行为一般分为两类：第一，与同学的交往。教师培训的学员往往具有同质基础上的异质性特征，同一个教师培训项目的学员可能来自不同地区、不同学校、不同岗位、不同学科，也可能处于不同的职业生涯阶段、有不同的经历和经验，因此，同学是构成培训资源的重要内容。一个"好"的培训项目会通过各种方式，鼓励和支持学习者利用培训的机会，通过与同学的交流和交往，获取丰富的学习资源。第二，与培训者的交往。除了课上所展示的，培训者身上往往具有更多的值得挖掘的知识、见解与品格，学员与培训者的交往有助于他们汲取更多培训以外的知识和能量。

三、教师培训制度文化

有社会的地方就有制度。新制度经济学家诺思指出，制度是一种社会博弈规则，是人们创造出来，用以限制人们相互交往行为的框架。制度文化是通过规范的习惯或文字文本形式固定下来的作为人们生产、生活典范的文化成果[①]，包括正式约束类制度和非正式约束类制度。其中，正式约束也称正式规则，是指人们有意识创造的一系列政策法则，以及由这一系列的规则构成的等级结构；非正式约束是人们在长期交往中无意识或有意识形成的，对人类行为构成约束，但没有以正式形式呈现的一系列规则、习俗习惯等，很多非正式约束具有持久的生命力，并构成代代相传的文化的一部分。在形式上，前者一般成文，后者反之。在教师培训领域，我们把教师培训制度文化界定为教师培训中的一系列构成正式约束的、成文的制度规范和构成非正式约束的、不成文的习俗习惯的集合。这个集合里的制度相互联系、相互补充，也相互制约，形成教师培训实践中人与人之间相互交往的约束网，

---

① 陈华文：《文化学概论新编（第 4 版）》，北京，首都经济贸易大学出版社，2019。

也因此成为教师培训事业顺利开展的保障。

（一）"正式约束"类教师培训制度文化

"正式约束"类教师培训制度文化指对教师培训中的某些行为做出正式规定的制度，要求相关主体坚决执行。这类制度是确保教师培训事业正常运转的强制性外部保障。"正式约束"类教师培训制度文化根据制度层次的不同，可以分为国家制度、地方制度、学校制度、项目制度；根据制度领域的不同，可以分为政治制度、经济制度和文化制度（表6-1）。在不同的制度层次上，同一个领域的制度体现为不同的制度关注，从而形成了庞大的制度群[①]。目前，我国已经基本形成了四横三纵的教师培训正式制度体系。

表6-1　教师培训制度体系框架

	教师培训的政治制度	教师培训的经济制度	教师培训的文化制度
国家制度	√	√	√
地方制度	√	√	√
学校制度	√	√	√
项目制度	√	√	√

本章以"三纵"为逻辑，对教师培训制度文化做简要介绍。

1. 教师培训的政治制度：办学方向、管理制度与保障制度

教师培训的政治制度主要涉及为谁培训教师、培训什么样的教师、怎样培训教师，谁管理培训、怎样管理培训，以及谁保障培训、怎样保障培训等问题。换言之，也就是教师培训的办学方向、管理制度、保障制度等。

（1）办学方向

办学方向在国家制度层面予以规定。"百年大计，教育为本；教育大计，教师为本。"师范教育在国家教育事业中具有基础性、先导性作用。因此世界各国都对教师培训的办学方向予以规定。我国在《中华人民共和国宪法》中规定，"国家发展社会主义的教育事业"，"国家倡导社会主义核心价值观，提倡爱祖国、爱人民、爱劳动、爱科学、爱社会主义的公德，在人民中进行爱国主义、集体主义和国际主义、共产主义的教育，进行辩证唯物主义和历史唯物主义的教育"。在《中华人民共和国教育法》中规定，"教育必须为社会主义现代化建设服务、为人民服务，必须与生产劳动和社会实践相结合，培养德智体美劳全面发展的社会主义建设者和接班人。"在《中共中央 国务院关于全面深化教师队伍建设改革的意见》中提出"造就党和人民满意的高素质专业化创新型教师队伍""以习近平新时代中国

---

① 当然，教师培训的政治、经济和文化制度也并不一定总是分开规定的，国家、地区等各层级机构和组织有时会围绕某一事务对各领域做统一规定。不过总体而言，由于制度层次、制度领域、制度适用对象等的多样性，我国的教师培训制度体系非常庞大。

特色社会主义思想为指导，紧紧围绕统筹推进'五位一体'总体布局和协调推进'四个全面'战略布局，坚持和加强党的全面领导，坚持以人民为中心的发展思想，坚持全面深化改革，牢固树立新发展理念，全面贯彻党的教育方针，坚持社会主义办学方向，落实立德树人根本任务，遵循教育规律和教师成长发展规律，加强师德师风建设，培养高素质教师队伍"。这些条文从宏观上规定了教师培训学校和机构为谁培训教师、培训什么样的教师、怎样培训教师的根本问题。

（2）管理制度

管理制度在国家、地方、学校和项目内部都会存在。国家制度从根本上规定了教师培训领导和管理的主体、基本依据、管理内容等。我国的教师培训坚持中国共产党的领导，党管干部、党管人才。在中国共产党的领导下，由国务院具体领导和管理全国教育事业；县级以上地方各级人民政府以及民族自治地方的自治机关依照法律规定的权限，管理本行政区域内的教育事业[①]。各级教育行政部门具体负责教师培训的管理。在管理中，"坚持以马克思列宁主义、毛泽东思想、邓小平理论、'三个代表'重要思想、科学发展观、习近平新时代中国特色社会主义思想为指导，遵循宪法确定的基本原则"[②]，"坚持依法治教、依法执教，坚持严格管理监督与激励关怀相结合，充分发挥党委（党组）的领导和把关作用"[③]，对教师培训的组织实施、经费使用、制度保障等进行全面管理。

在地方层面上，一般由教育厅、教育委员会、教育局等地方教育行政部门对本地区的教师培训事业进行全面管理，各级教育行政部门的人事处（科/部）、干训处（科/部）、师资处（科/部）、师训处（科/部）等具体负责，再由地方教育学院或教师进修学校具体落实。如2023年北京市中小学幼儿园教师暑期培训由北京市教委统筹安排，各区教委根据上级要求和本区需求具体规划，各区教师进修学校组织实施培训。

在学校层面上，各学校管理体制不同，一般由高校或教师进修学校的教务处、师（干）训处、教师培训学院（部）负责教师培训的统一管理，高校的各学院和教师进修学校的各科对本部门教师培训进行管理。一般来说，学校会出台教师培训管理的系列制度，以确保培训正常运行。

在项目层面上，由项目负责人及其团队对培训进行管理。项目内的教师培训管理制度一般以学员手册的形式固定下来。

---

① 中华人民共和国中央人民政府：《中华人民共和国宪法》，https://www.gov.cn/guoqing/2018-03/22/content_5276318.htm。
② 中华人民共和国 教育部：《中华人民共和国教育法》，http://www.moe.gov.cn/jyb_sjzl/sjzl_zcfg/zcfg_jyfl/202107/t20210730_547843.html。
③ 中共中央 国务院：《中共中央 国务院关于全面深化新时代教师队伍建设改革的意见》，https://www.gov.cn/zhengce/2018-01/31/content_5262659.htm。

（3）保障制度

保障制度也同时存在于国家、地方、学校和项目内部等四个层级。教师培训的保障主要包括对培训时间、空间、人员、经费、组织、质量等的保障。通过教师法、校园长教师专业标准、继续教育规定、教师教育课程标准等的出台，我国以"中小学教师国家级教师培训计划"（简称"国培计划"）为引领的庞大的教师培训体系就得到了国家、地方、学校和项目内部四个层级在时间、空间、人员、经费、组织、质量等方面的多重保障。经济基础决定上层建筑，在上述保障中，经费的保障最为紧要。2018年《中共中央 国务院关于全面深化教师队伍建设改革的意见》提出，"各级政府要将教师队伍建设作为教育投入重点予以优先保障，完善支出保障机制"，从根本上保障了我国教师培训事业的顺利开展。

新制度经济学认为，政治规则往往决定着经济规则，教师培训的政治制度决定了教师培训的经济制度。

2. 教师培训的经济制度：办学制度与投资制度

教师培训的经济制度主要包括谁办学、办学体系是怎样的，以及谁投资、投资怎样分配、投资的经济效益如何衡量和保障等问题，也就是教师培训的办学制度和投资制度。

（1）办学制度

办学制度主要在国家层面做出规定。在我国，教师培训的办学权力主要掌握在教育学院、教师进修学校等教师专业发展机构，以及高校、中小学幼儿园和政府手中，同时，社会机构也广泛参与到教师培训事业中来。教师培训以公共属性的教育为主，以市场调节的教育为辅。经过多年的发展，我们已经建成了覆盖中小学幼儿园各学段、各学科门类教师和各级各类干部的培训体系。

（2）投资制度

由于教师培训具有很强的公共产品属性，投资制度也主要在国家层面做出规定。近年来，我国一方面在源头和总量上保证教师培训投资，"健全以政府投入为主、多渠道筹集教育经费的体制，充分调动社会力量投入教师队伍建设的积极性"[1]，调动多投资主体力量，中小学按年度公用经费预算总额的5%安排教师培训经费，持续保障教师培训的财政投入。另一方面，优化经费投入结构，要求各级政府将教师队伍建设作为教育投入重点予以优先保障，且优先支持教师队伍建设最薄弱、最紧迫的领域，重点支持教师和培训者的待遇保障、提升教师专业素质能力。同时，我们还"制定严格的经费监管制度，规范经费使用，确保资金使用效益。"[2]

[1][2] 中共中央 国务院：《中共中央 国务院关于全面深化新时代教师队伍建设改革的意见》，https://www.gov.cn/xinwen/2018-01/31/content_5262659.htm。

3. 教师培训的文化制度：学习制度与教学制度

教师培训的文化制度主要包括两个方面：一是学习制度，即谁来学、学什么、学多少、怎么学、学了有什么用；二是教学制度，即谁来教、教什么、怎么教、师生之间的关系是怎样的。

（1）学习制度

教师培训的学习制度在国家、地方、学校和项目层面有不同的关注点和关注水平。国家层面的学习制度主要关注哪些教师群体应该接受培训，接受多长时间、什么内容的培训，教师是否接受培训对他们个人有什么意义。在我国，大规模教师培训的最初发起主要是为了补充学历和提升业务能力，使学历不达标或不能胜任教学的教师提升自我。随着这一工作的基本完成，教师培训逐渐发展成为促进教师专业发展的一种常规手段。1999年，教育部颁布《中小学教师继续教育规定》，要求中小学教师定期进行培训，指出"参加继续教育是中小学教师的权利和义务"[1]。规定对教师培训做了类别的规定、数量的要求，同时指出教师培训的考核成绩关系到教师职务聘任和晋级：

第九条 中小学教师继续教育分为非学历教育和学历教育。

（一）非学历教育包括：

新任教师培训：为新任教师在试用期内适应教育教学工作需要而设置的培训。培训时间应不少于120学时。

教师岗位培训：为教师适应岗位要求而设置的培训。培训时间每五年累计不少于240学时。

骨干教师培训：对有培养前途的中青年教师按教育教学骨干的要求和对现有骨干教师按更高标准进行的培训。

（二）学历教育：对具备合格学历的教师进行的提高学历层次的培训。

第十八条 地方各级人民政府教育行政部门要建立中小学教师继续教育考核和成绩登记制度。考核成绩作为教师职务聘任、晋级的依据之一。

从此，教师培训作为一项常规学习制度被确立下来。2011年，《教育部关于大力加强教师培训工作的意见》出台，规定在岗教师岗位培训每五年累计不少于360学时，进一步提高了国家层面对教师学习的要求。

地方层面的学习制度会将国家层面制度进一步且逐级细化，如对教师培训的学员选拔标准、学分认定、教师资格认证、职称和荣誉评定与培训学分的具体关系等做更细致的规定。如山东省对各级教育行政部门提供的线上和线下培训时间做出具体规定："五年周期内，

---

① 中华人民共和国教育部：《中小学教师继续教育规定》，https://www.moe.gov.cn/srcsite/A02/s5911/moe_621/199909/t19990913_180474.html。

县级及以上教育行政部门或会同有关部门提供不少于240学分的全员培训，其中市、县（市、区）提供的面对面培训不少于60学分。"①对中小学的要求是"中小学要积极开展校本培训，鼓励教师开展教育教学研究和学习实践等自主研习活动。"其省会济南市的中小学教师继续教育学分管理办法则进一步规定，"中小学校提供120学分且每年不少于24学分的校本培训"。②除此之外，山东省其他地区也会因地制宜，布置本地区的培训内容重点。

学校层面的学习制度是国家和地区意志的体现，也蕴含了本校的培训制度文化。教师培训机构往往会对进入到某一类项目的学员的所在区域、学科、学历、荣誉、职称、教龄、年龄等做出明确规定，以在各层次学员中更好地分配培训资源。

项目层面的学习制度会在国家、地方和学校制度的框架下，根据项目负责人的设计，做出非常具体的要求。如在一些卓越教师的培训项目的招生中，有的负责人会要求学员带研究生团队来一起学习，共同完成项目内的各项学习任务。

（2）教学制度

教师培训的教学制度主要包括培训项目的设计、实施与考核评价制度，培训者的规范、选拔与奖惩制度等。国家对"国培计划"项目的设计、实施与考核评价做出明确规定，并通过"国培计划"向全国的教师培训项目做出示范；出台《中小学幼儿园教师培训课程指导标准》等一系列标准，对受训学员的水平诊断、培训课程的目标、内容设置、组织实施、质量评价等做出规定，建构教师培训质量保障体系；颁布《中共中央 国务院关于全面深化教师队伍建设改革的意见》，对教师培训课程与教学的目标、内容、场所与组织方式等提出要求，可以说，一个需求为本、丰富多元的现代教师培训课程与教学体系基本建成③；通过颁布《高等学校教师职业道德规范》《教育部关于建立健全高校师德建设长效机制的意见》《新时代高校教师职业行为十项准则》等文件，对高校教师（包含教师培训者）的职业行为规范做出要求；建立国培专家库，遴选培训者；各类教师评优评先的奖励活动向培训者开放，奖励和激励优秀培训者；通过颁布《关于高校教师师德失范行为处理的指导意见》，对培训者的罚则做出规定。这些规定在地方层面进一步细化和实施。

进入到学校层面，教师培训的专业机构往往会具体规定项目申报、评审、实施、结业验收的具体流程和要求，以及各类培训项目的培训者的资格、奖惩等规则。如在项目设计环节，有的高校会对课程中的线上和线下授课比例、校内和校外以及本地和外地的培训者比例、经费使用中讲课费及用车费等各项经费的比例等做出细致规定。

---

① 山东省教育厅：《山东省人力资源和社会保障厅关于印发山东省中小学教师继续教育学分管理办法的通知》，http://www.shandong.gov.cn/art/2015/5/15/art_107862_74570.html。
② 济南市教育局：《济南市人力资源和社会保障局关于印发济南市中小学教师继续教育学分管理办法的通知》，http://jnedu.jinan.gov.cn/art/2015/8/5/art_44985_8.html。
③ 王军：《现代教师培训体系建设的专业主义路径》，载《北京教育学院学报》，2018（3）。

而在项目层面，教师培训的文化制度主要是培训的实施制度。项目负责人往往出具内容详尽的学员手册，规定学员的课程计划、作息安排、上课要求、作业要求、结业要求、评优要求等。项目层面的教师培训制度与项目负责人对本项目的预期密切相关。

（二）"非正式约束"类教师培训制度文化

"非正式约束"类教师培训制度文化指在培训实践中形成的，约束和规范培训相关主体之间关系的一系列不成文、非正式、默会的规则和规定。"非正式约束"类教师培训制度文化多以一些习俗习惯、道德性和舆论性规定的形式出现。其中，习惯是一种非常重要的形式。习惯可以定义为所有在正式规则无定义的场合起着规范人们行为的作用的惯例或作为"标准"的行为。习惯也可以被理解为由文化过程和个人在某时刻以前所积累的经验决定的标准行为。尼尔森和温特认为，一种行为若能成功地应付反复出现的某种环境，就可能被人类理性固定下来成为习惯。

"非正式约束"类教师培训制度文化虽然没有明文规定，却往往对维持培训秩序起着隐性的巨大的作用。并且，这类文化往往具有持久的生命力，其中很大一部分，会在培训中代代相传。不过，这类制度有"好"有"坏"。对于"好"的，我们要持续发扬，甚至有时，"非正式约束"类制度也会在长期的代际传递和沉淀打磨中被转化为"正式约束"类制度，以文件的形式固定下来；而对于"坏"的，我们应及早发现，修正改进。

与"正式约束"类教师培训制度文化类似，"非正式约束"类教师培训制度文化也出现在国家、地方、学校和项目等各个层次以及各个层次之间，涉及培训的政治、经济、文化等各个领域。由于"非正式约束"类教师培训制度文化存在的广泛性和隐秘性，我们难以穷尽列举，因此，本章集中讨论目前教师培训中比较突显的几个"非正式约束"类培训制度。对这些制度的审视，有助于我们发现目前教师培训制度中存在的问题，改进和完善制度体系。

1. 教师培训的政治制度：学员选拔制度

在很多地区，市区级的学员选拔制度并没有形成一种成文的、规范的正式制度，而是以"非正式约束"类制度的形式存在。比如培训管理者认为哪个学校需要这项培训，就把培训机会分发给哪个学校。这种制度严重依赖培训管理者对本区域内各学校和教师队伍整体水平和个别需求的主观判断，当管理者非常了解本区域整体情况时，这种学员选拔制度就会保障学员能得到适宜自己的培训、培训也能找到适宜的学员；而反之，则会受到路径依赖、熟人关系等的影响，使培训的公平性和效率受到严重损害。

2. 教师培训的经济制度：培训者选择制度

一门课程选择谁作为培训者，往往是基于培训组织者的主观考量，这受到组织者对潜在授课者的多寡、对培训者级别的要求、对培训方式和效果的预期等因素的认识的影响。一般来说，存在这样一种培训文化，即高级别的培训（包括行政级别高和受训教师生涯阶段、职称、荣誉高等）一般配备职称高或官职高的培训者，同时，来自高校和教育行政部门的培训者一般被认为水平高于来自一线的培训者，大学老师和官员可以培训中小学老师，但中小学老师却少有能培训大学老师和官员的。这是培训者选择制度中等级文化的体现。这种文化存在诸多不合理之处，需要我们的审视、修正和完善。

3. 教师培训的文化制度：项目内的学习受训制度

项目内的学习受训制度多数时候是一种仅限项目内部人群共享的、对外秘而不宣的制度。它包括：项目内的班级管理制度，如往往会形成一个班委或临时党支部，在项目负责人的指导下进行学员自治；学习制度，如分组讨论展示制度、反思制度、简报制度；师生交流交往制度，如邮件发送与回复制度、咨询制度、作业批改制度等。这些制度是培训者对"正式约束"类制度的补充，是在其长期的培训实践中，以及和本项目学员的互动中有意无意地建立起来的一系列规则。这些规则由培训者和他们的学员共享，形成一种独特的项目文化。

四、教师培训精神文化

关于精神文化，有两种基本的解释范式[1]。一种是道德哲学的解释范式。精神文化被看作是与物质文化和技术文化相对立的一种文化价值，它强调人类文化生活的伦理和道德内涵。另一种是生命哲学的解释范式。这种范式以生命为起点理解文化的本质，认为学校文化和教育的价值不在于传递知识，而在于唤醒人的灵魂和生命。而只有把"文化"和"精神"结合起来，即只有"精神文化"这一概念，才能真正表达文化的生命本质。精神文化是人的一种内在生活形式。以此引申，教师培训精神文化也可以有两种解释：一种是作为与教师培训物质文化和技术文化相对的，强调教师培训的伦理和道德内涵，体现教师培训相关主体的精神世界和伦理生活的文化；另一种是目的在于唤醒教师灵魂、激发教师生命、探寻和表达教师培训相关主体的内在生活形式的文化。两种解释只是出发点和立意不同，并无根本的矛盾，因而可以有机地统一于一体，共同服务于教师培训精神文化的解释和建构。教师培训的精神文化可分为深层文化、中层文化和表层文化。其中，深层文化主要指教师培训的观念体系，它是精神文化的灵魂和中枢，决定其他精神文化层次的内容；中层文化主要指教师培训的知识体系；表层文化主要指教师培训的话语体系。

（一）教师培训的观念体系

观念指人的思想意识。特莱西创造 ideology 一词，以此倡导建立一种"观念科学"（science of ideas）。虽然 ideology 后来被我们翻译为"意识形态"并主要用于政治领域，但对 ideology 的解释与对"观念体系"的解释异曲同工。在社会科学的一般意义上，ideology（意识形态）指"旨在为某种有组织的政治行动提供根据的一套或多或少具有连贯性的观念"。

---

[1] 薛晓阳：《学校精神文化建设的新视野》，载《教育研究》，2003（3）。

可见实际上，意识形态就是一套观念体系。马克思主义也将其视为某一阶级的独特观念。这套观念体系包括三个方面内容：它首先是一套世界观，为人们提供对现存秩序的说明和批评；其次，它提供人们想要的未来的模型，即"美好社会"的景象；最后，它为政治变革能够如何发生和应当如何发生提供基本轮廓。[①]由此，教师培训的观念体系也分为三个部分：关于是什么的观念、关于为什么的观念以及关于如何的观念。培训的观念体系常常是隐性的，但也有时候会体现为外化的标语、logo 等。

1. 关于是什么的观念

关于是什么的观念即培训中的"世界观"，也就是对于培训中一般问题的一般看法和解释。教学观、学习观、教育观、教师角色观以及如何学会教学的观念一般被认为是教师培养项目中的核心观念[②]。这些观念中的大部分仍适用于教师培训，但由于教师培训所面对教师职业生涯阶段的不同以及培训目的的多样性，教师培训的核心观念要涉及更多要素。在教师培训中，关于是什么的观念包括培训观、教学观、学习观、教育观、培训者角色观、教师（学员）角色观、如何学会教学、如何学会管理等。对培训、教学、学习等要素的观念不同，对培训的态度和所采取的培训行为就会不同。如近年来，教师职后"40 年"在职培训相对于职前"4 年"的重要性被提出来，培训工作就得到了更多的重视。再如，假如培训者认为学员是知识的被动接受者，那么他们往往就倾向于我说你听的"满堂灌"；而反之，假如培训者认为学员是主观能动者，那么他们往往倾向于采用多种培训形式，调动全体学员的积极性，使全体学员一起参与到知识和能力的建构中来。

2. 关于为什么的观念

关于为什么的观念指关于培训的目的、价值，以及未来美好教育世界的观念。它回答如下问题：我们为什么而培训？培训的价值在哪里？好的学校、好的教育、好的教师、好的培训是怎样的？理想的教育世界是怎样的？关于为什么的观念反映了培训的价值取向，是教师培训的根本遵循。我国提出，"到 2035 年，教师综合素质、专业化水平和创新能力大幅提升，培养造就数以百万计的骨干教师、数以十万计的卓越教师、数以万计的教育家型教师。"[③]这为教师培训走向更高水平、更加创新的分层、分类培训指明了方向，在国家层面回答了"我们为什么而培训"的问题。在机构层面，为教师专业化发展而培训还是为了机构的经济利益而培训，所导向的培训是截然不同的。而在项目和教师培训者层面，教

---

① [英] 安德鲁·海伍德：《政治学核心概念》（吴勇译），天津，天津人民出版社，2018。

② ZEICHNER K, CONKLIN H G. Teacher education programs as sites for teacher preparation Handbook of Research on Teacher Education. New York: Routledge, 2008.

③ 中共中央 国务院：《中共中央 国务院关于全面深化新时代教师队伍建设改革的意见》，http://www.gov.cn/xinwen/2018-01/31/content_5262659.html 。

师培训是为了什么的观念也在发生剧烈变革。如今，越来越多的培训者意识到：教师培训应该是唤醒教师灵魂、激发教师生命力量的赋能的教育，而不仅是传递知识和技能的教育。

3. 关于如何的观念

关于如何的观念主要指关于培训如何做的观念，包括受训学员如何选择、培训目标如何设定、培训课程如何安排、学术课程和实习实践如何分配、培训采用何种模式和哪些方法、学员如何组织、谁来统筹管理培训、谁来授课、在哪里培训、培训如何评价与改进等。关于如何的观念一方面会通过国家、地区和学校的法律、政策、规章制度以及项目的实施方案、学员手册等清楚地传达出来；另一方面，也会通过培训中物质的安排、培训管理者和培训者的管理和教育行为等呈现出来。

（二）教师培训的知识体系

知识是人们在社会实践中所获得的认识和经验的总和。教师培训的知识体系，是关于教师培训的认识和经验的总和，即教师培训学科。近年来，教师教育学科建设备受学界关注，其分支学科的建设也逐渐提上日程。狭义上说，教师培训的知识体系主要指关于教师培训如何做的知识。而广义上说，关于培训如何做的知识仅仅是教师培训知识体系的一小部分，教师培训的知识体系包括关于培训的知识、关于教师的知识以及关于学科的知识。三类知识分别让我们知道怎么做（know how）、是谁和为什么（know who and know why）以及是什么（know what），从而建构起对教师培训的完整、立体的理解。教师培训是一种专业教育，具有智识性特征，这决定了教师培训要有理论化的专业知识体系。目前，教师培训领域存在大量零散的经验性知识，非常不利于教师培训研究与实践的发展，教师培训知识的理论化和系统化水平亟待提升。基于学科建设与发展的考量，本节从广义上，对教师培训的知识体系做简要解析。

1. 关于培训的知识

关于教师培训的知识可以以培训实践为原点，向内、向外、向前、向上，从不同维度进行分析。在培训实践内部，以培训的环节为角度，关于教师培训知识包括关于培训准入的知识、关于培训设计的知识、关于培训实施的知识和关于培训评价的知识；以培训的要素为角度，关于教师培训的知识包括教师培训目标知识、教师培训课程知识、教师培训教学知识、教师培训实习实践知识、教师培训模式知识、教师培训者知识等。在培训实践外部，关于教师培训的知识分为教师培训政策知识、教师培训制度知识、教师培训标准知识等。从时间和地域角度看，关于培训的知识还应包括教师培训历史的知识和比较教师培训知识。从教师培训学学科的角度看，关于培训的知识包括教师培训原理、教师培训哲学、教师培训政治学、教师培训经济学、教师培训文化学、教师培训社会学、教师培训生物学等知识。我们对教师培训的认知越深刻，关于教师培训的知识分类越细致，知识总量就越庞大。

2. 关于教师的知识

教师是教师培训的对象，梳理好关于教师的知识是做好培训的前提。关于教师的知识包括三个方面：

第一，关于教师所从事工作，即教学专业（teaching profession）的知识，包括他们的知识体系、职业特性与国家对他们的职业要求和期待。专业以高深知识为特征，教学专业具有自己的高深知识体系，这一体系包括儿童发展心理学、学习科学、课标与教材分析、课程资源开发、儿童观察与研究、课堂教学观察与诊断、课堂与班级管理、教育法、教学技能等九大核心教学专业高深知识[①]。除高深知识外，教学专业还具有智识性、自主性、伦理性、资格性等关键特征[②]，"好"的培训会充分利用这些特征，并发展这些特征。如很多培训项目会充分发挥学员的自主性，让学员参与到课程建设与实施中。教育是一种国家事业，教师要完成国家的任务。如"立德树人"是我国对教师的职业要求和期待，教师培训只有把握国家对教师职业的要求和期待，才能更好地服务和帮助教师发展。

第二，关于教师如何学习的知识，即教师怎样学习。诺尔斯的成人学习理论广为人知，近年来，学习科学、教育精神科学等新兴学科的知识也逐渐进入到教师培训领域，它们都成为关于教师如何学习的知识体系的组成部分。要建立关于教师如何学习的知识体系，我们一方面要加强对这一领域的研究以及对最新研究成果的引进和使用，另一方面，我们要审慎思考和选择相关知识，基于中国教师和外国教师的个性等差异[③]，建立适合中国教师的知识库。

第三，关于教师人群的知识。教师是以完整的人的身份参与到培训中的。因此，除了教师所从事工作的知识，关于教师的知识还应包括教师人群的知识。这类知识既包括教师的年龄、教龄、性别、教育程度、职称、荣誉等人口统计学变量知识，以及教师专业发展阶段、学习与发展规律等一般原理性知识，还包括教师的专业信念、专业发展需求、人生所处阶段、工作与生活愿景等非常个人化的知识。根据布朗芬布伦纳的生态系统理论和费斯勒的教师职业生涯阶段理论，教师是生活在层层嵌套的系统中的，他们不是独立的个体，要受到系统中多种因素的交叉影响。因此，关于教师人群的知识极有可能是撬动教师专业

---

① 毛菊，朱旭东：《论教学专业的高深知识：困境、重构与保障》，载《课程·教材·教法》，2020（12）。

② 王军：《论作为专业教育的教师教育：内涵、特征与路径》，载《教师教育研究》，2019（4）。

③ 中国教师和外国教师有很多差异，比如在培训中，中国教师往往更内敛、含蓄、不喜欢提问和互动，适合他们的学习路径可能是与外国教师不同的。

发展与生命成长的关键，构成关于教师的知识的重要组成部分。

3. 关于学科的知识

按内容分，教师培训可分为对各学科知识和能力的培训。因此，关于学科与管理的知识是教师培训知识体系的一部分，并且，这类知识构成教师培训知识体系的基础。关于学科的知识分为中学语文、数学、英语、道德与法治 / 思想政治、历史、地理、物理、化学、生物、体育、音乐、美术、信息技术，小学语文、数学、英语、道法、综合艺术、科学、体育，以及幼儿园五大领域等。在教师培训的知识体系中，关于学科的知识不仅包括学科本身的知识，即"是什么"，还要有学科知识怎样教的知识，即"怎么办"。课程与教学论就是关于学科是什么以及学科知识怎样教的知识。

（三）教师培训的话语体系

话语指言语或说话，是表达一定思想、观念、情感、理论、知识、文化等的字词、句式、信息载体或符号[1]，包括口头表达的话语和文字表达的话语。教师培训的话语体系是教师培训领域各种口头和文字话语以一定逻辑组成的集合。话语体系是观念体系和知识体系的外在表达形式，受到二者的制约。由一定的相关的概念、术语、判断、规律、范畴所形成的观念体系和知识体系，决定了其话语体系的逻辑架构。任何话语都表达一定的思想理论观念，而任何思想理论观念又都需要一定的话语来表达。两者相辅相成。[2]

作为一门独特的事业和学科，教师培训应形成自己的话语体系。近年来，"教师学习共同体""教研"等话语在国际范围内受到广泛关注，教师培训还应有更多、更加系统的话语呈现在学术领域。拥有1800多万各类教师、1600多万中小学幼儿园教师和世界上最庞大的教师培训体系的中国，应为世界教师培训话语体系的建设贡献巨大力量。教师培训话语体系包括两个部分：一般话语和地方话语。其中，一般话语指教师培训领域普适的话语，言说教师培训的一般观念和知识；地方话语指具有地域特色的教师培训话语，呈现地区教师培训的特色观念与知识。二者缺一不可。

第三节　教师培训文化的意义与未来发展

一、教师培训文化的意义

我们之所以讨论教师培训文化，毋庸置疑是因为其有意义。这个意义有两个层面：第

---

① 张国祚：《中国话语体系应如何打造》，载《人民日报》，2012-07-11。
② 张国祚：《张国祚：关于打造话语体系与改进文风的几点思考》，载《思想政治工作研究》，2013（4）。

一，教师培训文化的存在本身是有意义的，这是毫无疑问的；第二，我们对教师培训文化的研究具有意义，文化研究"关注某个现象传递出来的意义，挖掘现象与意识形态、种族、性别和社会阶级等之间的关联。文化研究为我们解读与批判文化、权力以及日常生活提供了研究视角和理解途径"[①]。在教师培训文化和文化研究所构成的意义矩阵中，我们抽离出教师培训文化对教师培训、教师培训者和教师三个方面的意义。

（一）教师培训文化预测和决定着教师培训的结果

人类文化是一种象征体系，蕴含或指示着一定的意义。通过对教师培训文化要素和现象的分析和解读，我们可以更好地探知教师培训的本质，预测教师培训的结果。比如，在物质文化层面上，课桌椅的摆放就具有一定的意义，排排放的桌椅一般被认为是以培训者为中心的，教师培训注重培训者所拥有的知识的传授，而忽略受训者的知识基础和需求、接受程度；圆圈形或 U 形的桌椅摆放，培训者和受训者之间一般被认为是平等、开放的关系，师生在平等交流中共同建构知识。又如，在行为文化层面上，开班仪式的有无具有一定的意义。一般认为，隆重的开班典礼是一段学习旅程的仪式化开端，显示了培训机构和培训者对培训的重视和对学员入门的接纳，也帮助学员实现从教师到学生的身份转变；而没有开班典礼则显得一段培训"师出无名""不正式""不受重视"。再如，在精神文化层面上，我们一般对开放的、兼收并蓄的培训文化下的培训有更高的期待，而对封闭的、僵化的培训文化下的培训敬而远之。

文化不仅是社会生活的产物，更是社会生活何去何从的一个决定性因素。[②]教师培训文化预测，也决定了教师培训的结果和效果。

（二）教师培训文化凝聚和规范着培训管理者与实践者的精神和行为

围绕教师培训，教师培训的管理者和实践者形成一个专业共同体，这个共同体对内共享、保护、自治、繁衍，对外排他。而这个专业共同体的"凝结核"是教师培训文化。所有专业共同体首先在文化方面具有相似性，这种文化用布迪厄的说法，是"一种取向，是形成某种风气的精神，是一种思想的表达风格，以及一切'难以界定的那些东西'"[③]，它使专业内部成员分享共同的独特身份认同、价值观、角色、语言和社会规范，专业共同体得以形成并实现对内对外的职能。共同的文化带来权力，权力带来义务。教师培训共同体一般以行政机关、专业机构、专业协会的形式存在，享有高于成员个体的权力，可以为专业成员设定规范，实现专业自治，又能够通过对专业成员的选择、对成员社会化过程的控制实

---

① [澳] 安德鲁·米尔纳，杰夫·布劳伊特：《当代文化理论》（刘超，肖雄译），南京，江苏人民出版社，2018。
② 陆扬，王毅：《文化研究导论（第三版）》，上海，复旦大学出版社，2022。
③ [法] P. 波丢：《人：学术者》（王作虹译），贵阳，贵州人民出版社，2006。

现下一代专业成员的"繁衍"。[1]教师培训管理者与实践者既由教师培训文化所凝聚，也受到教师培训文化的制约和规范。

（三）教师培训文化影响甚至决定着教师的专业发展与生命成长

我国法律规定，教师具有"参加进修或者其他方式的培训"的权利，以及"不断提高思想政治觉悟和教育教学业务水平"的义务，教师应终身学习[2]。教师培训是提高教师综合素养、保障其终身学习的关键手段之一。教师培训根本上是为教师服务的，在教师培训范畴内，教师是教师培训文化最终的作用对象。有什么样的教师培训文化，就有什么样的教师专业发展。而随着社会的进步和教师培训取向的变化，教师不仅作为专业人，而且作为完整生命参与培训的观念逐渐深入人心，因此，教师培训文化不仅影响甚至决定着教师的专业发展，还影响甚至决定着教师的生命成长。我们在很多培训中欣喜地见到，教师的生命力量被激活，重新焕发专业发展的勃勃生机，这是培训文化影响教师专业发展和生命成长的结果。马克思指出，文化是"培养社会的人的一切属性，并且把他作为具有尽可能丰富的属性和联系的人，因而具有尽可能广泛需要的人生产出来——把他作为尽可能完整的和全面的社会产品生产出来……"[3]社会主义文化建设的本质就在于努力实现个人全面高度的发展。教师培训文化要以促进教师完整生命的全面高度的发展为追求。

二、教师培训文化的未来发展

我国拥有世界上规模最大的教育体系，为了为这样一个教育体系培育"大国良师"，需要建立强有力的教师培训体系。而强有力的教师培训体系需要教师培训文化来引领。不可否认，我们在教师培训的物质文化、行为文化、制度文化、精神文化建设等方面已经取得了长足的进步，积累了卓越的成就，但面向未来，教师培训文化建设还有很大的进步空间。基于学理和现实，本章对教师培训文化的未来发展路径做简要阐述。

如果说，我们对文化的剖解遵循从外到内的原则，即按照物质文化—行为文化—制度文化—精神文化的顺序，更容易层层剥开"洋葱"，从现象看到本质，那么，当我们谈文化的发展时，就要从内而外，从核心的发展逐步向外拓展。因此，本节遵循精神文化—制度文化—行为文化—物质文化逐层向外推开的逻辑（图6-2），分别讨论学术、制度、实践和空间四条路径。

---

[1]　Goode W J. Community within a Community: The Professions. American Sociological Review, 1957.

[2]　中华人民共和国教育部：《教育部关于印发〈幼儿园教师专业标准（试行）〉〈小学教师专业标准（试行）〉和〈中学教师专业标准（试行）〉的通知》，http://www.moe.gov.cn/srcsite/A10/s6991/201209/t20120913_145603.html。

[3]　马恩编委会：《马克思恩格斯全集·第46卷（上册）》，北京，人民出版社，1979。

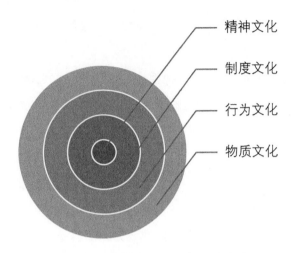

图 6-2　教师培训文化系统的圈层

（一）学术路径

精神文化是教师培训文化的核心，欲要变革与发展文化体系，必先发展精神文化。而精神文化中的观念体系、知识体系和话语体系，都需要通过学术的努力去反思、梳理、学习、建构。教师培训文化发展的学术路径有两个要点：

第一，建立系统化、科学化的教师培训观念体系、知识体系。我们有庞大的教师培训实践体系，却没有系统化、科学化的教师培训观念体系和知识体系。这是教师培训的研究的重视度不够、内容不充分、理论化程度不高所造成的。要重视和鼓励教师培训研究，探索教师培训和教师专业发展、生命成长的密切关系，寻找更有力支撑教师培训的观念体系和知识基础。

第二，建立具有本土特色的、有生命力的话语体系。相对于职前教师教育，国际范围内对教师培训的研究整体不足，而我国在教师培训方面的庞大规模和悠久历史非常有助于我们创造具有本土特色的、有生命力的话语体系。要利用好这些优势，抓住教师培训文化中的核心概念，如"教研"就是一个极具中国特色的词语。

（二）制度路径

制度是教师培训发展的规约和引导。教师培训文化的制度路径要求我们建立专业化、规范化的教师培训制度体系。教师培训的制度路径有两个要点：

第一，基于培训规律、教师学习与专业发展规律和教师成长需要设计教师培训制度。我们非常重视教师培训制度建设，但目前的制度更多是管理主义取向，忽略了培训的规律、教师专业发展的规律和教师成长的需要。考虑到这些，我们可以通过制度引导建立教师培训支撑教师终身专业发展的良好生态，建立教师培训与专业证书和职称评聘相融通的制度体系，建立因需而培而非为培而培的培训学员选拔制度，以及建立不唯职称、不看官职而以培训需要为宗旨的灵活机动的培训者选拔制度，等等。

第二，重视对有益的非正式约束类教师培训制度的建设与保护，并有意识地审视和修正不合理的非正式约束类教师培训制度。在正式约束类制度没有规定到的地方，非正式约束类制度发挥着作用。尤其在项目内部，这些制度往往构成一个项目和培训者的特色，帮助学员形成对组织和项目的归属感，促进形成小范围内的师生共同体。因此，我们要批判性地反思非正式约束类教师培训制度的合理性，鼓励对有益非正式约束类制度的坚守、传承、创新，使其形成特色。

（三）实践路径

精神文化和制度文化最终都要靠实践落到实处。教师培训文化发展的实践路径强调教师培训实践在观念和行为上的革新与发展。其要点有二：

第一，在实践中转变培训文化观和培训观，营造良好培训文化。要认识到培训文化对于教师培训的重要价值，认识到教师是在系统中和交互下进行学习与发展的，有意识地建构、传承和发展教师培训文化。比如有的高校会把自己的校训（往往也是教师培训的宗旨）印在帆布袋上，作为纪念品发放给学员，也会在开班仪式或学员手册中向学员讲述自己的教师培训文化传统，这些都有助于增进学员对培训机构的认同和归属感，增强学习效果。

第二，基于学习科学、教育神经科学等学科的前沿理论与人工智能等新技术设计多元化培训活动。随着人类知识和科技的加速发展，今天的教师培训已经有了比以往更为丰富、更加有力的知识基础，以及更加便捷、更加多元的培训手段，教师培训应在项目设计中吸收借鉴学习科学、教育神经科学等学科的最新研究成果，在项目实施中合理融入人工智能等最新技术，以增进学员学习效果，并以此培育一种追求科学、与时俱进的教师培训文化。

（四）空间路径

空间是教师培训发生的载体，它是教师培训精神文化、制度文化、行为文化在空间和物质上的直观呈现，也可能是教师培训文化变革的滥觞。比如，相对于传统的、封闭的教室，咖啡馆或提供沙发的小开放空间就为师生交流交往在形式和氛围上提供了新的可能，这种可能改变了师生之间的权力关系，产生了不同的培训效果。教师培训文化发展的空间路径要点有二：

第一，基于科学的空间理念设计适宜的物质文化环境。应认识到，空间也是课程的一部分，适宜的空间可以传达培训者的观念，塑造期待的行为。

第二，设计面向未来教育与教师培训的培训空间。教育为未来培养人才，教师培训支撑未来教育，因此，人工智能辅助学习与教学、智慧教室等都应成为教师培训空间建设的关注点。

第七章　教师培训政策

　　教师培训政策作为教师教育政策的重要组成部分，是党和国家为实现一定历史时期的教育目标和任务，规范教师培训，有效支持和促进教师发展的一系列行动准则、意见、方针与法规等的总称。党和国家长期以来一直重视教师队伍建设，中华人民共和国成立 70 余年以来，党中央、国务院出台了一系列教师培训政策，形成了包括政策目标、政策内容、政策实施和政策评估的教师培训政策内容体系，作为制度化的规范与准则，教师培训政策保障着我国教师的专业发展、师资队伍的建设乃至基础教育改革的顺利进行。教师培训政策研制的科学性和前瞻性、教师培训政策落地实施的精准高效，直接影响着基础教育的发展质量，是我国实施教育强国战略的重要保证。

第一节　教师培训政策的内容与价值取向

一、教师培训政策的概念界定

（一）教育政策

　　从政策的定义来看，"政策是国家机关、政党及其他政治团体在特定历史时期为实现或服务于一定社会政治、经济、文化目标所采取的政治行为或规定的行为准则，它是一系列谋略、法令、措施、办法、方法、条例的总称"[①]，由此出发，在解释教育政策时亦将其视为"政府或政党制定的有关教育的方针、政策，主要是某一历史时期国家或政党的总任务、总方针、总政策在教育领域内的具体体现"[②]。随着学界研究的深入，教育政策的概念有了明确的定义，"教育政策是一种有目的、有组织的动态发展过程，是政党、政府等政治实体在一定历史时期，为了实现一定的教育目标和任务而协调教育的内外关系所规定的行动依据和准则"[③]。由此可知，一项教育政策大致包含三大因素：第一，由国家、党制定，是国家意志的体现；第二，针对某一时期的教育目标或教育任务提出，既是静态的"结果"，又是动态的运行过程；第三，包含一系列行动依据和准则。

　　也有学者认为"教育政策就是指由执政党和政府制定与颁布的用以指导、规范教育事

---

① 陈振明：《政策科学》，北京，中国人民大学出版社，1998。
② 叶澜：《教育概论》，北京，人民出版社，1991。
③ 孙锦涛主编：《教育政策学》北京，中国人民大学出版社，2010。

业发展的一切价值准则与行为规范的总称。广义上教育政策不仅包括教育行政法规、教育行政规章，而且还包括了教育法律"[①]，但教育政策与教育方针、教育法律的概念还存在一定的区别。教育方针主要规定教育的性质、目的以及实现教育目的的基本途径，而且制定主体级别高，一般为党和国家的最高领导机关，在某一特定历史时期，总体教育方针只有一个，且不会轻易改变。与之相比，教育政策的内容更为广泛，不仅可以是宏观问题或微观问题，还可以是全国范围的普遍问题或某一地区的局部问题；制定的主体较为多样，既可以是中央级别的机构，也可以是地方的权力机关和行政部门；就实施层面来说也更为灵活、变通，视教育现状或教育改革的需要而定。教育政策的制定必须以相关的教育法律法规为依据，否则就会失去其存在的合法性，但两者在制定主体、执行方式、形式等方面各有侧重，如教育法律更具有强制性，而教育政策的种类和形式等较之法律更为丰富多样。

（二）教师培训政策

教师培训政策是教育政策的下位概念，既包含教育政策的一般要素与特点，又具有自身的独特之处。

首先反映在"教师培训"概念的演变上。新中国成立初期，"教师培训"通常称为"教师进修"或"在职学习"，如教育部1952年印发的《关于中小学教师进修问题的通报》、1955年印发的《关于加强中等学校在职教师业余进修的指示》等；1977年教育部印发的《关于加强中小学在职教师培训工作的意见》是我国最早采用"教师培训"名称的文件；受终身教育思潮的影响，教师培训又被称为"教师继续教育"，如1999年教育部公布《面向21世纪教育振兴行动计划》，正式启动"中小学教师继续教育工程"，以实现教师职前培养与职后培训的一体化。在不同时期我国教师培训相关政策的表述虽不尽相同，但实质与针对职后教育的教师培训并无二致。

进入21世纪以来，我国用"教师教育"取代传统的"师范教育"，从对象来看，不仅包括尚未进入岗位的"准教师"，还包括在职教师；从教育内容来看，包括教师职前培养、入职教育和在职培训，覆盖了教师专业发展的不同阶段，相较于教师培训，教师教育具有更为广泛的内涵和外延。而教师培训作为教师教育的组成部分之一，频繁见诸政策文件，意味着由政府主导的、通过专门教育机构实施在职继续教育时代的到来，如2011年教育部发布的《关于大力加强中小学教师培训工作的意见》，在2022年最新公布的义务教育各学科课程标准中均对"教师培训"做出了明确提示。

基于教师培训方式与目标，有学者认为教师培训是"有计划、有目标地组织教师参加

---

① 褚宏启主编：《教育政策学》，北京，北京师范大学出版社，2011。

与教育教学工作相关的学习活动，旨在改进和发展教师的专业知识、专业技能、专业态度和工作行为，从而挖掘和发挥教师的工作潜能，使教师适应教育改革和发展的需要，最终实现学校组织发展和教师个体专业发展的双重目标"[①]，即本质在于有效支持和促进教师学习，体现出系统化、专业化和终身化三大特征，这与教师培训政策的发展演变息息相关。

其次，教师培训政策与教育政策，尤其是教师教育政策有着广泛的密切联系，其中已有不少学者对教师教育政策进行了界定，例如"教师教育政策属于教育具体政策，是指党和国家根据教育基本政策，为解决教师教育问题而制定的具体政策法规的总和[②]；教师教育政策有如下特征：第一，由政府制定；第二，以服务社会主义教育事业为任务；第三，是有关教师培养、培训和认定的所有法律法规、规划纲要、计划准则、方针措施、条例细则等的综合，同时这些文本的制定、实施及评估等过程都属于教师教育政策的范畴[③]，即从政策制定主体、目的、内容等方面进行界定。

鉴于对教育政策、教师教育政策等相关的概念界定，可将教师培训政策定义为：党和国家为实现一定历史时期的教育目标和任务，规范教师培训、有效支持和促进教师发展的一系列行动准则、意见、方针、法规等的总称。教师培训政策具有与特定历史时期的教育目标和任务相适应的特征，面对深化教育教学改革与落实立德树人的根本任务，教师培训政策将在全面深化中小学教师培训体系改革、加强新时代教师队伍建设方面发挥重要影响。

二、教师培训政策的内容体系

"教育政策作为一种行动依据和准则，也同时规定着可能有的行动方式和行动的发展方向，是目标、原则、任务、方式、措施、步骤等多项内容的有机结合"[④]，教育政策的结构要素大致可分为目标、内容、实施和评估，而教师培训政策作为教育政策的组成部分，对其内容体系的分析亦可从以下四个方面入手。

（一）教师培训政策的目标

教师培训政策的目标是政策执行达到的目的、要求和结果，对教师培训工作的开展具有十分重要的引导作用，教师培训政策的目标随着时代的发展与教育教学改革的需求不断做出调整，整体来看大致可分为两大部分。

第一，量的目标。教师培训量的目标主要指在教师培训政策中教师培训所涉及的培训

---

① 余新：《教师培训的本质、功能和专业化走向》，载《教育科学研究》，2010（12）。
② 陈永明等：《教师教育研究》，上海，华东师范大学出版社，2003。
③ 王芳：《教师教育政策文本的实践解读》，首都师范大学，2006。
④ 孙锦涛主编：《教育政策学》，北京，中国人民大学出版社，2010。

人数、培训时间、培训机构数量等方面的规定，如 2011 年教育部发布的《关于大力加强中小学教师培训工作的意见》提到，"今后五年，对全国 1000 多万教师进行每人不少于 360 学时的全员培训；支持 100 万名骨干教师进行国家级培训；选派 1 万名优秀骨干教师海外研修培训；组织 200 万名教师进行学历提升"[1]，该意见对各类教师的培训时长和人数都有明确规定。设置教师培训量的目标，有助于教师培训工作的有序开展，同时也是后续评估教师培训是否达标的主要依据之一，起到了确保教师培训政策有效落实的作用。

第二，质的目标。教师培训质的目标主要指在教师培训政策中对各类培训项目、相关培训内容以及培训效果的预设，如 1986 年国家教育委员会颁布的《关于加强在职中小学教师培训工作的意见》强调教师培训工作的主要任务为中小学教师学历达标；2010 年教育部、财政部联合印发的《关于实施"中小学教师国家级培训计划"的通知》以"提高教师队伍的整体素质、推进义务教育的均衡发展、促进基础教育的改革、提高教育质量"为目的。2022 年 4 月，教育部等八部门联合印发《新时代基础教育强师计划》，明确规定到 2035 年"教师思想政治素质、师德修养、教育教学能力和信息技术应用能力建设显著加强，教师队伍整体素质和教育教学水平明显提升"。通过设定质的培训目标，既可以对教师培训政策目标进行具体化实施，又能够为教师培训工作开展提供方向的指引。

（二）教师培训政策的内容

教师培训政策的内容是指以政策的形式规定培训对象所要达成的素养、知识、技能等。从政策效力范围的角度来看，教师培训政策可分为全局性政策和区域性政策，全局性政策在全国范围内对各级各类教师培训都有政策效力，如 1999 年教育部颁布的《中小学教师继续教育规定》提出的六个维度内容：思想政治教育和师德修养，专业知识及更新与扩展，现代教育理论与实践，教育科学研究，教育教学技能训练和现代教育技术，现代科技与人文社会科学知识；区域性政策则是在全局性政策的基础上结合具体实际做出调整，我国的教师培训政策尤为关注边远地区、农村教师以及少数民族教师的培训，如国务院 2015 年印发的《乡村教师支持计划》强调对乡村教师的培训，特别是对紧缺学科教师、民族地区双语教师的培训等。概言之，教师培训政策的内容根据培训对象与培训地区的不同呈现出一定的差异性。

（三）教师培训政策的实施

教师培训政策的实施是指教师培训政策付诸实施、转变为教师培训工作的过程。其中，教师培训政策的目标和内容在一定程度上会影响教师培训政策的实施，而教师培训政策的

---

① 中华人民共和国教育部：《教育部关于大力加强中小学教师培训工作的意见》，http://www.moe.gov.cn/srcsite/A10/s7034/201101/t20110104_146073.html。

实施直接关系到培训的有效性。具体来说，教师培训政策的实施包括实施方式、组织管理、经费管理三个方面。

首先，实施方式即教师培训政策实施的具体形式，根据不同的分类，教师培训方式可有不同的划分，按对象可分为全员培训或新教师、骨干教师等，而且由于我国各地区教育发展的差异性，教师培训政策的实施方式亦体现出地区性的特点。此外，从教师培训政策的整体演进过程来看，实施方式呈现出从单一到多元的转变，如20世纪50年代大多采取短期集中面授或函授，灵活性不够，之后开始注重集中培训与分散指导的结合，尤其是进入21世纪以来，培训越来越注重新的技术手段，如2003年教育部提出的"全国教师教育网络联盟计划"，极大地丰富了教师培训方式，推动线上线下研究相结合、虚拟学习与教学实践相结合的混合式培训方式，随着大数据、人工智能等新技术的出现与推广，教师培训信息化应用也迎来了新的发展阶段。

其次，组织管理是指为保障教师培训政策的有效落实，相关部门根据政策文件组织开展教师培训工作，包括对培训机构和培训项目、参训者、施训者等全过程的管理，如1999年教育部颁布的《中小学教师继续教育规定》明确了国务院教育行政部门，省、自治区、直辖市人民政府教育行政部门，各级教师进修院校和普通师范院校三大主体在中小学教师继续教育中担负的组织管理职责。经过长期的探索与实践，基本形成了国家、地区、学校三级联动的教师培训管理体系。

最后，经费管理是教师培训政策实施的重要保障，主要包括管理经费支出以及监督经费使用。管理经费支出是指根据相关政策文件，确定教师培训经费的来源与支出比例，而经费的投入、使用又与国家的经济发展状况和对教师培训的重视程度息息相关。在改革开放初期，受国家经济发展水平的制约，培训被纳入地方教育事业的预算，随着国家经济实力的增强、对教师培训的重视，如今国家不仅设立专门经费，而且经费的数目、种类繁多，这又要求监督经费的使用情况。因此，经费管理是在相关部门的监督下对教师培训经费的分配、使用等进行有效管理，杜绝滥用经费等不当行为的出现，以保证经费使用的合法化、合理化，最大限度地提高经费使用效益。

（四）教师培训政策的评估

教师培训政策的评估是指对教师培训工作达成效果的诊断，是对教师培训工作进行总结和反思的有效方法，通过评估提炼优点、反思问题、形成经验，为后续制定教师培训政策和开展培训工作打好基础。相关部门在培训实施的全过程对培训项目的设置、培训机构的教学与管理质量、参训者的参训情况、施训者的教学水平等各方面进行质量监控。在教师培训政策中通常会对考核标准与考核办法做出具体的规定，参训的教师必须经过严格的考核才能得到相关的合格证书，而且，为使培训结果可测量化，除采用学分管理制度对培训效果进行最终的绩效评估以外，相关政策愈加要求加强过程性评价，即利用网络测评、第三方监测、学员互评等多种评估方式完善教师培训等质量评估机制与体系，即从最初的结果性评价转变为注重过程性评价。多元的评估方式可以最大限度地使评估结果更加客观，反馈的信息更加具体，总结的经验与案例更加典型，进而推动教师培训政策的创新与改进。

三、教师培训政策的价值取向

作为教育政策的组成部分，教师培训政策的制定与出台既是教育领域乃至整个社会现象的反映，同时也是各种力量之间利益关系、价值冲突与价值选择的结果。

（一）教师培训政策的价值负载

从哲学范畴意义上来看，价值"既来源于客体，又取决于主体，取决于主体的需要和主体的实践活动"[1]，即在实践基础上形成的主体和客体之间的一种意义关系。从学科层面来看，"价值取向"是指"一定主体基于自己的价值观在面对或处理各种关系、矛盾与冲突时所持有的基本价值立场、价值态度以及所表现出来的基本价值倾向和特定的价值方向"[2]。具体到教育政策领域，"教育政策的不同主体基于各自的价值观在面对或处理教育政策涉及的各种关系、矛盾或冲突时各自所持的基本价值立场、价值态度以及所表现出来的基本价值倾向和特定的价值方向的表达与整合"[3]。简而言之，教育政策的价值取向是"教育政策制定者在自身价值判断的基础上所做出的一种集体选择或政府选择"[4]。由于价值取向具有决定、支配主体的价值选择，对政策目标、实施方式以及实施效果具有决定性作用，因此，引导并促进主体制定或确立合理的价值取向具有长远的战略意义。

"教育政策具有'价值负载'的特质"[5]，教师培训政策是教育政策的重要组成部分，是教育政策制定主体基于主流认可的价值观所制定的教师培训政策中所体现的基本价值立场、价值态度以及所表现出的基本价值倾向，即蕴含着政策制定者对于教师培训政策的预期或价值追求，体现着教育政策系统的某种价值偏好，表达着教师培训政策所要追求的目标与价值。教师培训政策的制定主体是政府，"代表着主流意识形态所认可的教育价值观，

① 李连科：《哲学价值论》，北京，中国人民大学出版社，1991。
② 祁型雨：《利益表达与整合——教育政策的决策模式研究》，北京，人民出版社，2006。
③ 孙锦涛主编：《教育政策学》，北京，中国人民大学出版社，2010。
④ 刘复兴：《教育政策的边界与价值向度》，载《清华大学教育研究》，2002（1）。
⑤ 单志艳：《中小学教师培训政策的价值取向变迁——基于1986年和2011年国家关于中小学教师培训〈意见〉的文本分析》，载《教师教育研究》，2013（3）。

但同时也必须能够代表各种主体的利益要求，并能主动地对各种诉求和愿望进行调和"①。因此，教师培训政策是多方面力量博弈的结果，是多种不同向度的价值观念相互冲突与相互妥协后呈现的最终结果，这意味着我国教师培训政策的价值取向是基于特定历史发展阶段的教育发展的必然选择。

（二）教师培训政策的本位变化

在新中国成立以来的相当长一段时间内，我国中小学教师队伍面临人员数量不足、质量不高的问题，以文化知识学习、合格学历提高为核心的"知识本位"成为教师培训政策的主要取向。在竞争意识日趋强化的社会环境中，教师培训政策的价值取向由原来的"知识本位"转向"政治与文化、业务并举"。1978年十一届三中全会以来，党和国家的工作重心转移到经济建设上来，提升教师文化水平和学历层次再次成为教师培训政策的重点，"知识本位"重新成为教师培训政策制定的重要价值取向。但从这一时期的相关政策文件来看，"政策制定者已有意识地改变原来单纯的'文化本位'，而采取'文化与能力并举'的取向"②。以1999年9月教育部颁布《中小学教师继续教育规定》为标志，"素养本位"价值观开始确立。

改革开放以来，在"效率优先，兼顾公平"的社会大环境下，为达到教师胜任教学工作和学历达标的要求，教师培训政策体现出了强烈的"效率优先"的功利主义倾向，"一是秉持'急用先学'原则，将培训对象集中于部分特殊群体和主要学科，尤其是那些未能达到合格教师标准的教师群体，将培训任务定位于在短时期内'能胜任'教育教学工作；二是集中培训资源，特别关注'骨干教师'的培养，以及大中城市的小学教师的培训"③。"效率优先，兼顾公平"的政策导向使城乡、学校等不同层次和类型的教师之间的差距越来越大，严重影响了教育公平。20世纪90年代末以来，公平、正义、平等成为整个社会普遍关注的话题，落实教育公平由此成为教育改革的主要价值诉求，教师培训政策亦从追求效率走向注重教育公平。

基于我国国情和教育事业发展的实情，在相当长的时间内，教师培训政策更多地体现在教师为国家经济建设和社会发展服务的工具性价值上，较少关注教师的本体价值。进入21世纪以来，从教师教育的发展迫切需要与教师培训政策自身独特性及规律性出发，教师培训政策开始出现以教师本位为主导的价值取向。在培训对象上，不仅从部分特殊群体转向全员，而且向经济欠发达地区、少数民族和农村地区倾斜，以缩小城乡师资水平差距、推进教师培训的均衡发展，实现教育公平，如2010年起开始实施的"国培计划"以及2015

①②③ 胡金平：《新中国70年小学教师培训政策价值取向的变迁》，载《教师发展研究》，2019（2）。

年发布的《乡村教师支持计划（2015—2020 年）》等；在培训质量上，配合教育内涵式发展的要求，教师培训在重视提升培训质量与内涵发展的同时，在"教师本位"的引领下关注教师的个体发展，如 2011 年《关于大力加强中小学教师培训工作的意见》，提出"努力构建开放灵活的教师终身学习体系"、遵循"按需施训"的原则，强调教师个人的发展需求等内容，进一步凸显了"教师本位"的价值取向。2021 年，教育部、财政部印发《关于实施中小学幼儿园教师国家级培训计划（2021—2025 年）的通知》，文件要求要深刻把握教育高质量发展阶段的新要求，坚持示范引领与整体提升结合，实施教师精准培训，推进以教师自主学习、系统提升、持续发展为导向的"国培计划"改革。立足"以人为本"的原则、关注教师内在的主体诉求、回归教师培训的"本体价值"，并不意味着教师培训政策与经济建设、社会发展的大背景脱节，而是为了凸显"教师本位"价值的决定性和主导性地位，从而在教师培训政策中实现社会价值与本体价值的统一。

概括来说，从"知识本位"到"文化与能力并举"再到"素养本位"，从"效率优先"到"教育公平"，从单纯为国家经济服务的工具价值到凸显教师"本体价值"的主体性与决定性地位，这些变化既反映出了国家的需求与导向，同时也渗透着一定时代和社会的价值导向，是多种社会因素综合影响与作用的结果。

第二节　教师培训政策的演进与发展特点

一、教师培训政策的演变影响因素

我国教育政策制定的因素包括政治因素、经济状况以及教育环境三个方面[1]，教师培训政策作为教育政策的组成部分，势必受到政治、经济、文化因素的影响，同时又与教师培训自身的发展程度与发展规律密不可分。综合而言，教师培训政策的演变受到宏观社会变迁的新挑战、中观教育事业蓬勃发展的新形势以及微观教师培训内涵发展新任务的影响。

（一）社会变迁的新挑战

"无论社会变迁的成因中是否会有教育的作用，社会变迁或迟或早，或多或少地都会对教育产生影响，且最终将导致教育变迁"[2]。自 1949 年中华人民共和国成立以来，在中国共产党的领导下，中国人民推翻了"三座大山"，完成了民族独立与人民解放的历史任务，

---

① 吴遵民：《教育政策学入门》，上海，上海教育出版社，2010。
② 吴康宁：《教育社会学》，北京，人民教育出版社，1998。

把一个贫穷落后、受人欺负的中国建成了一个繁荣昌盛的社会主义中国，经济和社会发展取得了举世瞩目的成就，我国社会发生了翻天覆地的变化。为了适应新的社会变化，教育在或长或短的时间内以自身的"重构"实现与社会发展协调一致。

以 1956 年三大改造的完成为标志，我国从新民主主义社会进入社会主义社会，开启了建立社会主义教育体制的探索。自 1978 年十一届三中全会以来，我国社会的最大变迁是从社会主义计划经济向社会主义市场经济转型。这场全面而深刻的社会变迁对教育提出了前所未有的高要求，尤其是 2001 年我国加入 WTO 以来，随着全球化趋势的不断加强，社会急需大批具有国际竞争力的创新型复合人才。为了满足社会发展的需要，我国不断推进教育改革，在此之中人们愈发意识到教师在教育改革中扮演的重要角色，只有不断提高教师专业水平才能打造高素质的教育。因此，传统的以师范教育为主的教师培训模式相应地发生转变，党和国家调整并出台了一系列教师培训政策。

同时，包括我国在内的世界范围内正在经历从工业社会向信息社会的转型，与之相适应，教育领域出现了开放教育、创新教育、终身教育、个性教育的转型趋势，而教育的转型又势必要求教师角色进行相应的转换。一方面，在信息社会，知识的价值与地位发生了变化，教师不再是信息的垄断者、讲授者或良好知识体系的呈现者，而是逐渐调整为学习的设计者、知识建构者、教学研究者、人际关系的协调者。与教师角色转型相适应，教师培训政策在培训目标、内容、方式等方面均做出了调整。另一方面，随着数字化、网络化、智能化深入发展，互联网与教育领域深度融合，形成了一个庞大的虚拟空间，这是传统教育手段鞭长莫及的领域。党的二十大报告指出，推进教育数字化，建设全民终身学习的学习型社会、学习型大国。这为推动教师队伍建设数字化转型指明了方向，这也意味着大力推进教师培训数字化转型势在必行。为深入贯彻落实党的二十大精神，扎实推进国家教育数字化战略行动，完善教育信息化标准体系，2022 年 11 月，教育部研究制定了《教师数字素养》标准，主要目的就是提升教师利用数字技术优化、创新和变革教育教学活动的意识、能力和责任。

（二）教育事业蓬勃发展的新形势

我国七十余年的教育改革发展建构起了基本完善的中国特色社会主义现代化教育体系，基本实现了从人口大国向人力资源大国的历史性转变，为经济社会持续健康发展做出了基础性、全局性、先导性贡献。1949 年中华人民共和国成立之初，全国的文盲率高达 80%，经过七十余年的发展，如今文盲率不足 4%，这是中国现代教育史上最具标志性的成就，这一重要目标的实现，意味着中国的人口素质有了明显的提高。此外，大中小学在校生规模从中华人民共和国成立之初的"倒图钉形"到 21 世纪初成为"金字塔形"，到现在已经呈现"正梯形"①，各级教育普及程度达到或超过中高收入国家平均水平。党的十八大以来，我国教育事业取得历史性成就，发生历史性变革，中国特色社会主义教育制度体系主体框架基本确立，教育现代化进程加快推进，教育总体发展水平跃居世界中上行列。在此背景下，提高教师专业化水平成为大势所趋。

1994 年开始实施的《中华人民共和国教师法》规定，"教师是履行教育教学职责的专业人员"，第一次从法律上确认了教师的专业地位；1995 年颁布的《教师资格条例》，开启了我国教师专业制度建设的先河。进入 21 世纪以来，随着科学技术的突飞猛进和知识经济的迅猛发展，终身学习的理念深入人心，教育教学发生了深刻的变化，这要求教师在整个职业生涯定期更新和补充新知识、新理念、新技能，不断提升教师素质，而且在教育教学中使学生具备终身学习与不断发展的意识与能力，"使教师群体成为学习型组织是中小学教师培训的政策意蕴"②，这也意味着教师培训政策要与教育领域的新动向相适应。

（三）教师培训内涵发展的新任务

教师培训与现代中国教育事业同时起步，经过七十余年的改革与发展，尤其是改革开放以来，从传统教师培训模式逐渐向现代教师培训模式转型，反映出当代教师教育发展的新理念，例如关注教师个性、凸显专业服务的开放性体系，专家引领、教师参与、反思实践的培训方式等，是从解决教师数量不足问题到不断提高教师质量的过程，也是教师从学历达标到学历提升、从胜任教学再到专业发展的过程。

2010 年《国家中长期教育改革和发展规划纲要（2010—2020 年）》明确指出，要完善教师培训体系，做好教师培训规划，提高教师专业水平和教学能力，这为中长期教师培训改革与发展指明了方向。党的十八大以来，党中央高度重视教师教育事业，中国特色教师教育迎来了"从外延式发展向内涵式发展的转换"的战略机遇期。③站在新的历史起点，基于教师培训内涵发展的新任务，体现教师发展趋势、满足教师个性化与专业化需求成为根本性的政策取向，这不仅带来了教师培训政策从传统的重视职前培养到加强教师职后培训的变化，打造了符合教师专业成长规律、服务教师个体专业发展要求、推进教师专业化进程的教师培训体系建设，而且成为指导规划教师培训事业发展的重要因素。

2022 年，《新时代基础教育强师计划》强调实施高素质教师人才培育计划，教师职后教育要实施新周期名师名校长领航计划，培养造就一批引领教育改革发展、辐射带动区域

---

① 张力：《新中国 70 年教育事业的辉煌历程》，载《中国教育报》，2019-09-14。
② 白晓明，柳国梁等：《基础教育教师发展：政策与制度》，杭州，浙江大学出版社，2011。
③ 李广，苑昌昊，王奥轩：《从外延转向内涵：党的十八大以来中国特色教师教育发展的新格局》，载《现代教育管理》，2022（9）。

教师素质能力提升的教育家。为贯彻落实党的二十大精神，贯彻落实习近平总书记关于教育的重要论述特别是 2023 年在中央政治局第三次、第五次集体学习时的重要讲话精神，2023 年 7 月，教育部颁布《关于实施国家优秀中小学教师培养计划的意见》，把加强教师队伍建设作为建设教育强国最重要的基础工作来抓，健全中国特色教师教育体系，推动高水平高校为中小学培养研究生层次高素质教师，让优秀的人培养优秀的人。

二、教师培训政策的演变历程

（一）关于教师培训政策发展的历史分期

学界对于教师培训政策发展沿革的分期有不同认识，依据不同的标准，研究者对于教师培训政策的演变过程有不同的划分方式。

温寒江在《师资培训概论》中将中华人民共和国成立以来师资培训工作发展的历史大体分为三个阶段：师资培训工作奠定初步基础并经历曲折发展的时期（1949—1965 年）；教育事业遭到严重破坏，师资培训工作陷于全面停顿、瓦解的时期（1966—1976 年）；拨乱反正，师资培训工作全面恢复、发展的新时期（1977 年至今）。[1]曲铁华，龚旭凌在《新中国成立 70 年中小学教师培训政策的回顾与展望》一文中，将师资培训工作发展历史分为探索与曲折发展阶段（1949—1976 年）、恢复与持续发展阶段（1977—2009 年）以及巩固与创新阶段（2010 年至今）。[2]还有研究者对 74 个教师培训政策文本进行了分析，将教师培训政策的发展历史分为文化水平提高与合格教学培训（1949—1976 年）、学历达标与教学胜任培训（1977—1990 年）、继续教育转轨与新课程培训（1991—2009 年）、骨干教师培训与中西部农村教师培训并重及国家级培训（2010—2022 年）四个时期。[3]

针对改革开放之后教师培训政策的发展，有学者认为可以将其分为"恢复调整期：20 世纪 70 年代末至 90 年代初""规范发展期：20 世纪 90 年代中后期至 21 世纪初"与"优化完善期：进入 21 世纪以来"三个阶段。还有学者认为教师培训政策演变过程可以分为三个阶段，即全面恢复教师培训工作时期 (1977—1985)、教师补偿教育时期 (1986—1998) 和教师综合素质提高时期 (1999 年以来)。基于历史制度主义中的"关键节点"，也有学者将改革开放之后教师培训政策的变迁历程划分为三个阶段：以"过关"和"学历"为目标的恢复式发展阶段（1978—1992 年），以"法治"与"规范"为导向的渐进式发展阶段（1993—2009 年），以"全员"与"专业"为指向的内涵式发展阶段（2010 年至今）。

① 温寒江：《师资培训概论》，北京，北京师范大学出版社，1989。
② 曲铁华，龚旭凌：《新中国成立 70 年中小学教师培训政策的回顾与展望》，载《河北师范大学学报（教育科学版）》，2019（3）。
③ 赵丽，钟祖荣：《新中国成立以来中小学教师培训政策：历史分期、发展特点与完善策略》，载《中国远程教育》，2023（3）。

尽管学界对于改革开放后乃至中华人民共和国成立后的教师培训政策的历史分期略有不同，但其时间脉络大体上是吻合的，尤其是教师培训政策的分期，与我国经济社会发展演进中的关键历史节点相契合，每一个分期节点，都与国家重要改革举措问世相呼应。基于教师培训政策受到宏观社会变迁、中观教育事业蓬勃发展、微观教师培训内涵发展等因素的影响，结合本书导论教师培训"生存阶段、福利阶段、义务阶段、自主阶段"的历史发展划分方式，可将教师培训政策的发展沿革划分为下面四个阶段。

（二）教师培训政策变迁的四个阶段

1. 学历补偿与合格教学培训阶段（中华人民共和国成立初期至改革开放前）

中华人民共和国成立初期，百废待兴，鉴于当时中小学教师队伍存在数量不足、质量不高的问题，1949年12月召开了第一次全国教育工作会议。会议要求加强教师轮训和在职学习，确立了中华人民共和国成立初期中小学教师培训工作的目标与方向。1951年8月，全国第一次师范教育大会明确提出，师范教育的工作方针是把"正规师范教育与大量短期训练相结合"。此后，教育部相继出台了《关于中小学教师进修问题的通报》（1952年）、《关于举办小学教师轮训班的指示》（1954年）、《关于加强小学教师在职业余文化补习的指示》（1955年）等一系列文件，规定了教师培训的对象、数量、条件、手续、待遇、学习方式等内容，教师培训工作逐步规范化，尤其是对教师学历要求做出明确规定：凡学历未达初师毕业的小学教师，要通过进修语文、数学、自然常识、史地等科，达到初师毕业水平；凡具有高中和中师毕业水平的中学教师，要通过进修系统达到高师本专科毕业程度，即通过进修和培训，小学教师要达到初师毕业水平，中学教师须达到本专科水平。

随着"一五"计划的顺利实施，我国生产力水平得到巨大发展，极大地刺激了生产建设对人才的需求。"国家开始开展教育革命和教学改革，探索中国教育发展道路"[1]，补充在职教师的学历成为这一时期教师培训工作的主要目标，培训方式逐渐从单一的对在职教师的业余培训发展为脱产系统进修、短期轮训、业务学习、函授等多种形式，激励中小学教师不断提升从教能力。

1958年，中共中央、国务院发布了《关于教育工作的指示》。1960年召开的师范教育工作座谈会提出迅速提高在职教师政治、文化、业务水平的要求。此后，国家在教育工作中贯彻落实"八字方针"，调整教育规模，精简师资队伍，教师培训工作重新步入正轨。

在我国教师培训工作的起步阶段，面对经济社会发展的新形势以及教育领域的新动向，

---

[1] 赵丽，钟祖荣：《新中国成立以来中小学教师培训政策：历史分期、发展特点与完善策略》，载《中国远程教育》，2023（3）。

教师培训政策主要针对教师学历不够、教学有困难等问题展开，尽管教师培训工作尚且存在很多问题，但教师合格率较新中国成立初期有了明显的改善，不仅涌现出一批优秀的教学骨干，而且创设了各地专门从事师资培训的机构，为我国中小学教师培训工作的发展奠定了基础。

2. 学历达标与教学胜任阶段（改革开放至 80 年代末）

面对师资队伍与教育事业发展严重不匹配的情况，党和国家先后出台了一些积极的教育政策。1977 年 10 月，教育部在北京召开中小学师资培训座谈会，同年年底，制定了《关于加强中小学在职教师培训工作的意见》，对教师学历做出了明确要求，"力争在三五年内，经过有计划的培训，实现由文化水平较低的初中教师在所教学科方面大多数达到师专毕业程度，高中教师在所教学科方面大多数达到师院毕业程度"[①]。鉴于当时师资水平参差不齐、教学困难等严峻形势，在"缺什么、补什么"的思路指导下，学习现行教学大纲和教材、教材教法过关成为这一时期教师培训工作的阶段性目标。此外，教育部于 1978 年颁布《关于恢复或建立教育学院或教师进修学院报批手续的通知》，要求尽快恢复或建立教师培训机构。教师培训工作由此脱离了混乱无序状态，形成了省、地、县、公社和学校五级在职教师培训网，师资队伍水平整体得到提升。

随着改革开放事业的不断推进，教师队伍文化素质偏低成为影响普及基础教育的重要阻碍之一，教师培训工作受到重视。1980 年 8 月，教育部颁布《关于进一步加强中小学在职教师培训工作的意见》，进一步明确了中小学教师培训的目的、形式和保障措施，以确保教师培训工作的稳步发展。1983 年，教育部颁布《关于加强小学在职教师进修工作的意见》，用 3 至 5 年时间，使小学教师的绝大多数达到中师毕业程度，并完全胜任教学工作。1985 年，《中共中央关于教育体制改革的决定》做出"有步骤地实行九年制义务教育"的决定，标志着我国教育进入从改革教育体制入手进行全面教育改革的新阶段，明确提出了"建立一支有足够数量的、合格而稳定的师资队伍，是实行义务教育、提高基础教育水平的根本大计"[②]，在职教师培训工作成为发展教育事业的战略举措之一。1986 年，《中华人民共和国义务教育法》规定"有计划地实现小学教师具有中等师范学校毕业以上水平，初级中等学校的教师具有高等师范专科毕业以上水平"，从法律上明确了对中小学教师的学历要求，教师培训工作有了法律支持。与此同时，1986 年，国家教育委员会印发了《关于加强在职中小学教师培训工作的意见》，从师资培训的任务和要求、渠道和形式、保障措施、

---

① 李瑾瑜，杨帆：《教师培训：40 年的实践历程及其发展趋势》，载《教师发展研究》，2018（4）。
② 中华人民共和国教育部：《中共中央关于教育体制改革的决定》，http://www.moe.gov.cn/jyb_sjzl/moe_177/tnull_2482.html。

办学条件以及领导五大方面，对中小学教师培训工作做出了全面规划，标志着教师培训政策朝着具体化、纵深化方向发展，以实现中小学教师队伍学历达标、服务于普及九年义务教育的战略需要。

在改革开放的历史大背景下，教师培训政策的重点逐渐从教材教法过关过渡到以学历达标与教学胜任为重点，以适应普及九年义务教育和教育体制改革的需要。尽管这一时期的教育政策缺乏科学有力的理论指导，但国家开始从战略角度考虑教师培训机构和院校的发展，出台了相关政策文件改善并保障各级各类师范院校的办学条件，以适应社会发展变化的需要和教师队伍自身发展的规律，教师培训基本实现了学历达标、教学胜任的阶段性目标，教师队伍素质有了显著提高。

3. 继续教育接轨与新课程培训阶段（20世纪90年代至21世纪初）

进入20世纪90年代，我国经济、社会、文化、教育等各领域进入一个新的历史发展阶段，教师培训的政策环境发生了很大的变化，我国教师教育发展进入历史转折时期。伴随我国基础教育改革的深入，中小学教师培训进入到"政府主导、系统规划、整体推进"的发展阶段。[1]

1990年10月，国家教育委员会召开全国中小学继续教育工作座谈会，总结了改革开放以来教师培训工作取得的成就，年底发布了《全国中小学继续教育工作座谈会会议纪要》，纪要明确指出，我国中小学队伍建设的重点有步骤地转移到开展继续教育上来。国家教育委员会相继印发《关于开展小学教师继续教育的意见》（1991年）、《关于加快中学教师学历培训步伐的意见》（1992年）、《关于加强小学骨干教师培训工作的意见》（1993年）、《关于开展小学新教师试用期培训的意见》（1994年）等，明确将继续教育分为新教师见习期培训、教师职务培训和骨干教师培训，而且对骨干教师培训与新教师培训等进行了界定，继续教育政策由此有了较为系统完整的顶层设计。

1993年，中共中央、国务院发布《中国教育改革和发展纲要》，勾勒了下一阶段教育改革和发展蓝图，提出要建设一支"人员精干、素质优良、待遇较高"的师资队伍，并着手建立中小学教师资格制度。1993年10月，《中华人民共和国教师法》正式颁布实施，在教师的"权利和义务"专章中，明确提出"参加进修或者其他方式的培训"，是教师应该享有的"六项基本权利"之一；在"培养和培训"专章中，提出"各级教师进修学校承担培训中小学教师的任务"，"非师范学校应当承担培养和培训中小学教师的任务"，"各

---

[1] 李瑾瑜，史俊龙：《我国中小学教师培训政策演进及创新趋势》，载《西北师大学报（社会科学版）》，2012（5）。

级人民政府教育行政部门、学校主管部门和学校应当制定教师培训规划，对教师进行多种形式的思想政治、业务培训"等。自此，教师培训作为教师权利的法律地位得以正式确立。1995 年 3 月，国家又颁布了《中华人民共和国教育法》，其中第四章专门对教师的权利和义务、教师聘任制度、教师培养培训等方面做了详细的阐述和规定。同年 12 月，我国第一个《教师资格条例》出台，随后颁布的《教师资格认定的过渡办法》则对教师资格的分类与使用、教师资格条件、教师资格考试、教师资格认定等做出详细规定。这一系列的法律法规，确立和保障了"教师是履行教育教学职责的专业人员"，"教师培训是教师的权利"等价值理念的法制化落实。

世纪之交，为落实科教兴国战略，全面推进教育改革，1999 年 1 月，教育部颁布《面向 21 世纪教育振兴行动计划》，作为跨世纪我国教育发展和改革的行动方案，针对教师队伍建设启动了"跨世纪园丁工程"。"跨世纪园丁工程"特别提出了要重点加强中小学骨干教师培训。具体提出要在 1999 至 2000 年间，在全国共选培 10 万名中小学及职业学校骨干教师进行各种形式的培训 (其中 1 万名由教育部组织重点培训)，以发挥骨干教师在教育教学改革中的带动和辐射作用。2000 年，教育部颁布《关于做好中小学骨干教师国家级培训工作的通知》，正式开始了骨干教师"国家级培训"实践探索的历程。1999 年 6 月，教育部在上海召开"全国中小学教师继续教育和校长培训工作会议"，决定在全国范围内实施"中小学教师继续教育工程"，会后教育部颁布了《中小学继续教育规定》，针对中小学不同的群体制定相应的培训计划，进一步明确了参加继续教育是中小学教师的义务和权利，特别提出了"中小学教师继续教育原则上每五年为一个培训周期"，要求"大多数地区的中小学教师普遍完成不低于 240 学时的培训，贫困地区的教师至少接受 1 次有组织的培训 (面授时间不低于 40 学时)"。自此，我国中小学教师全员常态的培训有了专门的法规，各地也开始建立与完善中小学教师培训与研究指导机构，为教师培训的连续性与整体性和建立教师培训的制度性框架奠定了坚实的基础。

2001 年，教育部发布《基础教育课程改革纲要（试行）》开启了第八次课程改革，为保障新课程实验推广工作顺利进行，国家要求"地方教育行政部门应制定有效、持续的师资培训计划，教师进修培训机构要以实施新课程所必需的培训为主要任务，确保培训工作与新一轮课程改革的推进同步进行"。[①] 2004 年 3 月，国务院批转教育部《2003—2007 年教育振兴行动计划》，要求以"新理念、新课程、新技术和师德培训"为内容对中小学教

---

① 中华人民共和国教育部：《教育部关于印发〈基础教育课程改革纲要（试行）〉的通知》，http://www.moe.gov.cn/srcsite/A26/jcj _ kcjcgh/200106/t20010608_167343 html。

师进行全员培训。之后，2011 年的《关于大力加强中小学教师培训工作的意见》、2012 年的《关于加强教师队伍建设的意见》等文件，反复明确提出要实行五年一周期不少于 360 学时的教师全员培训制度。至此，"五年一周期"的培训制度得以完全确立。

此外，2003 年 9 月，教育部启动全国教师教育网络联盟计划，按照"面向全员、突出骨干、倾斜农村"的方针，运用远程教育手段，整合优质教育资源，构建开放高效的教师终身学习体系，开展了新一轮教师培训工作。同时，为促进全国各地教师继续教育均衡与公平发展，2003 年，《关于进一步加强农村教育工作的决定》启动了"农村教师素质提高工程"，2007 年，教育部开展暑期西部农村教师国家级远程培训，2008 年，教育部出台《2008 年中小学教师培训国家级培训计划》以支援中西部地区农村中小学的教师培训工作。

20 世纪 90 年代以来，我国教师培训政策的重点从学历达标转移到教师继续教育上来，以提高教师实施素质教育能力和水平为重点适应素质教育和新课程改革的需要。同时，教师培训政策关注教育公平，向西部地区、少数民族地区、农村地区倾斜，开拓出了以教育信息化带动教师教育现代化的新路径。教师培训政策的目的性与连续性有了极大改善，教师培训进入全面深入推进阶段。

4. 专业化与精准化培训阶段（2010 年至今）

进入 21 世纪以来，我国社会面貌发生了翻天覆地的变化，对人的素质和内涵有了更高的要求。百年大计，教育为本，教育大计，教师为本。面对社会与教育领域的新挑战、新要求，教师培训政策高度重视教师的专业成长，教师自我成长的内驱力也反过来影响教师培训政策的制定，教师培训政策在实践中不断发展创新。

2010 年，《国家中长期教育改革和发展规划纲要（2010—2020 年）》（以下简称《纲要》）正式发布，对教师队伍建设明确提出"倡导教育家办学"的指导思想。为落实《纲要》要求，教育部、财政部决定从 2010 年起启动实施中小学教师国家级培训计划（简称"国培计划"），以中小学示范性培训项目和中西部农村骨干教师培训项目为重点，此后，国家每年都会发布相关通知并不断提出新的培训内容和改革措施，"国培计划"通过"示范性项目"和"中西部项目"两大类项目的实施，以创新的培训模式和方法，示范和引领全国大规模的中小学教师培训，以"雪中送炭"的宗旨重点支持中西部农村教师培训，不断通过改革推动教师培训的创新和通过创新促进教师教育的改革。

2011 年，为贯彻落实全国教育工作会议精神和《纲要》，建设高素质专业化教师队伍，教育部颁布了《关于大力加强中小学教师培训工作的意见》，进一步提出了"以提高教师师德素养和业务水平为核心，以提升培训质量为主线，以农村教师为重点，开展中小学教师全员培训，努力构建开放灵活的教师终身学习体系，加大教师培训支持力度，全面提高教师素质"的总体要求，对教师培训工作做出了制度性安排。2018 年，中共中央、国务院印发了《关于全面深化新时代教师队伍建设改革的意见》，对新时代教师队伍建设做出了全面部署，成为开创新时代培训的纲领性文件。此后，为适应高质量发展需要，党和国家又相继出台了一系列政策文件，尤其是 2022 年教育部等八部门印发的《新时代基础教育强师计划》，提出了深化培训改革的具体举措，强调以精准化培训助力培养高素质专业化创新型中小学教师队伍，在"精准培训"理念指导下的"精准培训改革"将成为新一轮教师培训工作的重点。

综合来看，站在落实立德树人根本任务推进新时代教育改革的历史节点上，教师培训政策充分体现出科学性、专业性和制度性的特征。教师培训以"国培计划"为抓手，在发挥引领示范作用、构建高水平教师教育体系的同时，也关注中西部地区和乡村教师培训，以促进教育的均衡优质发展。此外，教师培训政策越来越与教师个人专业发展紧密结合，从内容到形式均围绕教师专业成长展开，教师培训在专业化上更加精进，在教师培训提质增效上更具针对性，教师培训迎来重要的战略机遇期。

三、教师培训政策的变迁特点

纵观新中国成立以来教师培训政策的发展历史，可以看到教师培训政策经历了从零散到系统、从浅层到深入的过程，清晰地呈现出专业化、系统化、高质量的发展趋势。

（一）教师培训政策类型的专业化

教师培训政策是由教育部等相关部门出台的具有强制性效力的文件，其文本类型具有多样性，有规定、意见、指示、通知、计划、工程、标准、指南、通报等，在演变过程方面呈现出专业化的趋势。

早期的教师培训政策主要是宏观性的通报、指示、意见等，相对笼统且具有较浓的行政色彩，原则性地强调教师培训的内容、方式等，政策文本不够具体，针对性也不强。随着我国教师队伍的不断壮大，教师培训工作的稳步推进，除中长期计划以外相关部门出台了不少培训的标准、指南，如《中小学教师教育技术能力标准》（2004 年）、《"国培计划"课程标准（试行）》（2012 年）、《教师培训者团队研修指南》（2020 年）等 11 个"国培计划"教师培训项目实施文件，"教师培训"写入了 2022 年版《义务教育课程标准》。这些计划、指南、标准类型的政策，反映出教师培训政策的专业性越来越强，相关主体对教师培训规律的把握也越来越深刻，有利于发挥指导教师培训高质量发展的政策效应。

（二）教师培训政策理念的时代化

我国教育事业的发展从宏观上经历了社会主义革命和建设时期、改革开放与社会主义现代化建设时期、中国特色社会主义新时代，各个时期教育事业发展的侧重点不同，基于不同时期国家利益与社会发展的需求，教师培训政策理念也与时俱进，不断做出调整。

由于教师教育发展的相对滞后性，20 世纪 90 年代以前教师培训政策主要围绕学历补偿展开，即对于没有达到规定合格学历标准的教师进行学历达标培训，以提高在职教师的学历水平，使其胜任教学工作，这一理念在很多政策中均有体现。20 世纪 90 年代中后期，随着全国范围内学历补偿工作的基本完成，为进一步提高教师队伍整体素质与质量，适应基础教育改革、全面推进素质教育的需要，教师培训政策的重心逐渐转向以提高思想政治和业务素质为主的继续教育，以教师专业化为导向，更加注重教师自身发展需求，同时坚持教育公平，加大对农村、少数民族和边远地区中小学教师培训的支持力度，尤其自 2010 年"国培计划"实施以来，大幅提升了农村教师的能力素质，推动了各地教师培训的专业化发展，体现出补短板、促均衡的理念，具有中国特色的教师培训政策体系在探索中稳步前进。

（三）教师培训政策内容的丰富化

从教师培训政策的演进历程来看，伴随我国基础教育改革的深入发展和教师培训政策体系的不断建构，政策内容得到不断丰富与扩充，体现在培训对象、培训内容、培训机构、培训方式等方面。

在培训对象方面，教师培训政策不仅面向全体教师进行有计划、有组织的轮训，而且分层分岗分类培训日趋细化，既有按照教师工作阶段和水平分层的新任教师培训、教师岗位培训、骨干教师培训，又有班主任培训、培训者培训、农村教师培训等类型，还增加了针对紧缺薄弱学科、思政学科、师德专题等多种类型的教师培训。

在培训内容方面，针对不同类别、层次、岗位教师的需求，教师培训政策在"政治、文化、业务并重"框架基础上不断丰富与优化培训内容，既强调思想政治和业务培训兼顾，又进一步细分业务内容以解决专业知识、文化水平、教学能力提高等主要问题，同时加入信息技术运用、心理健康等新内容，培训内容的针对性、实践性和规范性得以凸显。

在培训机构方面，经历了从没有专门教师培训机构到有教师业余进修学校再到建立专门教师培训机构，形成省、市、区、县和学校的五级师资培训网络，同时培训机构主体更加丰富，包括各级教师进修院校、普通师范院校、综合性高等学校、中小学、社会力量等，尤其是校本培训的突破，真正建立起自上而下的网络化培训层次体系，教师培训体系更为综合、开放、灵活。

在培训方式方面,随着网络化与数字化时代的到来,教师培训方式实现了从最初的面授、函授、广播讲座、卫星电视再到互联网的大跨越,大大提高了培训效率,优化了培训方式,教师培训政策更具针对性、实践性。随着云计算、大数据、人工智能等新技术的出现,教师培训信息化建设与应用受到高度重视,考察教师培训的个性化需求、追踪培训成效、打造终身化学习平台等成为近年来教师培训政策的亮点。

第三节　教师培训政策的启示与发展趋势

一、教师培训政策的有效启示

中华人民共和国成立以来,党和国家一直高度重视教师的职后学习、进修、培训与提高,党中央、国务院在各个时期制定、颁布和实施的一系列教师培训政策,[①]是中小学教师培训有效运行和持续推进的有力保障。教师培训政策研制的科学性和前瞻性,教师培训政策落地实施的精准高效,是确保教师培训工作落到实处并彰显成效的根本前提。

(一)有关教师培训政策成效的研究

有学者基于历史制度主义的理论框架,对我国中小学教师培训政策的变迁历程进行分析研究,认为市场经济体制的转型、权力管理模式的转变以及文化心理结构的改变是教师培训政策变迁背后的深层结构;政策制定主体的自我强化和教师教育院校的利益依附是其产生路径依赖的重要原因;供需矛盾导致的内生性驱动与示范效应催生的外源性驱动则是推动教师培训政策变迁的重要动力。[②]有课题研究得出教师培训相关政策发展有七个特点:一是根据教育事业发展背景与目标、教师队伍现状与建设目标的变化调整培训的目标定位;二是分层分类分岗培训日趋细化周全,持续关注边远农村地区教师培训;三是培训内容结构多维且突出业务,日益注重时代性、针对性、实践性和规范性;四是随着技术进步培训越来越注重新的技术手段的运用;五是根据需要与条件建立和调整培训机构并加强培训基础建设;六是政策类型越来越精细化和专业化;七是政策工具侧重权威工具并不断丰富,日益重视能力和系统变革工具。[③]以改革开放以来青藏地区中小学教师培训政策的演进历程

①③ 赵丽,钟祖荣:《新中国成立以来中小学教师培训政策:历史分期、发展特点与完善策略》,载《中国远程教育》,2023(3)。
② 彭昊,杨婕,唐智松:《改革开放以来我国中小学教师培训政策的变迁逻辑——基于历史制度主义的视角》,载《中国成人教育》,2021(18)。

为例,具体包括政策价值取向从工具本位转向教师本位,政策目标从效率优先走向公平均衡,政策内容从教学知识传授趋向综合素养提升,政策制定从照单移植迈向本土创新等四个方面,[1]呈现出与其社会发展背景相适应的变迁逻辑,可以说我国教师培训政策的发展历程具有理性的启示意义。

(二)对教师培训政策有效性的思考

1. 教师培训政策制定需顺应时代要求,并适度前瞻

教师培训政策是教师职后发展的主要抓手,作为教育政策学的重要研究内容,最终归属于公共政策学。教育政策作为公共政策的组成部分,具有公共政策的一切基本属性与特征。[2]因此,教师培训政策的制定不能脱离时代和社会。同时,教师培训政策指向国家最大教育——主体教师的成长发展,并直接影响国家人才培养的质量和水平,必须具有前瞻性,要起到指引发展方向的作用。我国改革开放以来的三大阶段教师培训政策的制定和实施,很好地诠释了这一点。第一阶段全面恢复教师培训工作,是结束“文化大革命”后百废待兴的中国全面恢复发展的一个缩影。第二阶段是教师综合素质提高时期,我国民主法制建设走进新时期,教师权利义务愈益明晰。第三阶段是教师培训体系标准化建构的创新性探索时期,这是教师培训政策对第八次基础教育课程改革走向深入最担心的问题所给予的思考和应答,也是信息化时代对教师信息素养和能力水平新要求的呼应。

2. 教师培训政策制定要眼中有“人”,并尊重差异

教师培训政策制定要关照广大群体教师的根本需求,要做到眼中有“人”,真正体现教师成长发展和学习需求。否则,教师培训的“热”就会遭遇中小学教师、被培训者等群体的“冷”。同时,教师培训政策如果对教师所在地区的外部条件与教育水平关注不够,对教师内在需求的差异性关注不够,也容易导致培训主体和培训对象积极性不高,进而影响培训的实效。在我国教师培训政策的演进中,“以人为本”正成为培训政策的价值引导。教师培训目标、内容以及培训形式等都需要考虑参训教师的切身需要。培训目标定位可以帮助教师更好地实现职业追求,增强教师的职业幸福感。培训内容密切联系教师教育教学中的实际问题,可以增强培训的实效性。培训形式注重发挥教师自身的主体性,可以考虑各级各类教师的不同需要,开展层次丰富、形式多样的教师培训活动。[3]比如,改革开放以来,学历补偿提升教育、与课改同步推进的“五年一周期”全员培训制度、新课程改革开展专

① 张春海,肖英鑫:《改革开放以来青藏地区中小学教师培训政策演进:历程、逻辑与展望》,载《教师发展研究》,2021(3)。
② 褚宏启主编:《教育政策学》,北京,北京师范大学出版社,2011。
③ 郭飞君、杨清溪:《改革开放以来我国教师培训政策演变的回顾与反思》,载《教育与职业》,2012(21)。

项培训、持续提升教师信息化能力等，都在体现教师主体的真实需求。稳步实施"国培计划"、推进乡村教师支持计划、少数民族以及贫困地区开展的教师综合素质培训专项计划，也是努力关照地区差异、教师差异从而确保教育均衡发展的有力举措。

3. 教师培训政策制定需结合课程改革新要求，并注重统筹规划

第八次基础教育课程改革至今已经走过 20 多个年头，课程标准的三次出台"牵一发而动全身"，引发了教材修订改版和学习方式的深刻变革。每一次课程标准的问世和修订都对一线教师的教学产生深刻影响，这在客观上需要对教师培训政策提前筹谋，教师培训工作也要快速无缝跟进。只有如此，教师培训政策才能做到上承国家要求大梁，下接教师需求地气，才会受到教师的支持和欢迎，从而取得切实的成效。例如，2001 年，教育部颁布《基础教育课程改革纲要（试行）》，明确了教师培训政策与新一轮课程改革的推进同步进行。随后五年一周期的全员教师培训政策也强调以"新理念、新课程、新技术和师德培训"为主要内容实施中小学教师全员培训。这些政策真正回应了一线教师的需求，极大地促进了全国中小学教师学课标进课改的积极性，也很好地解决了他们在教学实践中遇到的困难和问题。再例如，2022 年版课程标准问世后，教育部办公厅持续发布了《关于开展 2023 年暑期教师研修的通知》，借由国家智慧教育公共服务平台设立了"2023 年暑期教师研修"专题，结合课程改革面向各级各类教师提供优质学习资源，从国家层面进行了全国中小学教师的通识内容学习培训。本轮培训聚焦"师德集中学习教育""科学素质提升"等专题，旨在解决 2022 年版课程方案和课程标准中体现时代发展和国家要求的师德师能问题。北京市近两年持续进行的教师核心素养培训，西城区教师研修网近几年构建"骨干教师协作组""素养提升协作组"进行的示范引领和全员自主报名自愿培训，都是落实国家教师培训政策与推进教师培训的有力举措。

二、教师培训政策的实施困境

（一）有关教师培训政策实施困境的研究

分析我国中小学教师培训政策价值、内容及实施情况，有研究者认为我国中小学教师培训政策具有政策规划存在障碍、执行主体在政策认知存在偏差、政策供需不相匹配导致目标群体缺乏内驱力和政策资源相对不足的问题。[1]其实，十年前有学者回顾并反思了教师培训发展中存在的"地位困境""体系困境""内容困境""成效困境""成本困境"五大困境，这五大困境成为教师培训为新时代"蓄势"的关键问题，并强调"困境不破，势

---

① 邓甜：《基础教育新课程改革视角下的中小学教师培训政策研究》，广西师范大学，2019。

不可蓄，力不可发"。[①]还有学者以山西省为例，对 2000 年以来我国中小学教师培训政策的实施情况进行综合分析，认为我国中小学教师培训政策存在政策手段缺乏科学性导致政策效果难以彰显，人力和财力资源匮乏导致政策推进乏力，监管体系不完善导致政策实施缺乏刚性等三大问题。[②]我国的教师培训客观上也的确存在许多外源性和内生性问题，诸如教师培训课程资源开发问题、教师学习动力问题、培训学以致用问题、教师作为成人学习者的有效学习与发展问题、教师培训从经验走向科学的问题、教师培训者队伍建设和职前培养与职后培训一体的问题等，[③]这些是今后思考和研制教师培训政策的重要突破口。

（二）对教师培训政策实施困境的思考

概括起来，我国教师培训政策，目前存在以下亟待解决的问题。首先是教师培训政策的目标规划问题。教师培训政策规划缺乏支撑性的理论指导，教师培训规划目标跟随国家经济社会发展目标亦步亦趋，缺乏自身的学科建构能力。第二，教师培训政策的落实管理问题。目前存在教师培训政策落实归口不统一、教师培训管理"最后一公里"组织乏力、工学矛盾问题仍未得到根本有效解决的问题。第三，教师培训政策内容的资源供给问题。目前，教师培训资源总量丰富，但关照个性化需求的资源供给严重不足。教师培训模式重"资源共享"轻"教师协作"。第四，教师培训政策的绩效评价问题。由于教师培训政策缺乏相应的培训保障性配套政策，教师培训政策绩效评价流于形式，教师敷衍行事问题严重。

三、教师培训政策的发展趋势

（一）有关教师培训政策发展趋势的研究

1. 基于历史转型时期客观现实的发展趋势

教师培训的历史转型并不是急转弯，而是历史发展的新要求与新趋势。要提高中小学教师培训政策的决策水平和质量，政策制定应与政策环境相匹配，政策的执行应加强监管，教育行政管理应协调统一，同时，政策的制定应注重多元主体的参与。[④]基于此并结合未来教育的发展需要，有研究对未来教师培训政策的发展完善提出了五点策略建议，具体包括：第一，制定培训规划要更加注重分析未来一定时期教育发展的主要矛盾和问题；第二，培

---

① 王红：《地位 体系 内容 成效 成本 五大困境捆住了教师培训》，载《云南教育（视界综合版）》，2018（5）。
②④ 肖军虎，张艳茹，王静静：《中小学教师培训政策实施存在的问题及对策——以山西省为例》，载《教育理论与实践》，2018（19）。
③ 李瑾瑜，杨帆：《教师培训：40 年的实践历程及其发展趋势》，载《教师发展研究》，2018（4）。

训项目设计既要面向全体，又要突出乡村教师的基础作用、骨干和专家型教师的带动作用；第三，培训能力建设更加关注机构、课程资源、师资队伍等基础建设；第四，培训手段和管理要更加突出信息化建设并发挥好现代技术的作用；第五，政策实施过程中要强化政策工具箱的配置，加强政策执行的监督和效果评估。[1]基于历史转型期的思考，有专家将教师培训政策的发展趋势定位为"五化"，即教师教育一体化、培训内容专业化、培训策略个性化、培训手段信息化和培训基地校本化。[2]具体来讲，遵循教师专业成长规律，促进专业化发展；鼓励教师参与决策，提升决策民主性；突显农村教师培训，推动教师队伍均衡化发展；建立多方评价机制，完善政策的评价体系；加强构成各要素之间的联系，发挥政策的最大效益。[3]在"未来已来，将至已至"的 AI 时代，信息技术如何助力教师的有效学习和有效教学，也是一个亟须研究的重大问题。[4]还有学者针对区域性发展对青藏地区的中小学教师培训政策进行了规划。[5]

2. 基于政策演进分析教师培训政策发展趋势

以我国教师培训政策演进过程分析为基础，有研究者提出了今后我国教师培训政策发展的四个趋势：教师培训政策越来越着眼于现实问题的解决、教师培训政策越来越促进教师的专业化发展、教师培训政策越来越受到"专业标准"的影响、教师培训政策执行的有效性应当被持续关注。[6]还有学者认为，今后需要着力完善政策规划、提高政策执行主体素质、增强培训目标群体内驱力、改善外部环境提供更多培训资源。[7]为提高地域性中小学教师培训政策的决策水平和质量，有研究认为，决策部门应强化多元主体参与教师培训政策的制定、保证教师培训政策与政策环境相匹配、加强教师培训政策领导环节的协调性、完善教师培训政策执行的监管体系。[8]结合未来推进教育现代化进程和建设教育强国的需要，有课题研究对未来教师培训政策的完善提出如下四点建议：继续保持政策出台密度发挥政策效应；加强政策执行的监督和效果评估；进一步优化政策工具；培训能力建设要更加关注机构建

---

① 赵丽，钟祖荣：《新中国成立以来中小学教师培训政策：历史分期、发展特点与完善策略》，载《中国远程教育》，2023（3）。
② 袁振国：《教师培训的历史转型》，载《未来教育家》，2016（12）。
③ 祝黎坤：《改革开放以来我国中小学教师培训政策研究》，浙江师范大学，2019。
④ 李瑾瑜，杨帆：《教师培训：40 年的实践历程及其发展趋势》，载《教师发展研究》，2018（4）。
⑤ 张春海，肖英鑫：《改革开放以来青藏地区中小学教师培训政策演进：历程、逻辑与展望》，载《教师发展研究》，2021（3）。
⑥ 史俊龙：《我国中小学教师培训政策的演进及趋势分析》，西北师范大学，2012。
⑦ 邓甜：《基础教育新课程改革视角下的中小学教师培训政策研究》，广西师范大学，2019。
⑧ 张燕茹：《管理学视角下的山西省中小学教师培训政策研究》，山西师范大学，2018。

设、课程资源建设、师资队伍建设，强化深度支持与高质量发展。[1]

（二）对教师培训政策发展趋势的思考

1. 计划先行前瞻：政策制定需要统筹规划

第一，发挥国家和省级教育工作领导小组的统筹协调作用。教师培训政策制定和落实，关涉到学校、家庭、社会方方面面的资源配给，必要时需要在教育工作领导小组指导下，保障教师培训政策制定和执行中人财物的供给使用。

第二，教师培训政策制定尤其要考虑政策的系统性和衔接性。教师培训政策一旦出台，就要保持一段时间的稳定性，不适合改动频繁尤其不能做颠覆性摇摆改动。当然，教师培训政策不是一成不变的，遇到新情况新问题需要及时修订改进。同时，教师培训政策应与其他相关法律法规和政策相一致，特别是与国家的教育均衡发展政策、乡村振兴政策、教育体制改革与课程改革政策、智能教育政策等保持关联与一致。[2]

第三，统筹推进教师教育学科建设，提升教师培训的学术性。教师培训亟须有学术、学理和学科的支撑，就现实而言，目前教师培训面临的许多深层次问题无法给予理论上的解释和指导，许多实践中探索出的做法和经验也无法借助相应的知识理念而概念化、结构化和逻辑化，所以，国家层面要统筹思考，指定相关有条件师范类院校教师多地区合作攻关，创造条件建设"研究教师培训事实和教师培训问题，揭示教师培训规律的教师培训学"[3]。《关于全面深化新时代教师队伍建设改革的意见》《教师教育振兴行动计划(2018—2022年)》等文件都明确提出要"加强教师教育学科建设"，并将"教育学科专业建设"作为振兴教师教育的十大行动之一，强调鼓励支持有条件的高校自主设置"教师教育学"二级学科，推动教师教育的学术研究和人才培养。

第四，推动教师培训政策职前职后一体化。教师培训"职前职后一体化"的本质不是要追求培训机构和培训形式的简单统一化和大学化，而是要加强研究培训标准、培训课程和培训效果的有机联系，进一步把握教师培训的内在规律，推进教师培训专业化。[4]

2. 组织领导有序：政策实施需要强制推行并关注差异

教师培训政策实施需要优化政策执行的工具结构。首先，发挥国家行政权力的作用，运用强制性的权威工具明晰政策执行主体责任。其次，清晰界定高校、市县教师培训机构

① 赵丽：《新中国成立以来中小学教师培训政策的量化分析》，载《中国教师》，2022（11）。
② 王慧：《政策工具视角下我国中小学教师培训政策文本量化分析》，载《基础教育参考》，2021（12）。
③ 李瑾瑜，杨帆：《教师培训：40年的实践历程及其发展趋势》，载《教师发展研究》，2018（4）。
④ 余新：《教师培训的本质、功能和专业化走向》，载《教育科学研究》，2010（12）。

以及社会机构等组织在承担培训项目中的职能，通过新建、裁撤、合并等方式优化组织结构。最后，要充分关照各地区在软件硬件资源上的现实情况。教师培训政策的组织领导，需要关注以下两个要点。

一方面，教师培训机构需称谓统一和职能优化。就北京和上海而言，上海做得比较规范，市级和区县级教师培训机构，统一为教育学院的主要职能。北京从目前看，教师培训机构称谓各异，职能不同，需要在教育行政部门的统筹下，逐步完成教师培训机构归属的一致化，包括称谓的一致和职能的优化。

另一方面，教师培训政策落实管理"最后一公里"需合理回应和解决工学矛盾问题。教师培训能力建设要更加关注机构、课程资源与师资队伍等基础建设，区县级师训部门承担更多的支持培训政策落实管理"最后一公里"的艰巨任务，有效缓解工学矛盾，在组织实施方面要鼓励"研训一体"的教师培训管理运行模式。国家在"十四五"时期健全培训支持体系的目标，具体来说，就是加大市区县教师发展机构的建设支持力度，带动市县教师发展机构高质量发展，增强基层教师培训的"造血能力"。

3. 资源丰富可选：提升教师核心素养并关照个性化需求

强化核心素养培养将是我国基础教育课程改革的重头戏，与之相应，教师培训也要反思教师自身的核心素养，这是摆在教师培训政策中的一个关键指标。按照"十四五"期间高质量发展与精准化培训的发展思路，需要推进教师自主选学模式、改革建立教师自主发展机制、推进教师培训方式数字化变革。教师培训政策的资源提供需要关注以下两个要点。

一方面，彰显教师培训的专业化特征。教师培训是对教师进行的一种系统化、终身化和专业化的智力投资活动。其中，专业化走向具体体现在制定教师培训标准、建立教师培训师制度、推动教师培训范式转型、回归教师专业发展规律。[1]归根到底，教师培训要激发参训教师的内驱力，变"要我学"为"我要学"，有效支持和促进教师学习。进入"新时代"的教师培训，需要更加做到五个"关注"，关注教师培训精神层面的问题、关注培训的高效率和质量、关注新技术的应用、关注教师培训的系统策略、关注培训改革的深化。[2]

另一方面，培训课程和资源是培训的核心。目前，课程资源虽然很多，但缺乏统筹、筛选、整合与推荐，在课程资源开发利用方面，需要加大政策出台力度。此外，培训师资的数量、结构、质量也需要专门化的培训师资政策。培训流程、方法以及评价专业化，需出台政策实现优质资源供给与共享。

---

[1] 余新：《教师培训的本质、功能和专业化走向》，载《教育科学研究》，2010（12）。
[2] 李瑾瑜，杨帆：《教师培训：40年的实践历程及其发展趋势》，载《教师发展研究》，2018（4）。

4. 评价标准清晰：完善教师培训课程标准，推进教师培训专业化建设

教育部目前已经研制并印发了《中小学幼儿园教师培训课程指导标准》中的义务教育语文学科教学、数学学科教学和化学学科教学等3个文件（教师厅〔2017〕10号），这对于深入学习贯彻党的二十大精神，培养高素质教师队伍，规范和指导五年一周期的教师全员培训工作，分层、分类、分科组织实施教师培训，提高教师培训的针对性和实效性，有划时代的意义。接下来，要进一步完善培训的标准化体系。除其他学科的教师培训课程指导标准外，教师的核心素养及其标准、机构标准、师资标准、课程标准、质量标准需要进一步推进。在教师培训政策的绩效评价方面，需要关注以下两个要点。

一方面，加强培训规划和效果评估的政策供给。教师培训政策要在质量监督、考核评估等效果评估领域增加象征和劝诫工具，而不是单纯依赖权威工具，从而调动和发挥政策主体的积极性。新政策需要加强系统变革工具的应用，如建立专门的评估考核机构或专家团队，承担和实施培训质量监测和效果评估。

另一方面，通过学习共同体在学习过程中评估绩效。针对线上线下的不同特点，培训教师需要预先设计绩效评价手段。今后，可鼓励学习共同体在同伴学习中积极生成和解决问题。总之，只有深化细化这些基础建设方面的政策制定，教师培训的专业化和预期目标才能更快实现。

参考文献

1. 白晓明，柳国梁 . 基础教育教师发展：政策与制度 [M]. 杭州：浙江大学出版社，2011.

2. 包国宪，郎玫 . 治理、政府治理概念的演变与发展 [J]. 兰州大学学报：社会科学版，2009，37（2）.

3. 包国宪，赵晓军 . 新公共治理理论及对中国公共服务绩效评估的影响 [J]. 上海行政学院学报，2018，19（2）.

4. 荼世俊，梁娜，靳伟，等 . 区县教师教育新体系协同机制的理论构建——以协同学为理论视角 [J]. 教育学术月刊，2021（5）.

5. 陈华文 . 文化学概论新编 [M]. 4 版 . 北京：首都经济贸易大学出版社，2019.

6. 陈琦、刘儒德 . 当代教育心理学 [M]. 2 版 . 北京：北京师范大学出版社，2007.

7. 陈霞 . 教师培训课程设计 [M]. 上海：上海教育出版社，2019.

8. 陈振明 . 政策科学 [M]. 北京：中国人民大学出版社，1998.

9. 陈永明 . 教师教育研究 [M]. 上海：华东师范大学出版社，2003.

10. 褚宏启，吕蕾，刘景 . 中小学校长培训机构建设与培训制度改革 [J]. 中国教育学刊，2009（12）.

11. 褚宏启 . 教育政策学 [M]. 北京：北京师范大学出版社，2011.

12. 崔世泉，黄燕 . 教师培训福利还是投资：浅议中小学教师培训成本分担机制 [J]. 教育导刊，2014（12）.

13. 劳里劳德 . 教学是一门设计科学：构建学习与技术的教学范式 [M]. 金琦钦，洪一鸣，梁文倩，译 . 福建：福建教育出版社，2019.

14. 邓甜 . 基础教育新课程改革视角下的中小学教师培训政策研究 [D]. 桂林广西师范大学，2019.

15. 丁笑炳，郭婧，杨明刚 . 积极投入的职业中后期教师：来自英语文献的画像 [J]. 外国教育研究，2022（11）.

16. 窦荣军，高志敏 . 论研究式培训的设计与实施：一种适用于中高级人才职场培训的模式探究 [J]. 教育理论与实践，2017，37（30）.

17. 冯晓英，林世员，骆舒寒，等．教师培训助力教师专业成长提质增效：基于国培项目的年度比较研究 [J].中国电化教育，2021（7）。

18. 冯友兰．中国哲学简史 [M].涂又光，译．北京：北京大学出版社，2015.

19. 高慧斌．新时代师德研究的逻辑起点与主要进展 [J].教师发展研究，2023（6）.

20. 高雅，余澄，王后雄．师范生生命观与生命教育现状调查及改进建议 [J].教师教育学报，2023（2）.

21. 郭飞君，杨清溪．改革开放以来我国教师培训政策演变的回顾与反思 [J].教育与职业，2012（21）.

22. 郭小聪，刘述良．面向公共利益差异性的公共产品供给制度设计 [J].中山大学学报：社会科学版，2008（3）.

23. 国建文，郭绒．教师培训流动空间：内涵、构成和建设路径 [J].教师教育研究，2023（1）.

24. 国建文，赵瞳瞳．农村教师参与"国培计划"低效化的内在成因及其应对策略：地方性知识的视角 [J].教育学报，2023，19（1）.

25. 何克抗，吴娟．信息技术与课程整合的教学模式研究之一：教学模式的内涵及分类 [J].现代教育技术，2008（7）.

26. 胡金平．新中国 70 年小学教师培训政策价值取向的变迁 [J].教师发展研究，2019（2）.

27. 胡智锋．影视文化学 [M].北京：中国国际广播出版社，2022.

28. 黄甫全，游景如，涂丽娜，等．系统性文献综述法：案例、步骤与价值 [J].电化教育研究，2017，38（11）.

29. 黄国涛．遵循时代新要求 回应教师新期待：对县级教师培训机构如何担当教师培训的思考 [J].河南教育：（基教版），2020（1）.

30. 黄越岭，李鹏，朱德全．资源众筹："互联网＋"时代教师培训课程供给模式变革 [J].中国电化教育，2017（1）.

31. 霍恩比．牛津高阶英汉双解词典 [M].6 版．石孝殊，译．北京：商务印书馆，2004.

32. 焦楠，程凤春，王婉舒．基于政策文本的北京市中小学教师培训政策工具与要素研究 [J].教师发展研究，2023，7（2）.

33. 金礼久，张乐天．教师培训场域的关系重塑 [J].教育研究与实验，2016（1）.

34. 阚红，朱艳菲，汪亚珉. 学习论视角下的教育工效学理论模型的发展与应用 [J]. 心理科学进展 .2017, 25（10）.

35. 寇文青. 初中生父母亲父母角色认知情况及其分类特点 [D]. 郑州：河南大学，2008.

36. 孔苏. 教师培训由实践模式到实践自觉的转型 [J]. 教学与管理，2021（3）.

37. 诺伊. 雇员培训与开发 [M].6 版. 徐芳，邵晨，译. 北京：中国人民大学出版社，2015.

38. 雷鹏. 中国教师教育学科建设：内涵、意义及现状 [J]. 当代教育与文化，2021, 13（4）.

39. 李宝生. 县级教师培训机构研培能力建设存在的问题与对策研究：以黑龙江省为例 [J]. 教育探索，2019（3）.

40. 李达. 《实践论》《矛盾论》解说 [M]. 北京：人民出版社，2019.

41. 李方. 深化精准培训改革：教师培训提质增效的专业化之路 [J]. 中国教育学刊，2022（9）.

42. 李孟红，黄遵红，夏海鹰. 从沉默到参与：教师培训主体性的实现 [J]. 中国成人教育，2022（17）.

43. 李广，苑昌昊，王奥轩. 从外延转向内涵：党的十八大以来中国特色教师教育发展的新格局 [J]. 现代教育管理，2022（9）.

44. 李更生. 基于胜任力及其模型建构的教师培训师学习与培训 [J]. 教育发展研究，2014（18）.

45. 李瑾瑜，史俊龙. 我国中小学教师培训政策演进及创新趋势 [J]. 西北师大学报：社会科学版，2012（5）.

46. 李瑾瑜，杨帆. 教师培训：40 年的实践历程及其发展趋势 [J]. 教师发展研究，2018（4）.

47. 李水海. 世界伦理道德辞典 [M]. 西安：陕西人民出版社，1990.

48. 李连科. 哲学价值论 [M]. 北京：中国人民大学出版社，1991.

49. 李晓光，袁海军. 习近平总书记关于师德建设重要论述的理论精髓和实践品格 [J]. 现代教育科学，2023（1）.

50. 李杏丽. 小学教师学习动机问题研究 [D]. 长春：东北师范大学，2013.

51. 廖伟. 循证教师专业发展之 PD&R 实践模式：以"北京师范大学 APEx 卓越教育家培养项目"为个案的研究 [J]. 教师教育研究，2020, 32（4）.

52. 林崇德. 发展心理学 [M]. 杭州：浙江教育出版社，2002.

53. 林士然. 引导改变培训：从课程设计到工作坊设计 [M]. 北京：电子工业出版社，2020.

54. 刘冬萍. 基于教师专业画像的学习路径研究 [D]. 长春：东北师范大学，2022.

55. 刘复兴. 教育政策的边界与价值向度 [J]. 清华大学教育研究，2002，23（1）.

56. 刘璐璐. 改革开放以来我国乡村中小学教师培训政策的回顾与应然走向 [J]. 牡丹江教育学院学报，2020（4）.

57. 刘瑞. 西安市中学教师学习现状调查研究 [D]. 西安：陕西师范大学，2014.

58. 刘延金，王班班，郭平. 教师培训学的学科性与学科价值 [J]. 中小学教师培训，2020（5）.

59. 刘炎欣，罗昱. 教育情怀的哲学思考与内蕴阐释 [J]. 教育探索，2019（1）.

60. 刘一星. 众筹式教师培训模式的构建与实施 [J]. 辽宁教育，2023（8）.

61. 刘迫，刘佳. 基于 ADDIE 模型的系统培训模式研究 [J]. 中国人力资源开发，2012（9）.

62. 陆扬，王毅. 文化研究导论 [M]. 3 版. 上海：复旦大学出版社，2022.

63. 罗国杰. 马克思主义伦理学 [M]. 北京：人民出版社，1982.

64. 马恩编委会. 马克思恩格斯全集：46 卷. 上册. [M]. 北京：人民出版社，1979.

65. 马克思，恩格斯. 马克思恩格斯全集：3 卷 [M]. 北京：人民出版社，1960.

66. 马克思，恩格斯. 马克思恩格斯选集：1 卷 [M]. 北京：人民出版社，1995.

67. 毛汉忠. 教师角色的自我认知与相关群体对教师角色期望的比较研究 [D]. 兰州：西北师范大学，2005.

68. 毛菊，朱旭东. 论教学专业的高深知识：困境、重构与保障 [J]. 课程·教材·教法，2020，40（12）.

69. 马艳艳. 教师培训者任职资格标准探究 [D]. 郑州：河南大学，2011.

70. 诺尔斯. 成人学习者 [M]. 龚自力，马克力，杨勤勇，译. 北京：北京师范大学出版社，2016.

71. 裴娣娜. 现代教学论：1 卷 [M]. 北京：人民教育出版社，2005.

72. 裴淼，靳伟，李肖艳等. 循证教师教育实践：内涵、价值和运行机制 [J]. 教师教育研究，2020，32（4）.

73. 裴淼，刘姵希. "以身体之，以心验之"：具身认知理论视角下的教师培训项目设计与实施 [J]. 教师教育研究，2018，30（3）.

74. 裴淼，谭士驰，刘静. 教师教育变革的理念演进及其启示 [J]. 教师教育研究. 2012，24（6）.

75. 彭昊，杨婕，唐智松. 改革开放以来我国中小学教师培训政策的变迁逻辑：基于历史制度主义的视角 [J]. 中国成人教育，2021（18）.

76. 祁型雨. 利益表达与整合：教育政策的决策模式研究 [M]. 北京：人民出版社，2006.

77. 曲铁华，龚旭凌. 新中国成立 70 年中小学教师培训政策的回顾与展望 [J]. 河北师范大学学报：教育科学版，2019，（3）.

78. 曲中林，钟雪蕾. 广东省区县级教师培训机构高质量发展的问题与对策 [J]. 当代教师教育，2021，14（2）.

79. 容珍. 幼儿园教师学习现状的调查研究 [D]. 石家庄：河北师范大学，2019.

80. 商务印书馆辞书研究中心. 古代汉语词典 [M].2 版. 北京：商务印书馆，2014.

81. 尚俊杰，裴蕾丝，吴善超. 学习科学的历史溯源、研究热点及未来发展 [J]. 教育研究，2018，39（3）.

82. 邵剑耀，毛立伟. 国内外终身教育研究：主题透视、热点识别与趋势研判 [J]. 开放学习研究，2021（4）.

83. 单志艳. 中小学教师培训政策的价值取向变迁：基于 1986 年和 2011 年国家关于中小学教师培训《意见》的文本分析 [J]. 教师教育研究，2013，25（3）.

84. 史俊龙. 我国中小学教师培训政策的演进及趋势分析 [D]. 西安：西北师范大学，2012.

85. 宋希仁，陈劳志，赵仁光. 伦理学大辞典 [M]. 长春：吉林人民出版社，1989.

86. 孙锦涛. 教育政策论：具有中国特色的社会主义教育政策研究 [M]. 武汉：华中师范大学出版社，2002.

87. 孙锦涛. 教育政策学 [M]. 北京：中国人民大学出版社，2010.

88. 孙阎河. 优质培训是送给教师最好的福利 [N]. 焦作日报，2008-12-02（6）.

89. 孙众，韩硕. 聚焦信息技术应用能力提升的农村教师培训设计：要素、模型与实践 [J]. 中国电化教育，2022（3）.

90. 汤丰林. 教师培训：理性与实践的核心关注 [M]. 北京：北京师范大学出版社，2018.

91. 汤丰林. 首都干部教师高质量培训的体系构建与机制优化 [J]. 北京教育学院学报，2023，37（1）.

92. 汤丰林. 中小学教师学习研究现状与对策：基于北京市 1066 位教师的调查数据 [J]. 北京教育学院学报，2021（5）.

93. 唐凯麟. 伦理学 [M]. 北京：高等教育出版社，2001.

94. 唐讯. 教育本体论的嬗变与素质　教育本体论命题的创化[J]. 广州师范学报：社会科学版，1999（10）.

95. 唐宇茹. 新中国六十年中小学教师进修培训法规研究 (1949 — 2009)[D]. 福州：福建师范大学，2017.

96. 万莺燕. 借力"设计思维"进阶学校中层培训 [J]. 中小学管理，2020（5）.

97. 万美晨，童宏保. 转化学习理论下校长培训迁移的实现路径 [J]. 教育评论，2023（1）.

98. 王北生，冯宇红. "国培计划"实施中的现实困境及其突破 [J]. 中国教育学刊，2015（10）.

99. 王彩霞. 基层教师省培计划的现状与出路探究 [J]. 太原城市职业技术学院学报，2020（8）.

100. 王成荣. 企业文化学教程 [M].4 版. 北京：中国人民大学出版社，2020.

101. 王德峰. 哲学导论 [M]. 上海：复旦大学出版社，2020.

102. 王芳. 教师教育政策文本的实践解读 [D]. 北京：首都师范大学，2006.

103. 王海明. 伦理学原理 [M].2 版. 北京：北京大学出版社，2005.

104. 王红. 地位 体系 内容 成效 成本 五大困境捆住了教师培训 [J]. 云南教育：视界综合版，2018（5）.

105. 王慧. 政策工具视角下我国中小学教师培训政策文本量化分析 [J]. 基础教育参考，2021（12）.

106. 王敬. 基于全视角学习理论的教师培训课程设计：以培训破冰课程为例 [J]. 教育理论与实践，2017, 37（26）.

107. 王军. 论作为专业教育的教师教育：内涵、特征与路径 [J]. 教师教育研究，2019（4）.

108. 王军. 现代教师培训体系建设的专业主义路径 [J]. 北京教育学院学报，2018（3）.

109. 王萍. 教师的教育情怀及其养成：基于教育现象学的视角 [J]. 当代教育科学，2020（9）.

110. 王亚礼. 改革开放以来我国幼儿教师培训政策探析 [J]. 河南教育：幼教，2019（4）.

111. 王志军，陈丽. 联通主义"互联网＋教育"的本体论 [J]. 中国远程教育，2019（8）.

112. 威金斯，麦克泰格. 追求理解的教学设计 [M].2 版. 闫寒冰，宋雪莲，赖平，译. 上海：华东师范大学出版社，2017.

113. 魏非. 面向混合式研修的教师培训机构能力成熟度模型研究 [D]. 上海：华东师范大学，2016.

114. 温寒江. 师资培训概论 [M]. 北京：北京师范大学出版社，1989.

115. 吴卫东. 教师培训师：教师培训者的专业化目标 [J]. 教育发展研究，2012（8）.

116. 吴遵民. 教育政策学入门 [M]. 上海：上海教育出版社，2010.

117. 吴康宁. 教育社会学 [M]. 北京：人民教育出版社，1998.

118. 吴惠强，阮为文，陈路. 地市级教育学院现状调查与发展述评 [J]. 河北大学成人教育学院学报，2021，23（4）.

119. 夏恩君，李森，赵轩维. 国外众筹研究综述与展望 [J]. 技术经济，2015（10）.

120. 肖军虎，张艳茹，王静静. 中小学教师培训政策实施存在的问题及对策：以山西省为例 [J]. 教育理论与实践，2018，38（19）.

121. 肖前. 马克思主义哲学原理上册 [M]. 北京：中国人民大学出版社，1998.

122. 徐少锦，温克勤. 伦理百科辞典 [M]. 北京：中国广播电视出版社，1998.

123. 薛晓阳. 学校精神文化建设的新视野 [J]. 教育研究，2003（3）.

124. 闫寒冰，林梓柔，汤猛. 关注差异的信息化教学课堂评价指标设计与应用 [J]. 电化教育研究，2022（8）.

125. 闫寒冰，魏非，李宝敏. 教师培训专业化现状及发展路线图：从"国培计划"的实践误区说起 [J]. 现代远程教育研究，2013（5）.

126. 闫寒冰，魏非. 筑基强师：县级教师发展机构的现实挑战与建设路径 [J]. 湖南教育：A 版，2022（12）.

127. 闫寒冰，余淑珍. 教师数字素养提升：以研训专业化为底色的数字化实践路径 [J]. 电化教育研究，2023（8）.

128. 杨虹. 海南省市县级教师培训机构现状调查及发展策略研究 [J]. 南昌教育学院学报，2019，34（02）.

129. 杨跃. "教师教育学"刍议 [J]. 南京师大学报：社会科学版，2015（3）.

130. 杨跃. 教师教育治理研究：价值、内容与方法 [J]. 教师教育研究，2016，28（6）.

131. 杨云慧. 杨增书："培训是教师最大的福利" [J]. 云南教育·视界，2007（5）.

132. 姚计海，钱美华. 国外教师自主研究述评 [J]. 外国教育研究，2004（9）.

133. 叶澜. 让课堂焕发出生命活力：论中小学教学改革的深化 [J]. 教育研究，1997（9）.

134. 叶澜. 时代精神与新教育理想的构建：关于我国基础教育改革的跨世纪思考 [J]. 教育研究，1994（10）.

135. 叶澜. 教育概论 [M]. 北京：人民教育出版社，1991.

136. 于维涛，杨乐英. "中小学教师国家级培训计划" 政策的延续与变革 [J]. 中小学教师培训，2017（6）.

137. 余新. 关于教师培训者胜任力的调查研究 [J]. 中小学教师培训，2016（8）.

138. 余新. 教师培训的本质、功能和专业化走向 [J]. 教育科学研究，2010（12）.

139. 余新. 教师培训师专业修炼 [M]. 北京：教育科学出版社，2012.

140. 余新. 教师培训师的角色特征与专业职责 [J]. 中小学教师培训，2012（5）.

141. 余新. 教师培训一体化设计的模型建构与 "国培" 实践 [J]. 中小学管理，2021（6）.

142. 余亚平，李建强，施索华. 伦理学 [M]. 上海：上海交通大学出版社，2002.

143. 俞可平. 治理与善治引论 [J]. 马克思主义与现实，1999（5）.

144. 袁希平，杨士龙. 成人高等教育管理理论与实践 [M]. 昆明：云南科学技术出版社，2004.

145. 袁振国. 教师培训的历史转型 [J]. 未来教育家，2016（12）.

146. 张春海，肖英鑫. 改革开放以来青藏地区中小学教师培训政策演进：历程、逻辑与展望 [J]. 教师发展研究，2021，5（3）.

147. 张国祚. 张国祚：关于打造话语体系与改进文风的几点思考 [J]. 思想政治工作研究，2013（4）.

148. 张国祚. 中国话语体系应如何打造 [N]. 人民日报，2012-07-11.

149. 张华军，朱旭东. 论教师专业精神的内涵 [J]. 教师教育研究，2012（3）.

150. 张晓东，李蕊，刘念禹. 国外教师继续教育研究综述 [J]. 继续教育研究，2010（8）.

151. 张妍，张彦通. 终身教育在我国的独特涵义与研究趋势 [J]. 教育研究，2016（8）.

152. 张燕茹. 管理学视角下的山西省中小学教师培训政策研究 [D]. 太原：山西师范大学，2018.

153. 张岳，熊花，常棣. 文化学概论 [M]. 北京：知识产权出版社，2018.

154. 赵冬梅. 场域理论下教师专业发展机制研究 [D]. 上海：上海师范大学，2017.

155. 赵芳娜，陈凤群. 欠发达地区教师专业发展的困境与出路：基于 "国培计划" 骨干项目的实证调查 [J]. 教育科学论坛，2023（2）.

156. 赵丽，钟祖荣. 新中国成立以来中小学教师培训政策：历史分期、发展特点与完善策略 [J]. 中国远程教育，2023, 43（3）.

157. 赵丽. 新中国成立以来中小学教师培训政策的量化分析 [J]. 中国教师，2022（11）.

158. 郑淑媛. 伦理学 [M]. 沈阳：东北大学出版社，2006.

159. 郑燕林，李卢一. SMCR 模型视角下中小学教师培训微课程设计研究 [J]. 中国电化教育，2017（5）.

160. 中国社会科学院语言研究所词典编辑室. 现代汉语词典 [M].2004 年增补本. 北京：商务印书馆，2004.

161. 中国社会科学院语言研究所词典编辑室. 现代汉语词典 [M].7 版. 北京：商务印书馆，2016.

162. 钟敬文. 话说民间文化 [M]. 北京：人民日报出版社，1990.

163. 钟启泉. 教学心理十讲 [M]. 上海：华东师范大学出版社，2022.

164. 钟祖荣，张莉娜. 教师专业发展阶段的调查研究及其对职后教师教育的启示 [J]. 教师教育研究，2012, 24（6）.

165. 仲理峰，时勘. 胜任特征研究的新进展 [J]. 南开管理评论，2003（2）.

166. 周荣华. 柯氏培训评估指标体系及应用 [J]. 中国培训，2008（9）.

167. 周榕. 高校教师远程教学胜任力培训设计模型构建：基于复杂学习的视角 [J]. 电化教育研究，2017, 38（6）.

168. 周晓虹. 现代社会心理学 [M]. 上海：上海人民出版社，1997.

169. 朱旭东. 论"国培计划"的价值重估：以构建区县教师教育新体系为目标 [J]. 云南师范大学学报：哲学社会科学版，2019, 51（3）.

170. 朱旭东. 论教室文化的构建 [J]. 华东师范大学学报：教育科学版，2020, 38（3）.

171. 朱旭东，宋萑. 论教师培训的核心要素 [J]. 教师教育研究，2013（5）.

172. 祝黎坤. 改革开放以来我国中小学教师培训政策研究 [D]. 金华：浙江师范大学，2019.

173. 朱益明. 教师培训的教育学研究 [D]. 上海：华东师范大学，2004.

174.《伦理学》编写组编. 伦理学 [M].2 版. 北京：高等教育出版社，2021.

175. 米尔纳，布劳伊特. 当代文化理论 [M]. 刘超，肖雄，译. 南京：江苏人民出版社，2018.

176. 朋霍费尔. 伦理学 [M]. 胡其鼎,译. 北京:商务印书馆,2017.

177. 斯宾格勒. 西方的没落 [M]. 齐世荣,田农,林传鼎,等,译. 北京:商务印书馆,1963.

178. 斯宾诺莎. 伦理学 [M]. 贺麟,译. 北京:商务印书馆,2017.

179. 黑格尔. 逻辑学Ⅰ [M]. 先刚,译. 北京,人民出版社,2019.

180. 波丢. 人:学术者 [M]. 王作虹,译. 贵阳:贵州人民出版社, 2006.

181. 布尔迪厄,华康德. 实践与反思 [M]. 李猛,李康,译. 北京:中央编译出版社,1998.

182. 麦金太尔. 追寻美德:伦理理论研究 [M]. 宋继杰,译. 南京:译林出版社,2003.

183. 斯科特. 制度与组织:思想观念、利益偏好与身份认同 [M].4 版. 姚伟,译. 北京:中国人民大学出版社,2020.

184. 霍尔. 无声的语言 [M]. 何道宽,译. 北京:北京大学出版社, 2010.

185. 斯沃茨. 文化与权力:布尔迪厄的社会学 [M]. 陶东风,译. 上海:上海译文出版社,2012.

186. 帕斯卡尔,阿索斯. 日本企业管理艺术 [M]. 北京:中国科学技术翻译出版社,1984.

187. 勒纳. 人类发展的概念与理论 [M].3 版. 张文新,译. 北京:北京大学出版社,2011.

188. 诺尔斯. 成人学习者 [M].7 版. 龚自力,马克力,杨勤勇,译. 北京:北京师范大学出版社.2016.

189. 弗兰克纳. 伦理学 [M]. 关键,译. 北京:生活·读书·新知三联书店,1987.

190. 贝内特. 美德书 [M]. 何吉贤,译. 北京:中央编译出版社,1999.

191. 梅里安,凯弗瑞拉. 成人学习的综合研究与实践指导 [M].2 版. 黄健,张永,魏光丽,译. 北京:中国人民大学出版社,2011.

192. 马奇. 经验的疆界 [M]. 丁丹,译. 北京:东方出版社,2017.

193. 绫部恒雄. 文化人类学的十五种理论 [M]. 北京:国际文化出版公司,1998.

194. 海伍德. 政治学核心概念 [M]. 吴勇,译. 天津:天津人民出版社,2018.

195. 罗比森. 伦理学 [M]. 郭立东,译. 北京:生活·读书·新知三联书店,2016.

196. BAYRAKC M. In-Service Teacher Training in Japan and Turkey: A Comparative Analysis of Institutions and Practices[J]. Australian Journal of Teacher Education, 2009, 34(1).

197. BOYATZIS R E. The Competent Management: A Model for Effective Performance[M]. NewYork: John Wliey, 1982.

198. CSIKSZENTMIHALYI M, LEFEVRE J. Optimal Experience in Work and Leisure[J]. Journal of Personality and Social Psychology, 1989(5).

199. SCHAFER D P .Culture. Beacon of the Future[M]. Twickenhan: Adamantine Press, 1998.

200. DECI E L, RYAN R M. The "What" and "Why" of Goal Pursuits: Human Need and the Self-Determination of behavior[J]. Psychological Inquiry, 2000（7）.

201. TYLOR E B. The Origins of Culture[M]. New York: Harper and Row,1958.

202. FREDRICKS J A, BLEMENFELD P C, PARIS A H. School engagement: potential of the concept, state of the evidence[J]. Review of Educational Research, 2004（1）.

203. GOODEE W J.Community within a Community: The Professions[J]. American Sociological Review, 1957: 194-200.

204. HARTMAN G.The Fateful Question of Culture[M]. New York: Columbia University Press, 1997.

205. HUBERMAN M. The professional life cycle of teacher[J]. Teachers CollegeRecord, 91（1）.

206. MCCLELLAND D C. Testing for Competence Rather Than for Intelligence[J]. American Psychologist, 1973（1）.

207. MCDONNEL L M,EIMORE R F.Getting the job done:alternative policy instruments[J]. Educational Evaluation and Policy Analysis,1987,9（2）: 133-152..

208. KAUFMAN S E, BAROODY A E, LARSEN R A A, et al. To what extent do teacher-student interaction quality and student gender contribute to fifth graders' ngagement in mathematics learning?[J] .Journal of Educational Psychology, 2015(1).

209. BADWIN T T,FORD.Transfer of Training : A Review and Directions for Future Reserch [M]. Personnel Psychology,1988（4）.

210. WILLIAMS R. Keywords: A Vocabulary of Culture and Society[M]. Fontana:Glasgow，1976.

211. WRIGHT V. Reshaping the State: The Implications for Public Administration[J]. Western European Politics, 1994，17（3）: 102-137.

212. ZEICHNER K, CONKLIN H G. Teacher education programs as sites for teacher preparation in Handbook of Research on Teacher Education[M]. New York: Routledge, 2008:269-289.

后 记

强国建设，教育优先；教育发展，教师优先。教师是教育发展的第一资源，是推动教育发展的第一动力。有高质量教师队伍，才有高质量教育体系，才能为建设教育强国、建成社会主义现代化强国提供坚实支撑。而高质量的教师队伍，需要有高质量的教师培训支撑引领、保驾护航。北京教育学院全面贯彻党的教育方针，将高质量教师队伍建设作为教育强国建设的基础工程，以70年深厚的教师培训实践为基础，持续探索高质量教师培训体系理论与实践建设新路径，形成了"新时代高质量教师培训体系丛书"，本书是系列成果之一。

全书分为序（总序、序）、前言、正文、参考文献与后记五部分，主要从教师培训哲学、教师培训伦理、教师培训心理、教师培训设计、教师培训机构管理、教师培训文化与教师培训政策对高质量教师培训进行了理论建构，用于指导教师培训工作者推进教师培训转型升级发展，深化精准培训改革。其中，总序由北京教育学院党委书记肖韵竹、党委副书记/院长张永凯、副院长汤丰林撰写；序由北京外国语大学党委书记王定华撰写。前言和后记由北京教育学院副院长汤丰林教授撰写；第一章第一至第三节依次由北京教育学院汤丰林教授、石双华博士与王希彤博士撰写；第二章由北京教育学院石景山分院李爱霞博士撰写；第三章第一至第三节依次由北京教育学院黄琳妍博士、沈彩霞副教授与徐慧芳副教授撰写；第四章由北京教育学院靳伟博士撰写；第五章由北京教育学院吕蕾副教授撰写；第六章由北京教育学院王军副教授撰写；第七章第一至第三节依次由北京教育学院吴呈苓博士、李军教授与北京市通州区教师研修中心主任孙翠松撰写。汤丰林、王军、李军对全书进行统稿修订工作。

感谢北京教育出版社将此研究成果列入出版计划，同时，特别向本书的编辑们致以深深的谢意，他们出色的工作保证了本书内容的流畅和清晰，极大地提升了本书的品质。在本书撰写过程中，作者还得到来自北京师范大学教育学部、北京开放大学、全国中小学教师继续教育网、北京市西城区教育研修学院、北京市海淀区教育科学研究院等机构相关领导与专家的指导和帮助。关于本书在研究内容中所存在的不足之处，希望专家和读者不吝赐教。

本书系北京教育学院"十四五"学科创新平台"教师培训学"的研究成果，以及北京市教育科学"十四五"规划2023年度优先关注课题"首都基础教育教师培训体系构建研究"（课题编号：BFEA23017）阶段性研究成果。

著者
2023年9月10日